Comunicação e Linguagem

CB056266

Comunicação e Linguagem

Thelma de Carvalho Guimarães

2012 by Thelma de Carvalho Guimarães

Todos os direitos reservados. Nenhuma parte desta publicação poderá ser reproduzida ou transmitida de nenhum modo ou por algum outro meio, eletrônico ou mecânico, incluindo fotocópia, gravação ou qualquer outro tipo de sistema de armazenamento e transmissão de informação, sem prévia autorização, por escrito, da Pearson Education do Brasil.

Diretor editorial: Roger Trimer
Gerente editorial: Sabrina Cairo
Editor de aquisição: Vinícius Souza
Editor de desenvolvimento: Alexandre Pereira
Coordenadora de produção editorial: Thelma Babaoka
Editora de texto: Daniela Braz
Capa: Alexandre Mieda
Ilustrações: Eduardo Borges
Diagramação: Casa de Ideias

Dados Internacionais de Catalogação na Publicação (CIP)
(Câmara Brasileira do Livro, SP, Brasil)

Guimarães, Thelma de Carvalho
Comunicação e linguagem / Thelma de Carvalho Guimarães. -- São Paulo : Pearson, 2012.

ISBN 978-85-64574-39-7

1. Comunicação 2. Escrita 3. Leitura 4. Linguagem 5. Oralidade 6. Textos I. Título.

11-10513   CDD-401.41

Índices para catálogo sistemático:
1. Comunicação nos textos : Linguística 401.41
2. Textos : Comunicação : Linguística 401.41
3. Textos : Leitura : Linguística 401.41
4. Textos : Produção : Linguística 401.41

Direitos exclusivos cedidos à
Pearson Education do Brasil Ltda.,
uma empresa do grupo Pearson Education
Avenida Santa Marina, 1193
CEP 05036-001 - São Paulo - SP - Brasil
Fone: 11 2178-8609 e 11 2178-8653
pearsonuniversidades@pearson.com

Distribuição
Grupo A Educação
www.grupoa.com.br
Fone: 0800 703 3444

Dedico este trabalho à minha mãe, que me ensinou a alegria das pequenas coisas, a Eduardo, que me ensinou o amor e o desprendimento, e a Dodó, que me ensinou o valor do cochilo vespertino.

Sobre a autora

Thelma de Carvalho Guimarães é bacharel em Letras pela Universidade de São Paulo e mestre em Linguística Aplicada pela Universidade Federal do Rio de Janeiro. Atua como professora de redação e redatora profissional há mais de 18 anos. Foi membro da banca corretora de redação e língua portuguesa no vestibular da Universidade Estadual do Rio de Janeiro. Sua área de interesse são as metodologias de ensino-aprendizagem de língua materna voltadas a universitários e profissionais.

Sumário

Prefácio XI

Parte I Noções básicas de comunicação e linguagem I

Capítulo I Modelo comunicativo e funções da linguagem 3
Objetivos de aprendizagem 3
Introdução 3
Conteúdo do capítulo 3
    Seção I O modelo comunicativo de Roman Jakobson 4
    Seção 2 Críticas ao modelo comunicativo 12
    Seção 3 Informatividade, economia, ruído e redundância 19
Resumo 24
Atividades 25
Notas 27

Capítulo 2 Variação linguística e registro 29
Objetivos de aprendizagem 29
Introdução 29
Conteúdo do capítulo 30
    Seção I Tipos de variação linguística 30
    Seção 2 Variação diacrônica (histórica) 32
    Seção 3 Variação diatópica (regional) 43
    Seção 4 Variação diastrática (social) 45
    Seção 5 Variação diamésica (oralidade e escrita) 47
    Seção 6 Variação diafásica (registro formal e informal) 50
Resumo 52
Atividades 53
Notas 55

Capítulo 3 O que é gramática e o que precisamos saber sobre ela............57
Objetivos de aprendizagem..57
Introdução...57
Conteúdo do capítulo...57
    Seção 1 A gramática normativa e suas partes 58
    Seção 2 Como consultar o dicionário 93
    Seção 3 Outras fontes de consulta..97
Resumo..99
Atividades..100
Notas...102

Parte 2 O texto no dia a dia 103

Capítulo 4 A leitura no dia a dia 105
Objetivos de aprendizagem..105
Introdução...105
Conteúdo do capítulo...106
    Seção 1 O que é interpretação de textos 106
    Seção 2 Estratégias de leitura..108
Resumo 126
Atividades..126
Notas...129

Capítulo 5 A escrita no dia a dia..131
Objetivos de aprendizagem..131
Introdução...131
Conteúdo do capítulo...132
    Seção 1 A frase..132
    Seção 2 O parágrafo...144
    Seção 3 Coesão e coerência 151
    Seção 4 Como melhorar o texto: técnicas de revisão 160
Resumo..163
Atividades..164
Notas...166

Parte 3 O texto na academia..167

Capítulo 6 Leitura para fins de estudo 169
Objetivos de aprendizagem..169

Introdução 169
Conteúdo do capítulo 170
    Seção 1 Busca de informações 170
    Seção 2 Leitura com fins de resumo 184
Resumo 191
Atividades 192
Notas 194

Capítulo 7 A redação acadêmica 195
Objetivos de aprendizagem 195
Introdução 195
Conteúdo do capítulo 196
    Seção 1 O discurso acadêmico 196
    Seção 2 O passo a passo da pesquisa acadêmica 211
    Seção 3 A monografia (trabalho de conclusão de curso) 216
Resumo 219
Atividades 220
Notas 221

Parte 4 Comunicação oral 223

Capítulo 8 Palestra, debate e diálogo formal 225
Objetivos de aprendizagem 225
Introdução 225
Conteúdo do capítulo 225
    Seção 1 Exposição oral 226
    Seção 2 Debate 234
    Seção 3 Diálogo formal: entrevista de emprego 237
Resumo 239
Atividades 239
Notas 241

Apêndice Comunicação corporativa 243

Referências dos quadros e figuras 253

Índice remissivo 255

Prefácio

A relação do brasileiro com sua língua materna não é das mais harmoniosas. Nossos estudantes ocupam os últimos lugares em exames internacionais de compreensão de texto. E, entre selecionadores de recursos humanos, já virou lugar-comum queixar-se da incapacidade dos candidatos de redigir um texto minimamente coerente, ou mesmo manter uma conversa bem articulada com o entrevistador.

As razões do problema são muitas, indo desde a precariedade do ensino em geral até, em alguns casos, a inadequação da metodologia. Aliás, são justamente as más lembranças das aulas dessa disciplina que mantêm muitas pessoas, já na vida adulta, afastadas do estudo da língua. Mesmo cientes da necessidade de aprender a ler e escrever melhor, universitários e profissionais veem com desconfiança um curso de comunicação e linguagem. "Será que terei de decorar novamente a diferença entre adjunto adnominal e adjunto adverbial?", eles se perguntam. "E de que isso vai me servir agora, a essa altura da vida?"

Se você tem algum temor parecido, podemos lhe dar boas notícias: a abordagem que propomos aqui é provavelmente bem diferente das que você conheceu no passado. Em suas quatro partes, esta obra reúne os principais conhecimentos legitimados pela academia e os apresenta de modo atraente e prático, voltado diretamente para o dia a dia.

Na **Parte I — Noções básicas de comunicação e linguagem**, você conhece os principais conceitos da área. Alguns deles são mencionados com frequência na mídia — e muitas vezes de maneira imprecisa. Existe certa confusão, por exemplo, em torno das noções de norma padrão, norma culta e variação linguística. Além de uma discussão detalhada sobre esses conceitos, você encontra aqui uma revisão (com um olhar crítico) das principais teorias da comunicação, como as referentes às funções da linguagem e às noções de ruído e redundância.

A **Parte II — O texto no dia a dia** compõe-se de dois capítulos, um voltado à leitura e outro à escrita. No primeiro, o principal destaque é o estudo das estratégias de leitura — uma contribuição da psicolinguística que traz resultados efetivos para o desenvolvimento da compreensão textual. O capítulo dedicado à escrita, por sua vez, combina técnicas tradicionais, como a do parágrafo-padrão e do tópico frasal, às discussões mais recentes sobre coesão e coerência.

Em seguida, a **Parte III — O texto na academia** volta-se às necessidades específicas dos estudantes de graduação e pós-graduação. Nela você encontra, por exemplo, orientações para a preparação de uma monografia (trabalho de conclusão de curso) e de resumos lineares ou esquemáticos. O estudo dessa parte também pode ser útil a todos que usam a leitura para manter-se informados e em constante aperfeiçoamento, mesmo que não estejam matriculados em um curso formal.

Por fim, a **Parte IV — Comunicação oral** analisa três situações comunicativas orais comuns na vida de profissionais e estudantes: a palestra (exposição oral), o debate e o diálogo formal (com ênfase na entrevista de emprego). Encerrando o livro, o **Apêndice** sobre comunicação corporativa traz alguns modelos de textos utilizados nessa esfera, com destaque para o currículo e a carta comercial.

A fim de refletir a proposta inovadora do livro, a equipe da **Pearson Education do Brasil** desenvolveu um projeto gráfico diferenciado. Conheça os principais detalhes:

- **Realces e anotações "à mão".** Queremos que você veja este livro como uma obra em construção — na qual você, leitor, deve colocar seus próprios "tijolos". Em outras palavras, queremos que você faça uma leitura ativa, questionando o texto e participando criticamente da tarefa de atribuir-lhe significados. Para estimulá-lo, foi criada uma série de detalhes gráficos que simulam as atitudes de um leitor em diálogo com o texto. Primeiro, os realces, marcados com uma seta na lateral (como exemplificamos aqui), indicam os trechos que julgamos mais importantes. Será que eles coincidem com os *seus* destaques? Não hesite em complementá-los com seus próprios sublinhados. Depois, foram preparadas *anotações "à mão"*, semelhantes às que fazemos nas margens de um livro para inserir informações de outras obras ou nossas próprias ideias. A intenção foi dar à obra uma aparência descontraída e dinâmica, sintonizada com sua proposta didática.

- **Boxes.** A leitura não linear é uma tendência da comunicação moderna. Neste livro não poderia ser diferente: ao longo dos capítulos, você encontrará os boxes Saiba Mais, que trazem aprofundamentos teóricos, dados históricos e outras informações complementares.
- **Exercícios.** Já que a proposta não é apresentar os conceitos "prontos" ao leitor, e sim construí-los junto com ele, há várias passagens da obra em que você será convidado a realizar testes práticos ou preencher lacunas para fazer suas próprias descobertas. Além disso, no fim de cada capítulo você encontrará atividades para aplicar o que foi estudado.
- **Glossário.** Todos os termos destacados em negrito no livro constam de um glossário disponível no Companion Website da obra.
- **Material de apoio do livro.** Além do glossário, os leitores têm a sua disposição no site www.grupoa.com.br, textos complementa-res e exercícios adicionais. Já professores encontram apresentações em PowerPoint, manual do professor, respostas dos exercícios e modelos de prova. É importante dizer que o material para professores é exclusivo para aqueles que adotam a obra e está protegido por senha. Para ter acesso a eles, os professores que adotam o livro devem entrar em contato através do e-mail divulgacao@grupoa.com.br.

O empenho que tivemos em oferecer uma opção diferente das existentes no mercado será recompensado se esta obra ajudá-lo a sentir-se mais seguro nas práticas de leitura e escrita de seu cotidiano. Mais realizados ainda ficaremos se você for hoje um dos milhares de brasileiros pouco afeitos ao estudo da língua portuguesa e, ao fim da leitura, tiver feito as pazes com esse importante campo do saber.

A autora

Parte 1
NOÇÕES BÁSICAS DE COMUNICAÇÃO E LINGUAGEM

Capítulo 1 Modelo comunicativo e funções da linguagem
Capítulo 2 Variação linguística e registro
Capítulo 3 O que é gramática e o que precisamos saber sobre ela

Capítulo 1
MODELO COMUNICATIVO E FUNÇÕES DA LINGUAGEM

Objetivos de aprendizagem

Quando terminar o estudo deste capítulo, você deverá ser capaz de:
- Explicar o que é e como surgiu o modelo comunicativo de Roman Jakobson.
- Descrever as seis funções da linguagem derivadas desse modelo.
- Identificar a diferença entre denotação e conotação.
- Mencionar as principais críticas feitas ao modelo de Jakobson.
- Definir informatividade, economia, ruído e redundância.

Introdução

Você já deve ter ouvido falar em emissor, receptor, código, função emotiva, função referencial... Neste capítulo, vamos recordar esses conceitos. Mas não o faremos meramente repetindo o que outros livros já dizem. Em vez disso, vamos analisar o modelo comunicativo e as funções da linguagem com um olhar crítico.

Você ficará sabendo, por exemplo, que a teoria que deu origem a esse modelo já tem mais de sessenta anos. Será que ela ainda se aplica nos dias de hoje? Será que sofreu reformulações importantes desde que foi criada? E o que ainda podemos aprender com ela? Essas são algumas das questões que este primeiro capítulo busca elucidar.

Conteúdo do capítulo

Seção 1 O modelo comunicativo de Roman Jakobson
Seção 2 Críticas ao modelo comunicativo
Seção 3 Informatividade, economia, ruído e redundância

• • • Seção I O modelo comunicativo de Roman Jakobson

Um dos modelos mais utilizados por professores de português para explicar a comunicação humana nasceu — quem diria? — na matemática. Tudo começou em 1948, quando o matemático e engenheiro elétrico Claude Shannon publicou um artigo chamado "Uma teoria matemática da comunicação".[1] Shannon era pesquisador dos Laboratórios Bell, ligados à gigante norte-americana das comunicações AT&T, e buscava maneiras de tornar mais eficientes os telégrafos e aparelhos de telefonia da época. Sua grande preocupação era evitar o *ruído*, isto é, as interferências que prejudicavam a perfeita transmissão da mensagem entre um aparelho e outro.

No ano seguinte, a teoria de Shannon foi publicada em um livro[2] com prefácio de Warren Weaver, outro matemático e engenheiro. Weaver — que também era um ótimo relações-públicas — enviou um exemplar da obra a Roman Jakobson, renomado linguista de origem russa que lecionava na Universidade de Harvard. O linguista ficou fascinado com a nova teoria e considerou que ela também se aplicava à comunicação humana. Nascia, assim, a versão mais clássica do **modelo comunicativo**, divulgada por Jakobson nos anos 1960 e reproduzida, aqui, na Figura 1.1.

De acordo com esse modelo, em qualquer ato de comunicação humana estão presentes seis elementos:

- a **mensagem** — o conjunto de informações que se quer transmitir;
- o **emissor** ou **remetente** — aquele de quem parte a mensagem;
- o **receptor** ou **destinatário** — aquele a quem se destina a mensagem;

> **Saiba mais**
>
> O artigo "Uma teoria matemática da comunicação", de Claude Shannon, é histórico também por outro motivo: nele aparece pela primeira vez a expressão *bit*, abreviatura de dígito binário. Shannon (que creditou a invenção da palavra a John Tukey, outro pesquisador dos Laboratórios Bell) defendia que as informações poderiam ser quebradas em "pedacinhos" — os *bits* — e, assim, poderiam ser quantificadas e analisadas matematicamente. Desse modo, além de importante para as teorias da comunicação, o trabalho de Shannon foi crucial para o desenvolvimento de um novo e revolucionário campo: a eletrônica digital.

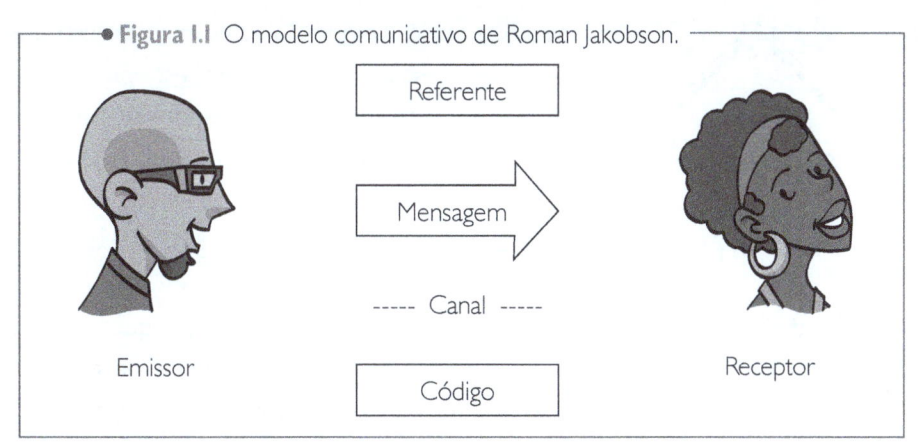

Figura 1.1 O modelo comunicativo de Roman Jakobson.

Fonte: adaptado de JAKOBSON, 2008, p. 123.

- o **código** — um sistema de signos que emissor e receptor precisam compartilhar, total ou parcialmente, para que haja a comunicação;
- o **canal** ou **contato** — o meio físico pelo qual emissor e receptor se comunicam;
- o **referente** ou **contexto** — o assunto da mensagem, aquilo a que ela se refere.

Assim, por exemplo, se você enviar um torpedo a um amigo convidando-o para uma festa, a *mensagem* será o conteúdo do torpedo, ou seja, o conjunto de palavras que o compõem. O *emissor* será você, e o *receptor*, seu amigo. O *código* será a língua portuguesa, o *canal* será o celular e o *referente* será a festa, pois é a ela que a mensagem se refere.

Se você preferir fazer o convite pessoalmente, quase todos os elementos permanecerão inalterados — exceto o *canal*, que passará a ser o ar, pelo qual sua voz se propagará. Vale lembrar, ainda, que, em um evento comunicativo dinâmico como a conversa face a face, emissor e receptor trocam o tempo todo de posição, de acordo com aquele que está falando ou ouvindo em cada momento.

Um signo é uma entidade formada por uma parte material, o significante, e uma parte imaterial, o significado. Por exemplo, quando penso em uma janela, é impossível "pegar" meu pensamento: o significado de janela em minha cabeça é imaterial. Porém, posso torná-lo material por meio de um significante — a palavra janela, que se materializa em letras, na escrita, e em sons, na fala. Se meu interlocutor conhecer essa palavra, poderá reconstruir o significado abstrato de janela na sua mente. Em resumo:

$$signo = \frac{significante}{significado} \quad JANELA$$

Vamos a outro exemplo. Imagine que você esteja dirigindo por uma estrada e depare com esta placa ao lado. Nesse caso, o *emissor* é o órgão responsável pelo controle do trânsito, os *receptores* são você e os demais motoristas. O *canal* é a placa em si, o *código* é o conjunto de sinais de trânsito do país e a *mensagem* — expressa segundo os símbolos desse código — é "ponte móvel adiante". Por fim, o *referente* é a ponte em questão; não qualquer uma, mas especificamente aquela que se encontra adiante, na estrada. Observe que, se o receptor não conhecer o código (as placas de trânsito do país), não saberá interpretar a mensagem. Daí termos afirmado que emissor e receptor precisam compartilhar o código, ainda que parcialmente.

Funções da linguagem

Segundo Jakobson, o modelo legado por Shannon não servia apenas para esquematizar a comunicação humana e, assim, descrevê-la com mais precisão. Ele também ajudava a responder a uma pergunta que os linguistas se faziam frequentemente: por que o ser humano se comunica? Ou, dito de outra forma, que funções a linguagem desempenha em nossa vida?

Parecia óbvio que, desde os primórdios, homens e mulheres tinham usado a linguagem para trocar informações — ou seja, para informar parentes e amigos sobre a localização do alimento ou sobre a aproximação de uma tribo inimiga. Informar parecia, portanto, ser a função primordial da linguagem. Mas como explicar aqueles momentos em que "falamos com nossos botões", sem a intenção de informar nada a ninguém? Como explicar a poesia, os textos ficcionais, as conversas "sobre o nada"? Enfim, como explicar todos os usos menos objetivos da linguagem?

Na tentativa de oferecer uma resposta a essas perguntas, Jakobson criou o conceito das seis **funções da linguagem**, um desdobramento do modelo comunicativo. De acordo com o linguista russo, a linguagem exerce seis funções, cada uma correspondendo a um dos elementos do modelo. Em cada ato de comunicação, a ênfase recai sobre um dos elementos e, consequentemente, a função relacionada a ele prevalece sobre as outras.

Para entender isso melhor, imagine uma situação concreta: você quer deixar um bilhete a seu marido (ou a sua esposa) pedindo que ele (ou ela) recolha a roupa do varal quando estiver seca. Na hora de compor o texto, é provável que você ponha mais ênfase no assunto tratado — isto é, na necessidade de recolher a roupa — do que em qualquer outro elemento da comunicação. Você pode até começar estabelecendo algum tipo de contato com o destinatário ("Bom dia, amor!", por exemplo), mas dificilmente escreverá linhas e linhas perguntando como a pessoa está, expressando todo seu amor por ela ou, ainda, discorrendo sobre as vantagens dos bilhetes para a comunicação entre cônjuges. Tampouco é de se esperar que você dedique grande atenção à elaboração da mensagem em si — você não vai procurar palavras que rimem, por exemplo. Em resumo, sua atenção estará concentrada em um dos seis elementos do modelo: o *referente*. Por isso, segundo a teoria de Jakobson, a linguagem exercerá, nesse ato de comunicação, uma função predominantemente *referencial*.

A **função referencial** ou **denotativa** é a que prevalece na maioria das mensagens. Ela é a mais importante, por exemplo, nas notícias e reportagens dos jornais, nos verbetes de uma enciclopédia, nas petições e sentenças preparadas por advogados e juízes, na legislação dos países, na comunicação empresarial e na maioria dos textos que lemos e escrevemos na faculdade. A intenção de informar sobre o mundo ao redor, com o máximo de objetividade, é a principal característica da função referencial. Para tanto, o emissor faz largo emprego da 3ª pessoa do discurso (*ele, ela, seu*) e, por outro lado, tende a evitar palavras com carga subjetiva forte, como *fofo, nojento, brutal*.

Existem situações, porém, em que o emissor deseja fazer exatamente o oposto: em vez de focalizar o exterior, ele quer usar a linguagem para dar vazão a seu mundo interno, a seus sentimentos, desejos e sonhos. Nesse caso, a ênfase recai sobre o próprio *emissor*, e a linguagem assume **função emotiva** ou **expressiva**. Em consequência, predomina o emprego da 1ª pessoa do discurso (*eu, meu, comigo*), das interjeições (*ai, puxa, tomara*) e de sinais de pontuação que conferem subjetividade ao texto, como o ponto de exclamação e as reticências (*que alegria! oh, céus...*). A função emotiva é comum em poemas, letras de canções e diários pessoais.

Não confunda função conativa com linguagem conotativa — um conceito que comentaremos logo adiante.

A ênfase também pode recair no polo oposto ao do emissor, ou seja, no *receptor*. Nesse caso, dizemos que a linguagem exerce **função conativa** ou **apelativa**, já que a intenção é apelar aos sentimentos ou à razão do destinatário, para que este tome determinada atitude. O exemplo mais típico disso são os anúncios publicitários, pois eles sempre pretendem que o receptor *faça* alguma coisa — em geral, que compre o produto anunciado. Outros exemplos são os conselhos e as ordens: "Tente ignorar esse vizinho fofoqueiro", "Beba todo o leite", "Ande logo!". Como você pode perceber, o uso do verbo no imperativo é a marca registrada da função conativa.

Às vezes, a intenção do emissor é apenas estabelecer ou manter aberto o *canal* de comunicação. Nesse caso, dizemos que a linguagem exerce **função fática**. São exemplos disso as frases que dão início a uma conversa, como "E aí? Tudo bem?", e aquelas que buscam verificar se o canal está livre de ruídos, como "Alô? Você está me ouvindo?" ou "Está dando para enxergar?".

Existem, ainda, situações em que a linguagem é usada para falar sobre ela mesma: o emissor usa símbolos do código para questionar ou comentar o próprio código. Nesse caso, o elemento enfatizado é, obviamente, o *código*, e a linguagem exerce **função metalinguística**. A frase "Professora, o que quer dizer *conotação*?" é um exemplo disso, pois as palavras da língua portuguesa estão sendo usadas para falar sobre um item da própria língua. O mesmo ocorre na frase: "Quando digo *faculdade*, estou me referindo a qualquer instituição de ensino superior". Por extensão, também são considerados metalinguísticos poemas que falam sobre a arte da poesia, peças de teatro que falam sobre a arte dramática, matérias de jornal que discutem o papel da imprensa — enfim, todos os eventos comunicativos em que uma forma de expressão é utilizada para falar sobre si mesma.

Por fim, ao último elemento comunicativo, a *mensagem*, corresponde a **função poética** da linguagem. Essa função predomina sempre que a maneira de dizer é tão importante quanto aquilo que se diz. Para entender isso melhor, precisamos pensar em como dizemos as coisas, ou seja, em como construímos os enunciados que usamos para nos comunicar. Na língua portuguesa, assim como em qualquer outro idioma, os falantes precisam percorrer dois "eixos" para construir enunciados: o da **seleção** e o da **combinação**, conforme mostra a Figura 1.2.

Imagine, por exemplo, que você veja o cãozinho de sua vizinha atravessar o portão em direção à rua. Para formular um alerta à senhora, você precisará, primeiro, *selecionar*, dentro do repertório de **vocábulos** oferecidos pela língua portuguesa, aqueles mais adequados à situação. A Figura 1.2 mostra algumas possibilidades:

- para chamar a atenção da senhora, você pode escolher as expressões *Cuidado!* ou *Olha lá!*;
- para referir-se ao animal, você pode escolher as palavras *cãozinho*, *cachorrinho* ou até *danadinho*, se quiser dar um tom mais familiar à mensagem;

Figura 1.2 Os dois "eixos" de qualquer língua: seleção e combinação.

Seleção ↑		
Cuidado!	O cachorrinho	fugiu!
Olha lá!	O cãozinho	escapou!
Olha lá!	O danadinho	escapuliu!

Combinação →

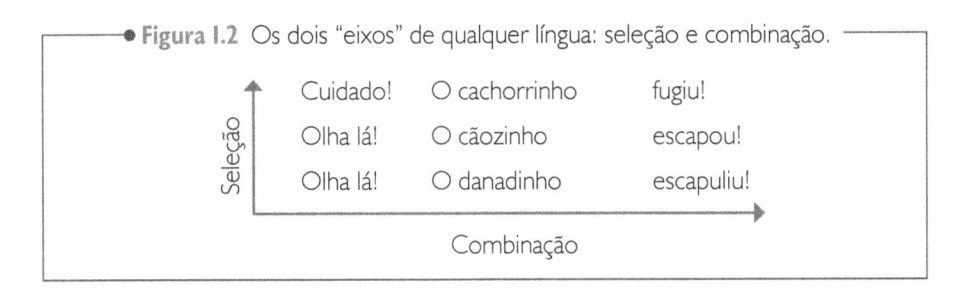

- para referir-se à ação que ele praticou, você pode escolher os verbos *fugiu*, *escapou* ou, ainda, *escapuliu*.

Contudo, não basta selecionar as palavras: é preciso combiná-las de um modo que o receptor entenda. Se você falar, por exemplo, "O fugiu cachorrinho", a comunicação ficará prejudicada.

Conforme veremos no Capítulo 3, as possibilidades de combinação não são infinitas, porque a língua portuguesa impõe certas regras naturais, como a colocação do artigo (*o*) antes do substantivo (*cachorrinho*). Mas alguma variação é possível. Você poderia, por exemplo, inverter o sujeito e o predicado:

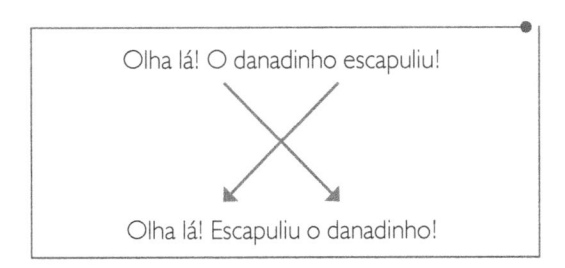

> Olha lá! O danadinho escapuliu!
>
> ✕
>
> Olha lá! Escapuliu o danadinho!

Pois bem. Voltando à teoria de Jakobson sobre as funções da linguagem, podemos dizer que, quando a função poética predomina no ato de comunicação, o emissor percorre esses eixos da seleção e da combinação com extremo cuidado. Ou, dito de outra forma: quando a função poética predomina, as palavras da língua não são selecionadas nem combinadas ao acaso. Toda e qualquer decisão que o emissor toma em relação à escolha dos termos e à composição do texto tem um motivo particular; por isso, é quase impossível reescrever um texto poético de outra maneira. Observe, por exemplo, a primeira estrofe de um conhecido soneto de Camões:[3]

> Sete anos de pastor Jacó servia
> Labão, pai de Raquel, serrana bela;
> Mas não servia ao pai, servia a ela,
> E a ela só por prêmio pretendia.

Imagine, agora, que a estrofe fosse reescrita desta maneira:

> Jacó trabalhou como pastor de Labão durante sete anos.
> Labão era pai de Raquel, uma linda moça que vivia na serra.
> Mas Jacó não estava interessado em agradar ao pai, e sim à filha.
> Ele esperava, depois de tanto trabalho, poder tê-la como esposa.

As ideias são praticamente as mesmas, mas a sonoridade, o ritmo, as imagens — enfim, toda a *poesia* da estrofe original se perdeu. Pelo próprio nome da função poética, costumamos associá-la diretamente à poesia. De fato, não existe poema em que a linguagem não exerça função poética (a menos que seja um poema muito ruim!), mas ela não está presente apenas aí. Em muitos textos literários em prosa também predomina essa função. Considere, por exemplo, a frase a seguir, com que Jorge Luis Borges, um dos mais importantes escritores latino-americanos, inicia sua clássica *História universal da infâmia*:[4]

> Em 1517, o Padre Bartolomé de las Casas sentiu muita pena dos índios que se consumiam nos penosos infernos das minas de ouro das Antilhas e propôs ao imperador Carlos V a importação de negros para que se consumissem nos penosos infernos das minas de ouro das Antilhas.

Obviamente, a repetição do trecho "consumiam/consumissem nos penosos infernos das minas de ouro das Antilhas" não é acidental. A seleção e a combinação das palavras nessa frase foram feitas com todo o cuidado, a fim de lhe conferir o máximo de impacto e ironia. Para comprovar isso, basta observar como a frase perderia toda a força se fosse elaborada de outra maneira:

> Em 1517, o Padre Bartolomé de las Casas sentiu pena dos índios que trabalhavam nas minas de ouro das Antilhas e propôs ao imperador Carlos V que importasse negros para substituí-los.

A função poética também está presente em provérbios ("Muito riso, pouco siso"), em trava-línguas e em parlendas infantis, como: "Hoje é domingo, pé de cachimbo. Cachimbo é de barro, bate no jarro". Outra esfera em que essa função marca forte presença é na publicitária. Muitos anúncios, *slogans* e *jingles* tentam cativar o coração e a mente do consumidor com mensagens cuidadosamente elaboradas. Os *slogans* "Vem pra Caixa você também" e "Lojas Marabraz, preço menor ninguém faz" são exemplos disso.

[nota manuscrita: Leia uma curiosidade sobre esse slogan no Companion Website deste livro.]

Além da sonoridade, que se manifesta sobretudo na forma de ritmo e rimas, as mensagens predominantemente poéticas costumam valer-se da **conotação**, ou seja, do emprego das palavras não em seu sentido mais comum, literal, e sim em um sentido diferente, figurado. Quando ocorre o oposto, isto é, quando as palavras são empregadas no sentido literal, temos a **denotação**. Veja alguns exemplos de uso denotativo e conotativo das palavras:

[nota manuscrita: Dica: o sentido literal ou denotativo é o que aparece primeiro no dicionário.]

O estrado está pregado na cama.	(Denotação)
Ufa! Trabalhei o dia todo. Estou pregado!	(Conotação)
Os antigos navegadores orientavam-se pelos astros.	(Denotação)
Romário e Ronaldo foram astros da seleção.	(Conotação)

Não é à toa, portanto, que a função referencial da linguagem também pode ser chamada de *denotativa*: conforme vimos, quando essa função predomina, o emissor busca a maior objetividade possível. Para tanto, ele deve empregar as palavras preferencialmente no sentido mais comum, literal.

Já quando a intenção é criar uma mensagem de feitio singular — ou seja, quando predomina a função poética —, pode ser interessante empregar as palavras em sentido figurado, pois isso permite seleções e combinações mais originais. Observe, por exemplo, os versos iniciais de um conhecido poema de Fernando Pessoa: "Ó mar salgado, quanto do teu sal / São lágrimas de Portugal!".[5] A linguagem desses versos não é denotativa; afinal, o sal do mar, obviamente, não é formado pelas lágrimas dos portugueses. Foi a linguagem conotativa, com o emprego das palavras em sentido figurado, que permitiu formar essa **metáfora** única, que associa o sal marinho às lágrimas do povo português.

Na Figura 1.3, você encontra um esquema das seis funções da linguagem, com suas principais características. Vale ressaltar que é muito difícil existir um ato comunicativo em que a linguagem exerça apenas *uma* dessas funções; na grande maioria das vezes, observamos várias funções ao mesmo tempo. Há, porém, uma hierarquia entre elas, na qual uma ou até duas são as principais, enquanto as demais são secundárias. Por isso, falamos em textos predominantemente referenciais, predominantemente expressivos, predominantemente apelativos e assim por diante.

● ● ● **Seção 2**   Críticas ao modelo comunicativo

Conforme vimos, o modelo comunicativo teve origem nas pesquisas de Claude Shannon, um engenheiro que buscava melhorar as transmissões entre aparelhos de telecomunicação. O linguista Roman Jakobson achou que ele se aplicava também à comunicação humana e criou, assim, as teorias que acabamos de comentar.

Ocorre que, com o passar do tempo, o modelo de Jakobson passou a ser crescentemente questionado. Discutiremos as principais críticas que ele recebeu em dois tópicos. No primeiro, comentaremos as que dizem respeito à identificação que o modelo pressupunha entre máquinas e seres humanos. No segundo, comentaremos as críticas referentes à semelhança, também pressuposta pelo modelo, entre as línguas naturais e a linguagem artificial dos computadores.

Emissor e receptor: estáveis como máquinas?

O principal alvo das críticas contra o modelo de Jakobson era a natureza excessivamente "esquemática" que ele atribuía à comunicação. Afinal, de acordo

● Saiba mais

Roman Jakobson (1896-1982) foi um dos mais destacados nomes do *estruturalismo*, um método de pesquisa e análise que influenciou as ciências humanas e sociais durante boa parte do século XX. Segundo os estruturalistas, a melhor maneira de estudar determinado objeto consistia em identificar e descrever sua estrutura. Não é de se estranhar, portanto, que Jakobson tenha descrito a comunicação como um processo "estruturado", esquemático. Outros importantes teóricos associados a essa linha de pensamento são o antropólogo Claude Lévi-Strauss (1908-2009) e o crítico literário Roland Barthes (1915-1980).

• **Figura I.3** As seis funções da linguagem.

FUNÇÃO REFERENCIAL ou DENOTATIVA (ênfase no referente)
Intenção do emissor: informar sobre o mundo ao redor, da maneira mais objetiva possível.
Características:
- emprego predominante da 3ª pessoa do discurso (*ele, ela, seu*);
- pouco uso de palavras com carga subjetiva forte.

FUNÇÃO POÉTICA (ênfase na mensagem)
Intenção do emissor: selecionar as palavras e organizá-las no enunciado de maneira original.
Características:
- sonoridade — a mensagem tem um ritmo particular e, às vezes, rimas;
- emprego da conotação, com metáforas e outras figuras de linguagem.

FUNÇÃO FÁTICA (ênfase no canal)
Intenção do emissor: estabelecer ou manter aberto o canal de comunicação.
Características:
- as mensagens têm pouco ou nenhum conteúdo informativo;
- o emissor busca travar contato com o receptor ou verificar se há ruídos.

FUNÇÃO METALINGUÍSTICA (ênfase no código)
Intenção do emissor: questionar ou comentar o próprio código.
Características:
- itens do código são usados para falar sobre o próprio código;
- uso de aspas ou outro destaque nos itens mencionados: *Você sabe escrever "exceção"?*

FUNÇÃO CONATIVA ou APELATIVA (ênfase no receptor)
Intenção do emissor: levar o receptor a tomar determinada atitude.
Características:
- uso do imperativo: *faça, coma, compre;*
- uso do vocativo ("*coma, meu filho*") e de pronomes que se dirigem diretamente ao receptor ("*você deveria fazer isso*").

FUNÇÃO EMOTIVA ou EXPRESSIVA (ênfase no emissor)
Intenção do emissor: dar vazão a seu mundo interior, a seus sentimentos, desejos e sonhos.
Características:
- emprego da 1ª pessoa do discurso (*eu, meu, comigo*);
- uso de interjeições (*ai, puxa, tomara*);
- uso de sinais de pontuação que conferem subjetividade ao texto, como o ponto de exclamação e as reticências (*que alegria! oh, céus...*).

com esse modelo, a mensagem seria como um "pacotinho" de informações que sai da boca do emissor e, se não houver ruído, chega intacto ao ouvido do receptor. Isso pode se aplicar muito bem a pacotes de dados enviados de uma máquina para outra, mas será que se aplica a seres humanos?

Ao contrário das máquinas, que saem todas idênticas da linha de montagem, um ser humano nunca é igual a outro. Cada um de nós tem sua personalidade, sua cultura, sua maneira de ver o mundo. E isso certamente influencia o modo como produzimos e entendemos as mensagens.

Outra diferença entre o ser humano e a máquina é que, enquanto esta funciona de maneira praticamente idêntica ao longo de toda a sua vida útil, o ser humano desenvolve-se e transforma-se com os anos — o que também influencia sua produção e recepção de mensagens. Experimente reler um livro que você adorou aos 15 anos de idade; é bem provável que hoje ele não lhe agrade tanto. A mensagem é a mesma, mas *você* mudou.

Na verdade, o ser humano não muda apenas ao longo das fases da vida. Mudamos a todo instante, conforme as circunstâncias externas e nosso estado de espírito — e a maneira de nos comunicarmos vai mudando junto. Todos sabemos como é difícil entender um texto quando estamos cansados ou deprimidos. Assim como é difícil "produzir mensagens" quando estamos conversando com aquela pessoa especial, que nos fascina tanto a ponto de nos deixar sem palavras.

Ao considerar todos esses fatores, perceba como estamos cada vez nos afastando mais daquela visão esquemática da comunicação, que a concebe como uma mera transmissão de informações entre um ponto e outro. Mas ainda há outras críticas a fazer. Além de não serem iguais entre si, nem sequer iguais a si mesmos ao longo do tempo, os seres humanos, por viverem em uma sociedade complexa, exibem outra característica peculiar, que torna sua comunicação impossível de comparar à comunicação das máquinas: os seres humanos ocupam determinados *lugares* na sociedade — e isso altera radicalmente a maneira como seus textos são produzidos e recebidos.

Para entender essa ideia melhor, observe a Figura 1.4. Nas duas cenas, o emissor e o receptor são exatamente os mesmos. A mensagem, também. No entanto, seu *significado* alterou-se de uma cena para a outra. Isso ocorreu porque, na primeira cena, nossos dois personagens ocupavam o mesmo **lugar social**: ambos eram funcionários da cozinha de uma lanchonete. Na segunda

Figura I.4 O significado da mensagem e o lugar social ocupado pelos interlocutores.

[Quadrinho 1: ANDA LOGO COM ESSAS BATATAS, PEDRO! / QUAL É, BRUNO? CUIDA DO TEU TRABALHO QUE EU CUIDO DO MEU!]
[UM MÊS DEPOIS, BRUNO É PROMOVIDO A GERENTE DA LOJA.]
[Quadrinho 2: ANDA LOGO COM ESSAS BATATAS, PEDRO! / SIM, SENHOR. JÁ ESTÃO SAINDO.]

cena, um deles, Bruno, passou a ocupar um lugar diferente, hierarquicamente superior ao do outro. A mensagem formulada por ele nesse segundo momento, embora contivesse exatamente as mesmas palavras, na mesma sequência, adquiriu outro significado, porque agora ele detinha autoridade sobre o ex-colega Pedro.

Se, na primeira cena, a mensagem significava apenas um *pedido* feito por um colega, na segunda ela passou a significar uma *ordem* ou até mesmo um *alerta* feito por alguém que detém o poder. Em vez de apenas "Ande logo com essas batatas, porque assim você facilita minha vida também", a mensagem passou a significar "Ande logo com essas batatas, porque eu estou mandando e, se você não o fizer, eu posso até demiti-lo". Em consequência, a reação do re-

- **Saiba mais**

A ideia de que o lugar que ocupamos na sociedade determina como será entendido aquilo que dizemos — e, mais ainda, o que podemos ou não dizer — foi desenvolvida, principalmente, pelo filósofo e historiador francês Michel Foucault (1926-1984). De acordo com Foucault,[6] toda sociedade cria regras que estabelecem quem tem legitimidade ou autoridade para falar sobre cada assunto. Por exemplo: apenas os médicos têm legitimidade para falar sobre doenças, apenas os mais velhos têm legitimidade para dar conselhos sobre a vida e assim por diante. Quando queremos falar sobre um assunto em que ainda não temos autoridade, recorremos às citações. Por exemplo, se um estudante de administração quer dar maior credibilidade às ideias que expõe em sua monografia, ele cita autores consagrados na área. Voltaremos a falar disso na Parte 3 deste livro.

ceptor à mensagem foi completamente diferente — e a Figura 1.4 não deixa dúvidas a respeito.

Código: inequívoco como *bits*?

Por enquanto, as críticas que expusemos se dirigiram apenas a dois elementos do modelo comunicativo de Jakobson — o emissor e o receptor. Mas elas podem se estender, também, aos outros elementos. Pensemos no código, por exemplo.

Naquele célebre artigo de Shannon, o código era um sistema de signos no qual o emissor codificaria suas informações. Poderia ser um sistema criptográfico, como os usados durante a Segunda Guerra Mundial; poderia ser o conjunto de sinais do código Morse, usado nos telégrafos antigos; poderia ser até mesmo uma língua natural, formada por letras, sons e palavras. Mas, mesmo quando Shannon considerava uma língua natural como código, seu único interesse era descobrir como transformar uma frase expressa nessa língua — digamos, "O navio afundou"— em uma sequência de 0 e 1 que pudesse ser compreendida e transmitida por máquinas. Não lhe interessava saber os múltiplos significados que uma mesma sequência de letras ou palavras poderia ter em diferentes contextos.

E aí estava outra grande fragilidade do modelo de Jakobson, calcado na teoria de Shannon: diferentemente de outros códigos, as línguas naturais são conjuntos de signos em que *não* existe correspondência inequívoca entre significantes e significados. Para entender isso melhor, pense, primeiro, no código formado pelas placas de trânsito de um país. Nele, a correspondência entre cada significante (cada placa) e seu significado é inequívoca: a placa que mostramos algumas páginas atrás sempre significa "ponte móvel", ou seja, "uma estrutura de concreto ou outro material, instalada sobre um curso d'água, cuja base pode ser deslocada para permitir a passagem de uma embarcação".

Contudo, quando expressamos a mesma mensagem em uma língua natural, com as palavras "ponte móvel", podemos nos referir a duas coisas diferentes: ou à "estrutura de concreto ou outro material, instalada sobre um curso d'água, cuja base pode ser deslocada para permitir a passagem de uma embarcação", ou à "prótese removível destinada a substituir a ausência de um ou mais dentes". Como mostra a Figura 1.5, o mesmo significante remete a dois significados diferentes. Nós, seres humanos, conseguimos entender as mensagens cifradas nas línguas naturais porque levamos em conta o **contexto**, e não apenas o texto em si.

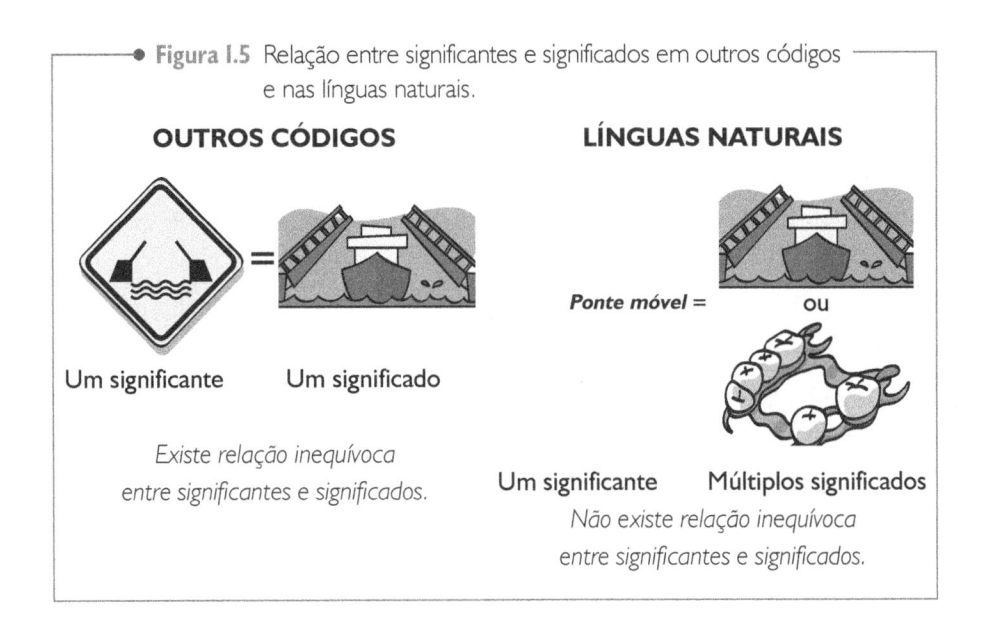

Figura 1.5 Relação entre significantes e significados em outros códigos e nas línguas naturais.

OUTROS CÓDIGOS

Um significante = Um significado

Existe relação inequívoca entre significantes e significados.

LÍNGUAS NATURAIS

Ponte móvel = [ponte] ou [prótese]

Um significante — Múltiplos significados

Não existe relação inequívoca entre significantes e significados.

Se você está no consultório do dentista e ele lhe diz: "Precisamos colocar uma ponte móvel aqui", você sabe que ele está se referindo à prótese, e não à estrutura de concreto. Se você é engenheiro e o responsável por um porto lhe diz: "Precisamos colocar uma ponte móvel aqui", você sabe que ele está se referindo à estrutura de concreto, e não à prótese.

O mesmo raciocínio se aplica à linguagem conotativa (explicada na primeira seção). Se alguém nos diz: "Ufa! Trabalhei o dia todo. Estou pregado!", deduzimos, pelo *contexto*, que a pessoa não está literalmente "pregada" a um pedaço de madeira, e sim cansada.

Instruir uma máquina a realizar o mesmo tipo de dedução, porém, não é tarefa simples. Que o digam os desenvolvedores dos *softwares* de tradução automática: recriar, no computador, a capacidade humana de compreender a **polissemia** — isto é, a multiplicidade de significados — das palavras é o grande desafio desses profissionais. Para comprovar o que estamos afirmando, experimente colocar, em um serviço gratuito de tradução automática, uma frase em inglês que contenha determinada palavra ou expressão em sentido figurado. Por exemplo:

A palavra polissemia vem do grego poli (muitos) + sema (sentidos).

I don't want to be a wet blanket, but you must sleep early tonight.

Literalmente, a expressão *wet blanket* significa "cobertor molhado", mas, em sentido figurado, ela significa "desmancha-prazeres". Portanto, a frase deveria ser traduzida como: "Não quero ser um desmancha-prazeres, mas você(s) precisa(m) dormir cedo hoje". A maioria dos *softwares* gratuitos de tradução não capta o sentido figurado e traduz a frase como: "Não quero ser um cobertor molhado, mas você(s) precisa(m) dormir cedo hoje".

Aliás, a bem da verdade, não compreender as sutilezas das línguas naturais não é uma exclusividade das máquinas. Frequentemente, o ser humano também deixa de compreender metáforas, ironias e outras figuras de linguagem presentes nos textos alheios. Não é raro alguém se queixar de que estava sendo irônico ao fazer determinada declaração, mas seu interlocutor não entendeu e levou o enunciado "ao pé da letra".

Outra causa comum de mal-entendidos é a não compreensão dos **implícitos** ou **pressupostos**. Se você pergunta a alguém se "tem hora", por exemplo, não espera que a pessoa lhe responda "sim, tenho", mas que lhe informe as horas. Isso fica *implícito* ou *pressuposto* na situação comunicativa. Da mesma maneira, se alguém diz "Pedro parou de fumar", veicula duas informações: a primeira é que Pedro atualmente não fuma (isso está *posto*); a segunda é que Pedro já fumou no passado (isso está *pressuposto* pelo emprego do verbo *parar*).[7]

Ora, captar a linguagem figurada e os implícitos dos enunciados é uma responsabilidade do *receptor*. Por mais que se esforce, o emissor não pode garantir que os significados que pretendeu veicular em sua mensagem serão recuperados. Portanto, sob essa nova perspectiva, o receptor não pode mais ser considerado um mero decodificador de mensagens: devemos reconhecê-lo como um verdadeiro co-autor da mensagem, na medida em que ele exerce papel tão importante quanto o do emissor na tarefa de atribuir significados a ela.

Por conta disso, os termos *emissor* e *receptor* — ligados àquela concepção "maquinal" da comunicação — são pouco utilizados hoje em dia. Em vez disso, prefere-se falar em *co-enunciadores*, uma expressão que deixa evidente o compartilhamento da autoria da mensagem entre os participantes do ato comunicativo. De maneira mais simples, também se fala em *enunciadores* ou *interlocutores*. Esse último termo, aliás, será o mais empregado neste livro.

••• Seção 3   Informatividade, economia, ruído e redundância

Se o modelo comunicativo de Roman Jakobson sofreu tantas críticas ao longo do tempo e hoje pode ser considerado ultrapassado, você deve estar se perguntando por que usamos tantas páginas deste livro para apresentá-lo. A primeira justificativa é seu valor histórico. Com efeito, as teorias de Jakobson foram fundamentais para o desenvolvimento das ciências da linguagem e da comunicação — inclusive quando os estudiosos dessas áreas ocupavam-se, acima de tudo, em atacar tais teorias.

Existem, contudo, outros motivos para darmos destaque até hoje a esse antigo modelo. O fato é que certos conceitos e princípios elaborados por Claude Shannon, Roman Jakobson e outros teóricos dessa época ainda podem ser úteis, não apenas para estudantes de linguística e comunicação, como para todos aqueles que pretendem aprender a expressar-se melhor. Nesta última seção, de caráter mais prático, apresentaremos alguns desses conceitos e princípios. São eles: informatividade, economia, ruído e redundância.

Informatividade

Já que esta seção tem caráter prático, vamos começar com um exemplo concreto. Imagine que duas estudantes estão concorrendo a uma bolsa no exterior. Elas já passaram pela análise de currículo, pela prova teórica e, agora, em uma apresentação oral, cada uma precisa convencer os examinadores de que é a bolsista ideal.

A primeira entra na sala onde estão os avaliadores, senta-se à mesa principal, de frente para a audiência, e diz:

> Boa tarde, senhores! Meu nome é Ana Paula e estou cursando o segundo ano de administração. Tenho certeza de que estou preparada para essa oportunidade e de que saberei aproveitá-la da melhor maneira possível. Muito obrigada.

Em seguida, vem a segunda candidata. Ela entra na sala em silêncio, dirige-se até a mesa principal, abre um pacote de balas e despeja o conteúdo na superfície da mesa. Em seguida, diz:

> Boa tarde, senhores! Gostaria de convidá-los a se aproximar.

Curiosos, os avaliadores se aproximam.

> Gostaria agora que os senhores dessem as mãos uns aos outros, formando um círculo fechado.

Apesar de um pouco desconfiados, os avaliadores obedecem.

> Agora quero que cada um pegue uma bala da mesa, tire o invólucro e a coloque na boca do colega ao lado. Mas atenção: os senhores devem fazer isso sem desentrelaçar as mãos!

Os avaliadores caem na risada. Afinal, a tarefa parece impossível: a pessoa pode até estender uma das mãos que está entrelaçada à do colega até a mesa e pegar uma balinha com a ponta dos dedos... Mas como vai desembrulhá-la, se para isso são necessárias as *duas* mãos?

A moça explica:

> Se cada um ajudar o colega, segurando a balinha com uma das mãos, enquanto ele a desembrulha, também com uma mão só, os senhores vão conseguir.

Assim, os avaliadores reúnem esforços e, com alguns malabarismos, conseguem abrir a balinha e colocá-la na boca do companheiro.

Então a jovem diz:

> Senhores, o objetivo desta dinâmica foi mostrar o valor da cooperação. Quando os senhores se viram de mãos presas, logo pensaram em desistir, pois não tinham os meios necessários para alcançar a meta. Mas depois perceberam que, se contassem uns com o apoio dos outros, chegariam lá.
>
> O mesmo acontece no âmbito das sociedades. Um jovem sozinho dificilmente produz grandes resultados. Mas, se contar com o apoio de parceiros mais experientes, pode se tornar um membro da sociedade realizado e altamente produtivo, cujas ações vão beneficiar não só a ele, mas a toda a coletividade. Garanto que isso ocorrerá no meu caso, se os senhores me derem a oportunidade de conquistar essa bolsa. Pensem nisso. E muito obrigada!

Agora responda: na sua opinião, qual das duas candidatas ficará mais marcada na memória dos avaliadores? Temos certeza de que você respondeu *a segunda*.

Isso porque, de acordo com as teorias da comunicação, quanto mais inesperada for uma mensagem, mais informação ela carregará, ou seja, maior será seu grau de **informatividade**. Esse princípio fica evidente no mundo da publicidade: nos dias de hoje, como o consumidor é bombardeado o tempo todo com uma infinidade de mensagens, somente uma propaganda muito criativa e surpreendente será capaz de atrair sua atenção e lhe comunicar algo novo.

Mas será, então, que para melhorarmos nossa comunicação teremos sempre de nos expressar de modo incomum, original ou até mesmo extravagante? Não necessariamente. Observe que lhe perguntamos qual candidata ficou mais *marcada* na memória dos avaliadores, não a que mais lhes agradou. Talvez alguns avaliadores tenham considerado a brincadeira das balinhas ousada demais ou até mesmo inconveniente.

Além da possibilidade de ferir a etiqueta social, quem quer surpreender corre um risco mais grave: o de não ser compreendido. Afinal, nossa comunicação é toda baseada em padrões relativamente estáveis. As frases costumam ter sujeito e predicado, as cartas costumam conter uma saudação inicial, as palestras costumam começar com um cumprimento à audiência e assim por diante.

Quando se quebra um desses protocolos, cria-se inevitavelmente uma tensão. Um pouco de tensão é bom, pois tira o interlocutor do marasmo. Mas tensão demais pode incomodar, prejudicar a compreensão — e, paradoxalmente, provocar desinteresse. É o que acontece, por exemplo, quando não conseguimos entender o enredo de um filme na TV e acabamos mudando de canal.

A comunicação mais eficiente ocorre, portanto, quando se encontra um meio-termo entre a necessidade de ser original e a necessidade de se fazer entender.

Economia, ruído e redundância

O princípio da **economia** está intimamente relacionado ao conceito de informatividade que acabamos de comentar. Segundo tal princípio, nossa mensagem deve comunicar apenas dados novos, relevantes. Por exemplo: você vai visitar um amigo que mora em outra cidade e ele lhe pergunta como foi a viagem. Temos certeza de que você não vai responder: "Saí às oito horas da minha casa, abri a porta do carro, girei a chave na ignição e guiei até a saída da cidade. De lá, peguei a rodovia, passei pelo pedágio etc.", pois isso ele *já sabe*. Se não sabe, deduz. Você comentará apenas algum incidente, bom ou ruim, que tenha marcado a viagem. Se não tiver acontecido nada diferente, dirá apenas: "Fiz boa viagem".

Contudo, a economia total, isto é, a eliminação total de elementos supérfluos na mensagem, é impossível. Isso porque existe um fenômeno chamado ruído — cuja eliminação, como vimos na primeira seção, foi o que motivou Shannon a desenvolver suas pesquisas, que culminariam na teoria matemática da comunicação.

• Saiba mais

> O escritor italiano Umberto Eco (1932-) foi um dos primeiros a ressaltar que a comunicação é inversamente proporcional à informação: quanto mais informação uma mensagem carrega, mais difícil é comunicá-la; por outro lado, quanto mais fácil de comunicar é uma mensagem, menos informativa ela é.[8] Pense em certos programas de humor apelativo da televisão: eles são de fácil comunicação, ou seja, podem ser entendidos por grandes parcelas da população, inclusive por pessoas pouco escolarizadas. Isso ocorre porque tais programas se baseiam em padrões bem conhecidos — por exemplo, quadros em que uma mulher bonita e jovem contracena com um homem idoso e "assanhado". Se um diretor de TV quiser, porém, produzir um humor mais criativo — e, portanto, com uma carga maior de informatividade —, terá provavelmente de abrir mão de uma parcela da audiência, pois será mais difícil comunicar a nova mensagem.

Podemos definir **ruído** como tudo aquilo que interfere na comunicação e impede que os interlocutores interajam com fluência. Dos seis elementos do modelo de Jakobson, o mais sujeito a ruídos é, evidentemente, o canal. Tanto que, conforme vimos, boa parte das mensagens em que predomina a função fática (isto é, a função centrada no canal) busca detectar ou eliminar ruídos, tal como ocorre na frase: "Alô? Você está me ouvindo?".

Contudo, a rigor, todos os seis elementos do modelo podem ser afetados pelo ruído. Ele pode interferir, por exemplo, no código — você e seu interlocutor podem estar usando a mesma palavra, mas atribuindo significados diferentes a ela — ou ainda no referente — você é especialista no assunto do qual está falando, mas seu interlocutor é completamente leigo.

Para evitar esses e outros problemas causados pelos ruídos, recorremos aos mecanismos de redundância. **Redundância** é o processo pelo qual se repetem informações em uma comunicação, com o objetivo de superar os ruídos e assegurar a clareza.

As línguas naturais geralmente são redundantes. E a língua portuguesa, em particular, é uma campeã da redundância. Observe esta comparação entre a mesma frase escrita em português e em inglês:

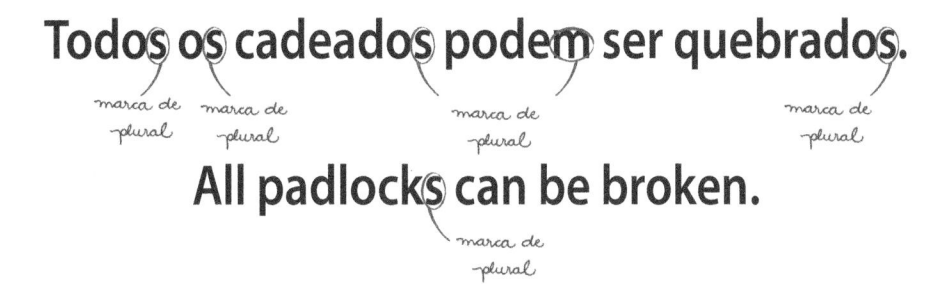

Todos os cadeados podem ser quebrados.

marca de plural   *marca de plural*   *marca de plural*   *marca de plural*

All padlocks can be broken.

marca de plural

Para transmitir a mesma ideia, a língua portuguesa exige nada menos do que *cinco* marcações de plural, enquanto a inglesa exige apenas uma, no substantivo. Podemos dizer, portanto, que o idioma português é *menos econômico* e *mais redundante* que o inglês.

Conhecer os conceitos de ruído e redundância pode ser útil em várias situações comunicativas do dia a dia. No Quadro 1.1, apresentamos alguns exemplos de perguntas que podemos nos fazer sobre possíveis ruídos na comunicação, bem como os mecanismos de redundância que podemos adotar para contorná-los.

Quadro 1.1 Ruído e redundância.

Elementos	Detecção de ruídos	Mecanismos de redundância a adotar
Interlocutores	Meu interlocutor sabe quem eu sou? Eu conheço bem meu interlocutor?	• Apresentar-me claramente. • Confirmar, com o interlocutor, as informações que tenho a respeito dele.
Código	Estamos usando o mesmo código?	• Perguntar ao receptor se ele entendeu o que eu disse. • Pedir que repita o que entendeu.
Canal	O meio que estamos utilizando está livre de interferências?	• Perguntar ao interlocutor se está ouvindo bem. • Em uma comunicação escrita, ressaltar informações mais importantes com cores, quadros etc.
Mensagem	A mensagem em si está sendo compreendida?	• Em uma apresentação oral, distribuir um texto escrito que reproduza de maneira resumida o que será dito. • Não ter medo de repetir palavras, desde que isso seja necessário à compreensão.
Referente	O receptor sabe do que estou falando?	• Usar parênteses para explicar conceitos que talvez não sejam conhecidos de todos.

Resumo

- O modelo comunicativo de Roman Jakobson originou-se da teoria matemática da comunicação, criada em 1948 por Claude Shannon, um matemático e engenheiro elétrico que buscava tornar mais eficiente a transmissão de informações entre máquinas. O modelo descreve a comunicação como um esquema em que estão presentes seis elementos: mensagem, emissor, receptor, código, canal e referente.
- Com base em seu modelo comunicativo, Roman Jakobson criou o conceito das seis funções da linguagem. De acordo com o linguista, a linguagem exerce seis funções,

cada uma correspondendo a um dos elementos do modelo. Em cada ato de comunicação, a ênfase recai sobre um dos elementos e, consequentemente, a função relacionada a ele prevalece sobre as outras. As seis funções possíveis são: referencial ou denotativa (ênfase no referente), emotiva ou expressiva (ênfase no emissor), conativa ou apelativa (ênfase no receptor), fática (ênfase no canal), metalinguística (ênfase no código) e poética (ênfase na mensagem).

- Denotação é o emprego das palavras em seu sentido mais comum, literal. Ela se opõe à conotação, que é o emprego das palavras em um sentido diferente, figurado.
- O modelo comunicativo de Jakobson foi criticado por equiparar a comunicação humana à comunicação entre máquinas. Essa identificação não seria possível, porque os seres humanos, diferentemente das máquinas, não são iguais uns aos outros, mudam o tempo todo e, ainda, ocupam lugares determinados na sociedade — e todos esses fatores afetam a maneira como eles produzem e recebem mensagens. Outra diferença entre a comunicação humana e a observada entre máquinas diz respeito ao código utilizado: diferentemente do que ocorre em outros códigos, nas línguas naturais não existe relação inequívoca entre significantes e significados. Portanto, uma comunicação travada em língua natural não pode ser considerada um mero processo de codificação e decodificação de informações, pois o receptor também precisa se empenhar para atribuir significado às mensagens.
- Informatividade é o grau de informação que uma mensagem contém: quanto mais inesperada ela for, mais informativa será — e, também, mais difícil de ser comunicada. O conceito de informatividade está intimamente ligado ao princípio da economia; de acordo com tal princípio, nossa mensagem deve comunicar apenas dados novos, relevantes. A economia total, porém, é impossível, devido à existência de ruídos, isto é, de interferências na comunicação que impedem os interlocutores de interagir com fluência. Para amenizar os ruídos, podemos recorrer aos mecanismos de redundância (repetição).

Atividades

1. Identifique os seis elementos do modelo de Jakobson presentes nos seguintes eventos comunicativos:
    a) em um estádio de futebol, o placar eletrônico informa que o jogo está empatado por zero a zero;
    b) um turista brasileiro, que não fala uma palavra de alemão, está em um bar de Berlim tentando pedir com gestos que o garçom lhe sirva uma cerveja;
    c) no Museo Reina Sofía, na Espanha, está exposto o mural *Guernica*, de Pablo Picasso (se necessário, busque informações sobre a obra na Internet).

2. Observe a embalagem de cereal matinal a seguir.
Qual função da linguagem predomina no texto da frente da embalagem?
E no texto da lateral?

CEREAL MATINAL
Bom Dia

Coloque mais saúde no seu dia!

Pelo menos metade das calorias consumidas diariamente deve vir dos carboidratos.
Eles são encontrados nos cereais matinais e em vários outros alimentos, como arroz, batata, macarrão e farináceos.
Complemente sua alimentação com frutas, verduras, carnes magras e laticínios.

3. Neste capítulo, afirmamos que, em cada ato comunicativo, uma das funções da linguagem predomina sobre as demais. Existem, porém, certas mensagens em que duas funções são tão importantes que fica difícil "desempatá-las". Por exemplo, no *slogan* da Caixa que apresentamos como exemplo de função poética ("Vem pra Caixa você também!"), qual outra função exerce um papel tão importante quanto esta? Por quê?

4. Imagine que a seguinte manchete estivesse na primeira página de um grande jornal:

Presidente do Banco Central age como tolo
e perde controle da inflação

Com base no conceito de função da linguagem, explique o que há de errado com a manchete.

5. Considere o enunciado a seguir:

Este medicamento não possui contraindicações.

Explique como seu significado mudaria, caso ele fosse pronunciado por:
a) um médico que faz pesquisas patrocinadas pela fabricante do remédio;
b) uma agência de saúde independente;
c) uma dona de casa que toma o remédio há muitos anos.

6. Crie três frases com cada uma das palavras a seguir. Em cada frase, a palavra deve apresentar um significado diferente.
   a) desligado
   b) frio
   c) ponto
   d) pegar

7. Releia as frases que você criou na atividade anterior. Em quais delas a palavra indicada tinha sentido denotativo ou literal? E em quais tinha sentido conotativo ou figurado?

8. Qual a principal informação que fica implícita ou pressuposta nos enunciados a seguir?
   a) Sempre gostei de homens altos, mas acabei me casando com o Roberto.
   b) Que bom! Agora poderemos frequentar restaurantes caros!
   c) Minha primeira mulher era ruiva.

9. Qual das mensagens a seguir é mais informativa? Por quê?

   > Quem espera sempre alcança.   Quem espera sempre se cansa.

10. Você está diante de um sanitário público onde há uma plaquinha com a letra "M". Você não sabe se isso significa *mulher* ou *masculino*.
    a) Em qual elemento do modelo comunicativo está o ruído?
    b) Qual mecanismo de redundância poderia ser adotado para superá-lo?

Notas

1 SHANNON, Claude E. A mathematical theory of communication. *The Bell System Technical Journal*, v. 27, n. 3, p. 379-423, jul. 1948.

2 SHANNON, Claude E.; WEAVER, Warren. *The mathematical theory of communication*. Urbana (IL): University of Illinois Press, 1949.

3 CAMÕES. *Lírica*. Seleção, prefácio e notas de Massaud Moisés. São Paulo: Cultrix, 1999. p. 108.
4 BORGES, Jorge Luis. *História universal da infâmia*. Tradução de Flávio José Cardozo. Porto Alegre: Globo, 1978. p. 1.
5 PESSOA, Fernando. Mar portuguez. In: _____. *O eu profundo e os outros eus*. Rio de Janeiro: Nova Fronteira, 1980, p. 57.
6 FOUCAULT, Michel. *A ordem do discurso*. 15. ed. São Paulo: Loyola, 1996.
7 KERBRAT-ORECCHIONI, Catherine. Implícito. Tradução de Sírio Possenti. In: MAINGUENEAU, Dominique; CHARAUDEAU, Patrick. *Dicionário de análise do discurso*. São Paulo: Contexto, 2008.
8 ECO, Umberto. *Opera aperta*. Milano: Bompiani, 1962.

Capítulo 2
VARIAÇÃO LINGUÍSTICA E REGISTRO

Objetivos de aprendizagem

Quando terminar o estudo deste capítulo, você deverá ser capaz de:
- Identificar os diferentes tipos de variação linguística.
- Descrever as principais fases da evolução histórica do português europeu e do brasileiro.
- Explicar como se estabelece a norma padrão de uma língua.
- Indicar quais falares regionais são estigmatizados e por quê.
- Apontar alguns critérios que podem ser usados para analisar a variação linguística diastrática (social).
- Apontar as principais diferenças entre oralidade e escrita.
- Explicar como as variações de registro relacionam-se às demais.

Introdução

Nas aulas de física, você aprendeu que a força centrípeta tende a puxar um corpo para o centro de uma trajetória, enquanto a centrífuga tende a afastá-lo desse centro. O que você talvez não saiba é que essas duas forças atuam também na língua portuguesa — metaforicamente, é claro.

O português, assim como qualquer outra língua viva, é dinâmico e está em constante processo de inovação e mudança. Esse movimento, chamado de *variação linguística*, tende a afastar a língua de seu núcleo mais estável, atuando, portanto, como uma força centrífuga.

Se apenas essa força agisse sobre a língua, em alguns séculos (ou talvez mesmo em décadas) o português iria se transformar em outro idioma. Ou, então, cada falar regional iria se tornar um dialeto, e os dialetos acabariam virando também novas línguas. Desse modo, no Brasil, não teríamos mais o português, e sim o baianês, o gauchês, o paulistês...

Tais fatos não ocorrem — ou, pelo menos, demoram muito para ocorrer — porque também há uma força centrípeta atuando sobre a língua: é a força da conservação, exercida pela escola, pela imprensa, pelos documentos oficiais e pela própria tradição cultural e literária, que une os povos falantes do mesmo idioma. Neste capítulo, vamos estudar essas duas forças, bem como o tênue e complexo equilíbrio que se estabelece entre elas.

Conteúdo do capítulo

Seção 1 Tipos de variação linguística
Seção 2 Variação diacrônica (histórica)
Seção 3 Variação diatópica (regional)
Seção 4 Variação diastrática (social)
Seção 5 Variação diamésica (oralidade e escrita)
Seção 6 Variação diafásica (registro formal e informal)

• • • Seção 1 Tipos de variação linguística

Imagine que um diretor resolva produzir um filme sobre a história do Brasil. Ele começará com a chegada dos portugueses, em 1500, depois retratará o início do ciclo da cana-de-açúcar, a importação de escravos africanos, os bandeirantes, a descoberta de ouro e assim por diante, até chegar aos dias atuais. Imagine agora que novos diretores, inspirados por esse filme, resolvam fazer outros, cada um deles retratando um momento específico da história: um filme sobre o ciclo da cana, outro sobre o ciclo do ouro, outro sobre a chegada da Corte Portuguesa, outro sobre a República Velha e assim por diante.

Tanto no primeiro filme, que retrata um processo ao longo do tempo, quanto nos demais, que focalizam momentos específicos, encontraremos uma série de variações na sociedade. No primeiro caso, perceberemos que a sociedade brasileira mudou — e muito — ao longo dos séculos. Os índios foram dizimados, os escravos foram libertos, a mulher entrou no mercado de trabalho... Isso para citar apenas algumas das alterações mais importantes. Nos outros filmes, notaremos que, a cada momento histórico, a sociedade se apresentava multifacetada, abrigando grupos das mais diversas origens, ocupações, formações e costumes.

Isso, evidentemente, não se aplica apenas à sociedade brasileira. Todas as sociedades são heterogêneas, tanto do ponto de vista diacrônico — ou seja, elas mudam ao longo do tempo — quanto do ponto de vista sincrônico — isto é, em um mesmo momento histórico, elas apresentam diversas realidades simultâneas. Ora, se toda sociedade é heterogênea, a língua, por constituir a "expressão da consciência"[1] de uma sociedade, obrigatoriamente deve sê-lo também! Por isso, podemos afirmar que todas as línguas naturais apresentam algum grau de variação.

As **variações linguísticas** podem ser de diversos tipos. Não por acaso, sua primeira grande classificação é análoga à que acabamos de fazer quanto às mudanças sociais — assim como as sociedades, as línguas variam nos eixos diacrônico e sincrônico. Desse modo, podemos falar em dois grandes grupos: as **variações diacrônicas** (também chamadas de **históricas**) e as **variações sincrônicas**. Estas últimas, por sua vez, dividem-se em quatro outros grupos:

- **variações diatópicas** (do grego *topos*, "lugar") — são aquelas relacionadas à região onde o falante nasceu ou mora;
- **variações diastráticas** (do latim *stratum*, "camada") — são aquelas relacionadas à camada ou grupo social a que pertence o falante;
- **variações diamésicas** (do grego *mésos*, "meio") — são aquelas relacionadas ao meio pelo qual se dá a comunicação: oralmente ou por escrito;
- **variações diafásicas** (do grego *phásis*, "modo de falar") — são aquelas relacionadas ao estilo: um mesmo falante é capaz de se expressar de modo mais ou menos formal, informal, rude, simpático, infantilizado e assim por diante.

A Figura 2.1 ilustra todos esses tipos de variação, os quais serão abordados, um a um, nas próximas seções deste capítulo.

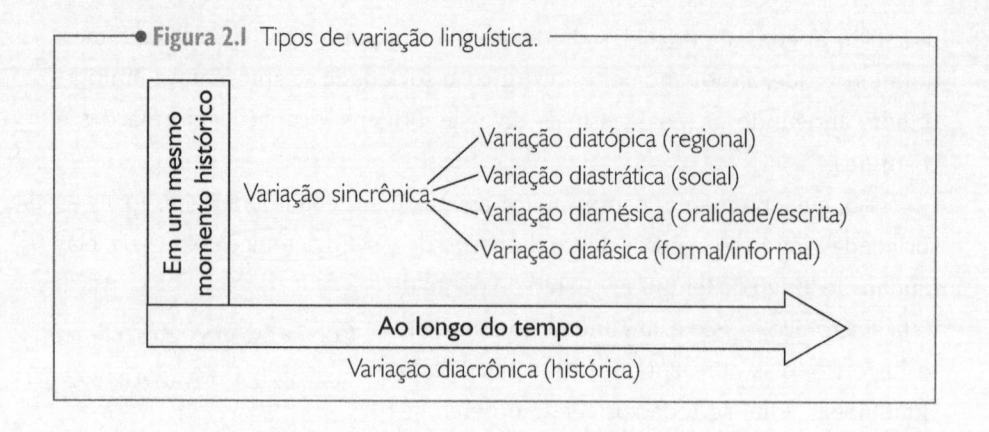

Figura 2.1 Tipos de variação linguística.

Em um mesmo momento histórico — Variação sincrônica:
- Variação diatópica (regional)
- Variação diastrática (social)
- Variação diamésica (oralidade/escrita)
- Variação diafásica (formal/informal)

Ao longo do tempo → Variação diacrônica (histórica)

● ● ● **Seção 2** Variação diacrônica (histórica)

As descobertas da **filologia** — ciência que estuda as línguas no aspecto diacrônico — ajudam a entender certos fenômenos da atualidade. Pense, por exemplo, nas formas populares *chicrete* e *praca* (em vez de *chiclete* e *placa*). Elas estão presentes na fala de brasileiros que vivem em estados tão distantes quanto Paraná e Maranhão. Certamente, eles não "aprenderam" a troca do *l* pelo *r* na mesma "cartilha". O que explicaria, então, um fenômeno tão recorrente?

Para a filologia, a resposta é simples: o **rotacismo** — isto é, a troca de um som, especialmente o *l* ou o *s*, pelo *r* — é uma característica inerente à língua portuguesa. Trata-se de uma tendência observada há muitos séculos, desde a evolução do latim ao português, como comprovam os exemplos a seguir:

A palavra cânone vem do latim canon, que significa "lei, regra, medida". Na literatura, os cânones são as obras consideradas "os melhores exemplos" da produção literária de cada época. Neste livro, também usaremos expressões como "concordância verbal canônica" — nesse caso, estamos nos referindo à concordância consagrada pela norma padrão.

LATIM		PORTUGUÊS
p*l*acere	→	p*r*azer
c*l*avu	→	c*r*avo
b*l*andu	→	b*r*ando

Algumas das formas hoje consideradas incorretas, como *frauta* e *frecha*, chegaram, inclusive, a fazer parte da norma culta do português. Prova disso é que elas constam de um dos principais cânones da literatura de língua portuguesa: o poema épico *Os lusíadas*, de Camões, datado de 1572. Veja:[2]

> E não de agreste avena ou <u>frauta</u> ruda (Canto I)
> Doenças, <u>frechas</u>, e trovões ardentes (Canto X)

Por que essas formas deixaram de fazer parte da norma culta e passaram a ser consideradas incorretas? Para descobrir esses e outros fatos da nossa língua, leia a seguir uma recapitulação das principais variações históricas sofridas pelo português, na Europa e no Brasil.

Uma breve história do português europeu

No século IV a. C., os romanos deram início à fenomenal expansão de seus domínios, que chegaria ao auge no primeiro século da Era Cristã. Primeiro, subjugaram os povos da própria Península Itálica. Depois, um a um, os do norte da África, das ilhas mediterrâneas, do Oriente Médio, da Ásia Menor e de praticamente toda a Europa Ocidental.

À medida que soldados, administradores e colonos romanos chegavam às regiões dominadas, as populações locais logo percebiam as vantagens de aprender o latim. Afinal, esse não só era o idioma da civilização mais rica e poderosa do mundo conhecido, como também facilitava o acesso ao comércio e à vida pública.[3] Não é exagero afirmar, portanto, que o latim exercia naquela época o mesmo papel reservado hoje ao inglês. E, assim como muitas pessoas atualmente aprendem o inglês como segunda língua, os povos dominados pelos romanos aprenderam o latim e tornaram-se bilíngues, isto é, capazes de se expressar no idioma do colonizador e em sua língua materna.

[anotação manuscrita: Advogado, orador e filósofo romano, Marco Túlio Cícero (106 a.C. - 43 d.C.) deixou um rico acervo de documentos escritos, incluindo uma coleção de quase mil cartas.]

Vale ressaltar que o latim aprendido por esses povos não era o latim culto dos discursos de Cícero ou das sessões no fórum romano, frequentadas pelos membros da aristocracia. Era o latim vulgar, falado por plebeus, camponeses, escravos e soldados, muitos deles analfabetos ou até estrangeiros.

A partir do terceiro século da Era Cristã, com o início das invasões bárbaras e o subsequente esfacelamento do Império Romano, o latim culto entrou em um lento processo de extinção. Ainda sobreviveria alguns séculos no direito, na diplomacia e, principalmente, em uma nova e poderosa instituição: a Igreja Católica, que se incumbiu de preservar a cultura clássica durante toda a Idade Média.

> **Saiba mais**
>
> Vale ressaltar que nem todas as colônias do Império Romano adotaram o latim. Os gregos, por exemplo, já possuíam uma tradição cultural e linguística sólida antes da chegada do invasor e mantiveram-se fiéis a ela, ignorando a influência latina. Em outras colônias, como a Caledônia (atual Escócia), a Germânia e a Albânia, a romanização foi superficial e não chegou a deixar marcas linguísticas importantes. Por fim, houve regiões, como o norte da África, em que os romanos foram sucedidos por vários outros conquistadores, que acabaram sobrepondo suas línguas ao latim, até que este caísse no esquecimento.[4] Portanto, os limites da **Romênia** — ou seja, da área ocupada por línguas de origem latina — compreendem apenas as regiões hoje correspondentes a Portugal, Espanha, França, Itália, Romênia e uma pequena parte da Suíça.

Enquanto isso, o latim vulgar passava a ser falado por comunidades cada vez mais isoladas, já que a fragmentação do Império Romano também havia significado o fim dos grandes fluxos comerciais e migratórios e a volta dos europeus à vida rural. Assim, livre da força centrípeta imposta pela escola e pela administração romana, a fala do povo em cada ex-colônia foi sofrendo intensas modificações. Até que, no fim do primeiro milênio da Era Cristã, a distância entre o latim culto, preservado nas abadias, e as falas de origem latina dos ex-colonizados já era tão grande, mas tão grande, que não se podia mais afirmar que se tratava do mesmo idioma.

Uma das maiores provas disso foi uma ordem dada pela Igreja no Concílio de Tours (813 d. C.): os bispos e diáconos deveriam *traduzir* seus sermões nas línguas locais, para que os fiéis pudessem compreendê-los.[5] Essas línguas locais de origem latina foram chamadas de **romances**, uma palavra derivada do advérbio *romanice*, que significava "à moda romana". Assim, era possível distingui-las das línguas germânicas e eslavas, usadas pelos "bárbaros" não romanizados.

Durante bastante tempo, os romances permaneceram como línguas apenas orais, em primeiro lugar porque eram usados majoritariamente por analfabetos; em segundo lugar, porque os detentores da cultura escrita resistiam à ideia de incorporar a fala inculta nos documentos em latim, com medo de corromper a "pureza" do antigo idioma. À medida, porém, que foram se formando os Estados europeus, no início do segundo milênio, os romances acabaram afirmando sua identidade como **línguas nacionais** e passaram a ser aceitos no mundo letrado.

No caso de Portugal, isso ocorreu aproximadamente entre 1064 e 1250. Nesses quase dois séculos, os cristãos do norte, que haviam resistido à ocupação islâmica e falavam um romance denominado **galego-português**, rumaram na direção sul, expulsando os árabes e retomando o território. O processo terminou com a reconquista da cidade de Faro, no extremo sul, e deu a Portugal limites quase idênticos aos atuais.

Durante sua progressão para o sul, os combatentes cristãos disseminaram o galego-português, que se tornou o idioma dos primeiros documentos oficiais da nova nação. Nas cortes de D. Afonso X, D. Dinis e outros, o galego-português também expressou a primeira manifestação literária de que se tem registro no Estado português — as **cantigas trovadorescas**, como esta a seguir:[6]

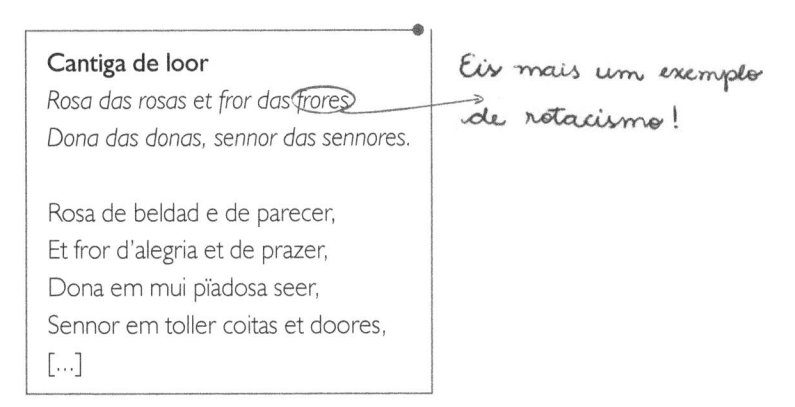

> **Cantiga de loor**
> *Rosa das rosas et fror das frores*
> *Dona das donas, sennor das sennores.*
>
> *Rosa de beldad e de parecer,*
> *Et fror d'alegria et de prazer,*
> *Dona em mui pïadosa seer,*
> *Sennor em toller coitas et doores,*
> *[...]*

Eis mais um exemplo de rotacismo!

Com o tempo, a capital do reino foi transferida para cidades mais ao sul, até chegar a Lisboa, e o galego-português ao tomar contato com os **dialetos** falados nessas regiões, assumiu as feições do português moderno. Na época em que essa língua chegou ao Brasil, dois importantes fenômenos estavam ocorrendo: a relatinização e o estabelecimento de uma norma padrão.

O dialeto galego continua sendo usado na Galícia, comunidade autônoma espanhola localizada ao norte de Portugal.

- Saiba mais

> Os outros romances deram origem a cinco línguas nacionais europeias: espanhol (ou castelhano), catalão, francês, italiano e romeno. Junto com o português, hoje elas são chamadas de **línguas românicas** ou **neolatinas**.

Relatinização

Um dos movimentos mais marcantes da Renascença europeia foi a redescoberta da cultura greco-latina (até então encerrada nas instituições eclesiásticas) pelos intelectuais das novas elites mercantis. Do ponto de vista linguístico, isso se traduziu na recuperação de traços do latim culto, em uma tentativa de enfatizar o parentesco entre as línguas românicas e o idioma da Roma antiga, que passou a ser considerada um ideal de cultura e civilização.

No caso específico da língua portuguesa, os principais resultados da **relatinização** foram:[7]

- a recuperação do *h* inicial em palavras como *hora* e *homem*;
- a restauração dos grupos *cl*, *fl* e *pl* em algumas palavras — e aí descobrimos por que as *frautas* e *frechas* de Camões foram substituídas por *flautas* e *flechas*;
- a incorporação de uma série de formas eruditas, consideradas mais adequadas para tratar de assuntos científicos e intelectuais; por exemplo:

Ao lado do popular...	Passou a existir o erudito...	Derivado do latim...
dedo	*dígito*	*digitu*
frio	*frígido*	*frigidu*
mancha	*mácula*	*macula*

- a recuperação da forma latina na formação de palavras derivadas — na formação de *gradual*, por exemplo, recuperou-se o *d* que havia se perdido no português medieval:

Latim	Português	Derivados renascentistas
*gra*d*o*	*grau*	*gra*d*ual*, *gra*d*ualmente*

- a recriação de superlativos em *-íssimo*, *-érrimo* e *-ílimo*, como *nobilíssimo*, *magérrimo* e *dificílimo*;
- a formação de advérbios em *-mente*, como *formalmente* e *rapidamente*.

Estabelecimento da norma padrão

Os intelectuais europeus queriam valorizar as línguas nacionais não apenas mediante a recuperação de traços do latim culto, mas também pelo estabelecimento de uma **norma padrão**, isto é, um conjunto de regras que ditaria como todos deveriam falar e escrever. Vale lembrar que a prensa, recém-criada por Johannes Gutenberg (1397?-1468), começava a se popularizar. Portanto, mais do que nunca fazia-se necessário definir regras sobre ortografia e sintaxe, para que os novos livros e jornais fossem impressos de maneira padronizada.

Em Portugal, destacaram-se três iniciativas nesse sentido:[8]

- a publicação de livros em defesa da língua portuguesa, que não apenas a enalteciam como enfatizavam suas diferenças em relação ao espanhol;
- a elaboração das primeiras **gramáticas normativas**, em 1450 e 1536;
- a fundação de academias de letras, destinadas a cultivar e sistematizar o idioma.

Na Figura 2.2, você encontra um resumo do que acabamos de estudar sobre a história do português europeu.

O português no Brasil

Quando os europeus chegaram às terras brasileiras, estima-se que estas abrigavam mais de um milhão de indígenas, que falavam cerca de 300 línguas diferentes.[9] Embora a exterminação dos índios tenha assumido um ritmo espantoso desde o primeiro século de colonização, eles ainda se mantiveram em superiori-

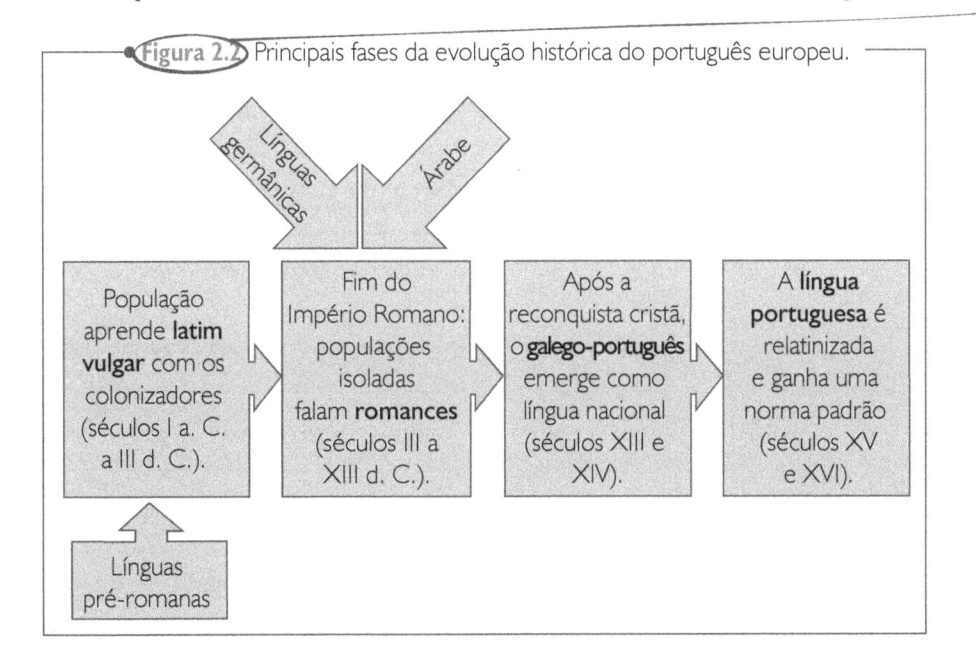

> Na Figura 2.2, aparecem algumas línguas que não comentamos aqui: as pré-romanas, as germânicas e o árabe. No Companion Website, você encontra um texto complementar sobre essas e outras influências sofridas pelo português.

Figura 2.2 Principais fases da evolução histórica do português europeu.

[Línguas germânicas] [Árabe]

| População aprende **latim vulgar** com os colonizadores (séculos I a. C. a III d. C.). | Fim do Império Romano: populações isoladas falam **romances** (séculos III a XIII d. C.). | Após a reconquista cristã, o **galego-português** emerge como língua nacional (séculos XIII e XIV). | A **língua portuguesa** é relatinizada e ganha uma norma padrão (séculos XV e XVI). |

[Línguas pré-romanas]

dade numérica durante um bom tempo, o que obrigou os portugueses a aprender seu idioma. Como a maioria dos contatos ocorria na costa, habitada majoritariamente por tupinambás, formou-se uma língua oral que misturava algumas pitadas de português a uma generosa dose de tupi — era a chamada **língua geral** ou **língua brasílica**.

Predominante na região que hoje corresponde ao Estado de São Paulo, a língua geral foi levada Brasil adentro pelos bandeirantes. Mas, em 1757, o Marquês de Pombal proibiu seu uso e tornou obrigatório o ensino do português, em uma tentativa de fortalecer a língua da metrópole como instrumento de unificação e controle da colônia. Em 1808, a chegada da Corte Portuguesa, com seus milhares de acompanhantes, acentuou ainda mais o processo de **relusitanização** da língua no Brasil.

À parte desses movimentos, outro fator influenciou nossa formação linguística: a importação, entre 1530 e 1855, de vários milhões de escravos. Capturados em pontos diferentes da África, esses homens e mulheres pertenciam a dois grandes grupos culturais, o banto e o sudanês. Os bantos, que falavam principalmente o quimbundo, chegaram primeiro e se fixaram nos estados do Rio de Janeiro, São Paulo, Minas Gerais, Maranhão, Pernambuco e Alagoas. Os sudaneses, entre os quais predominavam os falantes de iorubá (ou nagô), ewe e fon, vieram em menor número e fixaram-se principalmente na Bahia.[10] Muitos dos pertencentes ao grupo sudanês eram muçulmanos e exibiam uma habilidade rara no Brasil colônia — sabiam ler e escrever. Foi desses africanos islâmicos que partiu a mais importante insurreição negra do país: a Revolta dos Malês, de 1835.

Justamente para combater a mobilização dos escravos, os senhores portugueses logo trataram de desagregá-los, proibindo o convívio entre membros da mesma etnia. Essa medida, somada à perseguição que também se abateu sobre a cultura africana, fez com que ela deixasse marcas relativamente tênues no português atual: estima-se que as línguas africanas tenham nos legado cerca de 300 vocábulos — um número pequeno, se comparado aos mais de 10 mil deixados pelo tupi. Não há registro de influências fonéticas ou gramaticais exercidas nem pelas línguas indígenas nem pelas africanas.[11]

A partir de meados do século XIX, o português brasileiro recebeu um novo influxo: sucessivas levas de imigrantes espanhóis, italianos, japoneses, sírios, libaneses e de tantas outras nacionalidades chegaram ao país, para trabalhar primeiro na lavoura de café e depois na indústria paulista. Oriundas de realidades culturais e linguísticas extremamente diversas, essas comunidades acrescentaram ainda mais complexidade a nosso caldeirão linguístico.

Na Figura 2.3, você vê um resumo da trajetória histórica da língua portuguesa no Brasil.

Figura 2.3 Principais fases da evolução histórica do português brasileiro.

Línguas africanas / *Línguas dos imigrantes europeus e orientais*

Séculos XVI e XVII: forma-se a **língua geral**, com alguns elementos do português sobre uma ampla base tupi.

Relusitanização: em 1757, Pombal proíbe a língua geral e, em 1808, a Família Real refugia-se no Rio.

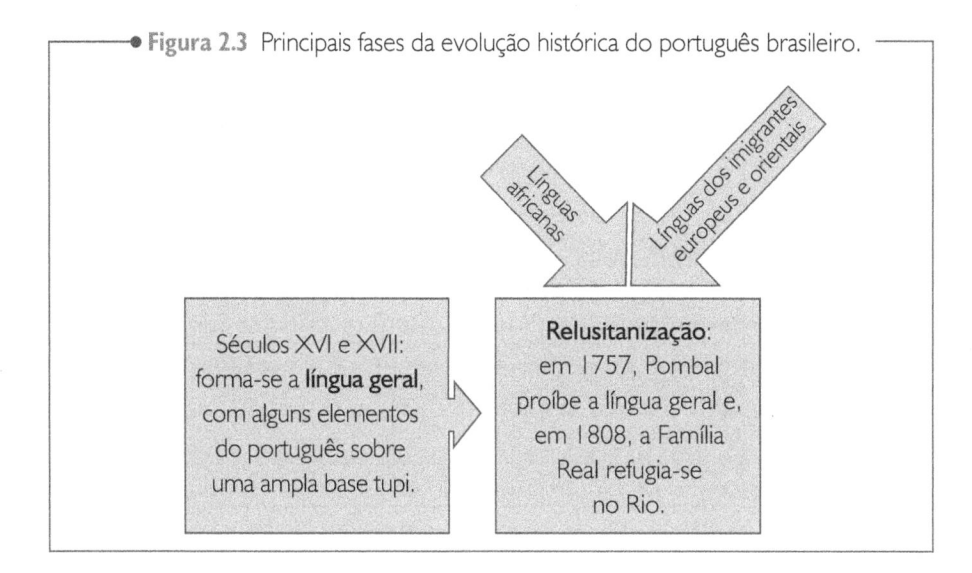

Comparação entre o português brasileiro e o europeu

Comparando o português brasileiro ao europeu, os filólogos detectam no primeiro duas tendências um tanto paradoxais. Por um lado, o português brasileiro apresenta uma *tendência conservadora*, na medida em que preserva traços do português falado à época do descobrimento, alguns deles já extintos em Portugal. Por exemplo: nós, brasileiros, pronunciamos as vogais átonas *o* e *e* em final de sílaba como se fossem, respectivamente, *u* e *i* — uma pronúncia que era comum entre os portugueses do século XVI.[12] Ou seja:

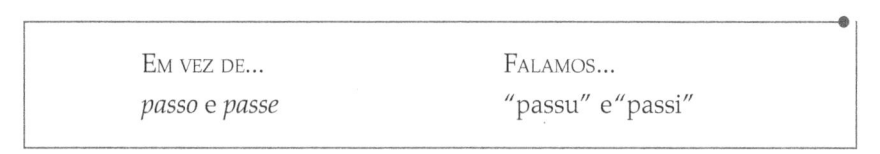

Em vez de...	Falamos...
passo e *passe*	"passu" e "passi"

Por outro lado, o português brasileiro apresenta uma *tendência inovadora*, já que passou a apresentar traços próprios, inéditos na Europa. Um exemplo disso é o uso do pronome átono em início de frase, como em "Me passa o sal", enquanto o português europeu, inclusive na oralidade, emprega sempre o pronome após o verbo: "Passa-me o sal".

No Quadro 2.1, estão listadas essas e outras marcas características do português brasileiro, decorrentes tanto da tendência conservadora quanto da inovadora.

Quadro 2.1 Algumas marcas características do português brasileiro.

Fonética e fonologia	1. Pronúncia das vogais átonas *o* e *e* em final de sílaba como se fossem, respectivamente, *u* e *i*: "mininu" em vez de *menino*.
	2. Eliminação das semivogais *i* e *u* nos ditongos *ai*, *ei* e *ou*, especialmente quando seguidos por *j*, *x* e *r*: em vez de *beijo*, *queixo*, *faixa*, *maneira* e *ouro*, falamos "bêjo", "quêxo", "fáxa", "manêra" e "ôro".
	3. Pronúncia do *l* em fim de sílaba como se fosse *u*: na fala brasileira, não há diferença entre ma<u>u</u> e ma<u>l</u> (exceto em algumas partes da região Sul).
	4. Eliminação do *l* em fim de palavra: "coroné" (em vez de *coronel*).
	5. Eliminação do *r* em fim de palavra: "fazê" (em vez de *fazer*), "andá" (em vez de *andar*).
Morfologia e sintaxe	1. Uso do pronome oblíquo em início de frase: <u>me esqueci</u> de entregar o livro.
	2. Em uma locução verbal, colocação do pronome oblíquo próximo à forma nominal, e não ao verbo auxiliar: *não tinha ainda <u>se afastado</u>* (em vez de *não <u>se</u> tinha ainda afastado*, como é habitual no português europeu).
	3. Uso do pronome reto como objeto direto: *você cumprimentou <u>ele</u>?* (em vez de *você <u>o</u> cumprimentou?*, como se diz em Portugal).
	4. Uso generalizado dos pronomes de tratamento *você* e *vocês* no lugar dos retos *tu* e *vós* (o *tu* continua sendo usado em contextos informais na maior parte do país).
	5. Uso da locução *estar* + gerúndio para indicar ação em curso (em vez de *estar* + *a* + infinitivo, como é comum no português europeu): *estou <u>cantando</u>*, e não *estou <u>a cantar</u>*.
	6. Uso de *ir* (ou *chegar*) + *em*: *fui <u>na</u> praia, cheguei <u>na</u> escola* (em vez de *fui <u>à</u> praia, cheguei <u>à</u> escola*).
	7. Uso do *ter* no sentido de *haver*: <u>tem</u> três professores no pátio.
	8. Tendência à eliminação das marcas do plural, especialmente do *-s* e do *-m*: *meu<u>s</u> amigo deve vir hoje à noite* (em vez de *meu<u>s</u> amigo<u>s</u> deve<u>m</u> vir hoje à noite*).
	9. Flexão irregular dos verbos na 2ª pessoa do singular: *<u>tu fez</u> a lição de casa, menino?* (em vez de *<u>tu fizeste</u> a lição de casa, menino?*).
	10. Mistura entre os pronomes *tu* e *você*: *se você não <u>se</u> cuidar, a Aids vai <u>te</u> pegar* (campanha do Ministério da Saúde).
	11. Uso de *mim* (em vez de *eu*) como sujeito de orações infinitivas: <u>para mim fazer</u>.

Fonte: elaboração própria com alguns dados de TEYSSIER, 1993, p. 80-85.

O português brasileiro e a norma culta

Observe que duas células do Quadro 2.1 estão destacadas com um fundo escuro. Compare-as com as demais e tente descobrir em que elas são diferentes.

A resposta é: apenas essas células apresentam características do português brasileiro exclusivas da **variedade popular**, ou seja, da fala de pessoas pouco escolarizadas.[13] Isso significa que, à exceção dessas duas, todas as outras características aparecem também, com grande frequência, na fala dos brasileiros mais cultos. Quase todas, porém, estão em desacordo com a norma culta. Essa afirmação parece contraditória — quer dizer, então, que os falantes cultos não seguem a norma culta? É isso mesmo. Para entender essa estranha constatação, você precisa primeiro conhecer o conceito de norma culta.

Algumas páginas atrás, dissemos que, por volta do século XV, os portugueses sentiram a necessidade de estabelecer uma norma padrão para sua língua. Ora, desde o início deste capítulo temos afirmado (e comprovado) que, em qualquer momento histórico, a língua de uma população é um feixe de **variedades**. Com o português do século XV não era diferente: numerosas variedades regionais e sociais coexistiam no país. Se os responsáveis pelo estabelecimento da norma contemplassem todas elas, seria impossível obter a almejada uniformidade. Era preciso, portanto, fazer uma *seleção*.[14]

Como é de se imaginar, os políticos e intelectuais engajados na elaboração da norma não selecionaram as **variantes** populares, e sim aquelas praticadas pelos grupos de maior *status* socioeconômico — a elite cultural do país. Esse processo repete-se no estabelecimento da norma padrão de todas as línguas. Por isso, tal norma também é chamada de **norma culta**, em referência ao fato de que é (ou pelo menos se supõe que seja) a praticada pelos grupos mais cultos da população.

No Brasil, isso definitivamente não ocorre, pelos motivos que acabamos de examinar: tanto a tendência inovadora quanto a conservadora do português brasileiro afastam-no do português europeu, inclusive nas variantes faladas pelos brasileiros cultos. Se tivéssemos uma norma padrão própria, ou seja, se houvesse

Na segunda metade do século XIX, alguns de nossos intelectuais (entre eles o escritor José de Alencar) defenderam o estabelecimento de uma norma padrão brasileira, independente da lusitana. Foram, porém, vencidos por escritores e gramáticos conservadores, que defendiam a obediência cega aos padrões portugueses — ainda que, desde aquela época, eles já não fossem praticados no Brasil, nem sequer pelas camadas mais escolarizadas.

um conjunto de regras para falar e escrever no Brasil que refletisse os hábitos dos nossos falantes mais cultos, esse distanciamento entre o português brasileiro e o lusitano não seria um problema. Mas nós não temos uma norma própria!

A norma aceita no Brasil e plasmada em nossas gramáticas é quase toda baseada nos hábitos dos falantes cultos europeus. Daí a grande quantidade de "erros de português" cometida pelos brasileiros na escrita formal: eles estão apenas reproduzindo as expressões e construções que ouvem diariamente, inclusive dos falantes mais cultos, mas elas não coincidem com as consagradas pela norma padrão brasileira, porque esta foi copiada, quase sem adaptações, da portuguesa.

Por exemplo, se você escrever "Hoje tem aula" ou "Me esqueci da bolsa", seu texto será considerado errado, por estar em desacordo com a norma padrão. No entanto, você ouve ou até lê essas formas todos os dias, inclusive nos textos produzidos por professores, jornalistas, intelectuais e muitos outros representantes da elite cultural. Concluímos, então, que estudar as regras da gramática normativa supõe um desafio a mais para o falante brasileiro, dada a grande distância entre a variedade falada pela camada culta do país e a norma padrão importada de Portugal.

• Saiba mais

Pelo que acabamos de estudar aqui, *norma padrão* e *norma culta* deveriam ser expressões sinônimas, já que a norma padrão de uma língua baseia-se — pelo menos teoricamente — nos hábitos linguísticos de seus falantes mais cultos. Contudo, também vimos que no caso brasileiro isso fica só na teoria mesmo. Por esse e outros motivos, alguns linguistas[15] rejeitam o termo *norma culta* e falam apenas em *norma padrão*. Alinhando-nos a eles, usamos a primeira expressão neste capítulo para explicá-la, mas, daqui em diante, empregaremos apenas *norma padrão*.

• • • Seção 3   Variação diatópica (regional)

Tendo conhecido os principais fatos e conceitos da variação diacrônica da língua portuguesa, ficará mais fácil entender as variações sincrônicas, das quais passaremos a tratar agora. Começaremos pelas **variações diatópicas**, que, como já vimos, estão ligadas à região onde o falante nasceu ou mora. O Quadro 2.2 apresenta alguns exemplos de variações diatópicas observadas nas diferentes regiões do Brasil.

Além de aparecerem espontaneamente na expressão oral e escrita das pessoas, os **regionalismos** podem ser usados para provocar determinados efeitos estilísticos. Suas principais funções, nesse caso, são:

- *Dar verossimilhança aos personagens de um texto ficcional* — telenovelas regionais, como *Pantanal* (Rede Manchete, 1990), *Cabocla* (Rede Globo, 2004) e *Araguaia* (Rede Globo, 2010), são um sucesso de público no Brasil. Para tornar seus personagens verossímeis — ou seja, críveis, plausíveis —, os produtores dessas novelas conduzem amplas pesquisas linguísticas, a fim de identificar as expressões mais comuns onde se passa a história e incorporá-las às falas dos atores. Esse mesmo processo pode ocorrer em filmes, livros e outras produções artísticas e culturais.

Quadro 2.2   Exemplos de variações diatópicas observadas no Brasil.

Na pronúncia	• O *r* retroflexo ("*r* caipira") nas zonas rurais de São Paulo, sul de Minas e do Paraná, em palavras como *porta* e *verde*. • O *s* chiante dos cariocas, em palavras como *festa* e *arroz*.
Na morfologia e na sintaxe	• A forma *tu visse*, usada em certas partes do Nordeste no lugar da canônica *tu viste*. • A forma *tu fazes* (com concordância regular), usada em certas áreas de colonização açoriana em Santa Catarina e no Rio Grande do Sul e em áreas urbanas do Maranhão e do Pará. Ela se contrapõe à forma *tu faz* (com concordância irregular), usada em contextos informais em quase todo o país. • A construção "sei, não" (em vez de "não sei"), comum no Nordeste.
No vocabulário	• As formas *bergamota* (região Sul), *mexerica* (São Paulo e Minas Gerais) e *tangerina* (Rio de Janeiro e resto do país) para designar a mesma fruta.

- *Reforçar estereótipos em textos humorísticos* — piadas, histórias em quadrinhos, charges e outros textos humorísticos costumam se valer de estereótipos, ou seja, de caracterizações exageradas e burlescas de um grupo social. Existe, por exemplo, o estereótipo do português, com suspensórios, fartos bigodes, lápis atrás da orelha — e, é claro, um sotaque carregado de Trás-os-Montes, com frases repletas de "Ora pois!" e "Ó pá!". Os estereótipos são úteis para caracterizar os **tipos** e, por isso, ajudam a produzir o efeito humorístico.
- *Aproximar um texto publicitário de seu público-alvo* — alguns anos atrás, a extinta TV Guaíba, sediada em Porto Alegre, publicou um anúncio para aumentar a audiência do Gauchão, o Campeonato Gaúcho de Futebol. A fim de despertar a simpatia do público, o texto do anúncio aludia a expressões e elementos típicos da cultura gaúcha:

> 22 viventes correndo que nem loucos para levantar o caneco. Imagina se fosse uma cuia. *Gauchão da TV Guaíba. O único completo.*

Quando os regionalismos não cumprem nenhuma função estilística, convém evitá-los em contextos formais. Em primeiro lugar, porque podem prejudicar o entendimento, caso os interlocutores não os conheçam. Em segundo lugar, porque alguns deles são **estigmatizados**, ou seja, identificados com segmentos desprestigiados da sociedade.

A explicação para tal estigma está em uma importante distinção dentro da variação diatópica: aquela que existe entre **falares rurais** e **falares urbanos**. Tradicionalmente, no Brasil, a população do campo enfrentou condições piores que a da cidade, tanto pela renda mais baixa quanto pelo acesso mais difícil à educação. Foi por causa dessa situação desfavorável, aliás, que muitas famílias camponesas migraram para o meio urbano.

Nem todas essas famílias conseguiram ascender socialmente nas cidades. Muitas ficaram confinadas à periferia, onde o acesso à escolarização e a outros serviços públicos continuou precário. Por isso, é comum encontrarmos marcas da fala rural em plena metrópole, especialmente nos bairros mais pobres.

Justamente por estarem relacionadas às camadas de menor renda e escolarização, essas marcas da fala rural são, como dito, estigmatizadas. Reveja, por exemplo, duas características do português brasileiro citadas no Quadro 2.1: a transformação do *l* em final de sílaba em *u* (pronúncia indistinta de *mal* e *mau*) e a eliminação total desse *l* ("coroné"). Esses dois casos são, na verdade, manifestação do mesmo fenômeno fonético — a tendência a pronunciar de maneira mais branda o *l* em final de sílaba. No caso de "coroné", o "abrandamento" é tão radical que o som deixa de ser pronunciado.

No entanto, se você pronunciar *mal* como se fosse *mau* — e você provavelmente faz isso, a menos que more em certas partes da região Sul —, ninguém perceberá. Afinal, praticamente todos os brasileiros falam assim, inclusive os mais escolarizados. Experimente, porém, falar "coroné" em público... Sem dúvida, vão tachá-lo de "caipira" ou "analfabeto". Percebemos, portanto, que a análise das variações regionais deve levar em conta seu grau de aceitação social.

• Saiba mais

Os falares rurais têm uma característica interessante: devido a seu natural isolamento geográfico, eles tendem a ser **arcaizantes**, ou seja, a preservar traços mais antigos da língua. Pense, por exemplo, nas formas *avoar* e *alembrar*, comuns na área rural. Embora muitas pessoas achem que se trata de "erros", esses vocábulos são **arcaísmos** — formas antigas do português que deixaram de ser usadas na maioria das regiões.

• • • **Seção 4**   Variação diastrática (social)

Quando o assunto é variação social, muitas pessoas imediatamente pensam no contraste entre variedade popular e variedade culta, ou seja, entre a fala dos pouco escolarizados e a dos muito escolarizados. Contudo, as variações diastráticas vão muito além disso. Considere, por exemplo, as falas a seguir:

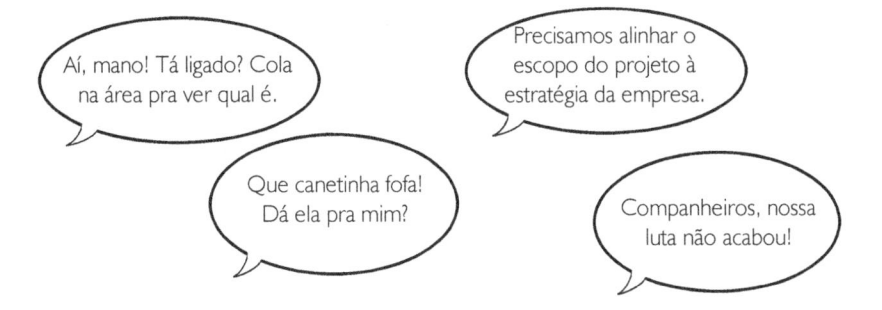

> Aí, mano! Tá ligado? Cola na área pra ver qual é.

> Precisamos alinhar o escopo do projeto à estratégia da empresa.

> Que canetinha fofa! Dá ela pra mim?

> Companheiros, nossa luta não acabou!

Certamente, por meio de cada uma delas, você consegue deduzir uma série de características dos falantes, não necessariamente ligadas ao nível de escolaridade. Se quisermos analisar as variações diastráticas em certa população, podemos considerar vários critérios;[16] por exemplo:

- *Nível de escolaridade* — esse é, de fato, um critério muito importante, já que, quanto maior o tempo de escolarização de uma pessoa, maior a probabilidade de sua fala e escrita aproximarem-se da norma padrão. Afinal, a escola é a principal "guardiã" e divulgadora dessa norma.
- *Faixa etária* — você certamente não fala como seus pais, que, por sua vez, não falam como os pais deles. A variação relacionada à faixa etária está diretamente ligada à variação diacrônica, uma vez que, se determinada marca linguística não passa de uma geração para a outra, é sinal de que está entrando em extinção.
- *Sexo* — se você sempre achou que homens e mulheres falam "línguas diferentes", de certa maneira acertou: várias pesquisas **sociolinguísticas** comprovam notáveis diferenças quando se usa o gênero como critério de análise. Uma das principais é a tendência das mulheres de obedecer à norma padrão com mais rigor do que os homens. Elas costumam manter o -s e o -m como marcas de plural no fim das palavras (por exemplo, *as crianças nadam*), enquanto eles tendem a se expressar de maneira mais relaxada, mesmo quando têm o mesmo nível de escolaridade que elas.[17]
- *Profissão* — as falas que demos como exemplos nos balões trazem algumas marcas alusivas a certas profissões ou ocupações. A variante linguística típica de um grupo profissional (às vezes ininteligível para os "leigos") é chamada de **jargão**. São exemplos disso o "corporativês" e o "economês".
- *Grupos sociais* — as categorias profissionais são um tipo de agrupamento social, mas existem vários outros, especialmente entre os jovens, e cada um deles pode apresentar marcas linguísticas específicas. Pense, por exemplo, no linguajar próprio de grupos como surfistas, evangélicos, fãs de música sertaneja, fãs de quadrinhos japoneses e tantas outras "tribos" unidas por vários tipos de afinidade.

• • • Seção 5   Variação diamésica (oralidade e escrita)

Uma das confusões que as pessoas mais cometem no campo da variação linguística é acreditar que oralidade é sinônimo de informalidade. Nada mais enganoso. Conforme veremos no Capítulo 8, existem várias situações na vida acadêmica e profissional em que precisamos nos expressar oralmente de maneira formal. Veja alguns exemplos: uma entrevista de emprego, um seminário, uma palestra, uma arguição oral em um concurso público, uma reunião de negócios.

Por outro lado, é preciso reconhecer que a oralidade possui certas características que a distinguem sensivelmente da expressão escrita. A principal delas diz respeito aos momentos de produção e recepção do texto: na comunicação oral, eles são *simultâneos* — à medida que você fala, seu interlocutor ouve; já na comunicação escrita, existe uma *defasagem* entre o momento de produção e o de recepção.

Essa diferença fundamental traz vantagens e desvantagens para cada modalidade. A vantagem da sincronia na comunicação oral é que ela nos permite acionar dois importantes mecanismos:

- a **negociação** do sentido:

> O que você quis dizer com isso?

> Eu quis dizer que...

- e a **correção**, que pode ser pontual:

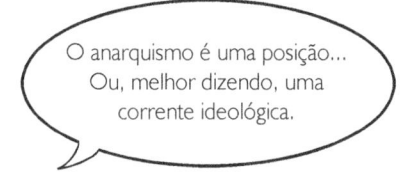

> O anarquismo é uma posição... Ou, melhor dizendo, uma corrente ideológica.

Se notamos que o interlocutor não está nos entendendo bem, a correção pode implicar uma verdadeira **paráfrase**:

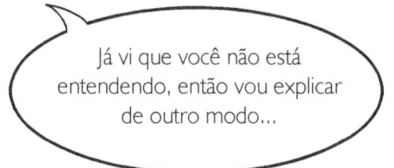

> Já vi que você não está entendendo, então vou explicar de outro modo...

Esses mecanismos não são acionados apenas por palavras, mas também por gestos, expressões faciais, olhares. Basta nosso interlocutor nos olhar com "cara de ponto de interrogação" para sabermos que não estamos sendo compreendidos. A linguagem não verbal nos permite, também, complementar o sentido da verbal: entonação, gestos, referências a elementos do entorno — tudo isso ajuda a tornar a comunicação oral mais clara.

Já a comunicação escrita não conta com nenhum desses expedientes. O autor precisa prever todas as dúvidas que seu texto pode causar ao leitor e tentar esclarecê-las ainda no momento da produção. O leitor, por sua vez, só conta com aquele papel (ou tela) inerte para recuperar os significados que o autor tentou construir.

Essa falta de sincronia tem, contudo, suas vantagens. Poderíamos dizer que, se o texto oral é como uma transmissão ao vivo, o texto escrito é como um programa gravado e editado: podemos revisá-lo quantas vezes for necessário, "apagando" os erros que cometemos e apresentando ao interlocutor apenas o resultado final, perfeitamente polido e retocado. Outra vantagem da comunicação escrita é que ela nos permite fazer pesquisas e consultas durante a produção — se você está preparando uma monografia, por exemplo, pode buscar informações em livros e textos na Internet; mas, se está apresentando um seminário, só pode contar com suas anotações e a própria memória.

A possibilidade de produzir textos mais bem-acabados gera, também, maior cobrança na expressão escrita. Em outras palavras, tendemos a ser bem menos tolerantes com erros nos textos escritos do que nos orais. Cientes disso, as pessoas costumam tomar um cuidado maior na hora de escrever. Portanto, tende a existir, de fato, maior formalidade na expressão escrita; mas isso não significa que não haja eventos comunicativos orais formais, como dissemos antes.

No Quadro 2.3, apresentamos uma síntese das principais diferenças entre oralidade e escrita.

Quadro 2.3 Síntese das principais diferenças entre oralidade e escrita.

Oralidade	Escrita
O momento de produção e o de recepção do texto são simultâneos.	Há defasagem entre o momento de produção e o de recepção.
É possível negociar o sentido com o interlocutor e, também, corrigir-se.	O autor deve antecipar possíveis dúvidas do leitor e tratar de esclarecê-las ainda no momento de produção.

O texto é coconstruído: para comunicar-se melhor, os interlocutores interagem o tempo todo, usando tanto a linguagem verbal quanto a não verbal.	O autor produz o texto solitariamente e, depois, o leitor deve reconstruir seus significados também sozinho.
É impossível "voltar atrás" no que foi dito.	É possível revisar o texto quantas vezes for necessário.
O processo de produção é transparente: o interlocutor "vê" seus erros e correções.	O processo de produção fica oculto: o leitor tem acesso apenas ao texto final.
É impossível consultar outras fontes durante a produção.	É possível consultar outras fontes e checar as informações.
O planejamento é local: enquanto está falando uma frase, a pessoa pensa na próxima.	O planejamento é global: a pessoa planeja o texto como um todo e, caso se desvie do plano inicial, pode aceitar a nova ordem ou voltar atrás.
Tende a haver maior tolerância a erros e, portanto, mais informalidade.	Tende a haver maior cobrança e, portanto, mais formalidade.
A obediência à norma padrão costuma ser menos rígida. Por exemplo: as marcas de plural às vezes desaparecem.	A norma padrão costuma ser seguida com mais rigor, até porque é possível revisar o texto.
Predomínio de frases curtas e simples: "Bom dia, pessoal! Hoje a gente vai dar uma recordada na equação de segundo grau. Vamos abrir o livro na página 10 que eu já explico".	Predomínio de frases longas e complexas: "Para a primeira aula, está prevista uma revisão dos fundamentos de cálculo, a começar pela equação de segundo grau. Os alunos resolverão uma série de problemas em sala, sob a supervisão do professor".
Predomínio da voz ativa e da ordem direta: "Vamos revisar os fundamentos de cálculo".	Uso frequente da voz passiva e da ordem indireta: "Serão revisados os fundamentos de cálculo".
Abundância de "frases quebradas" (anacolutos): "Essas optativas, precisa fazer o pré-requisito primeiro".	Maior linearidade na composição das frases: "Para inscrever-se nas disciplinas optativas, é preciso ter cumprido os pré-requisitos".

Fonte: elaboração própria com alguns dados de FÁVERO; ANDRADE; AQUINO, 1999, p. 74; KOCH, 1997, p. 68-69.

● ● ● Seção 6   Variação diafásica (registro formal e informal)

Antes de você começar a ler, uma advertência: esta última seção é a mais importante do capítulo, pois dá um sentido prático a tudo que estudamos até agora. Afinal, o objetivo deste livro é ajudá-lo a comunicar-se melhor em contextos formais (imaginamos que nos informais você não precise de ajuda) e para isso você precisa conhecer bem o conceito de *registro*. Damos o nome de **registro** ou **nível de linguagem** à variante linguística condicionada pelo grau de formalidade da situação comunicativa. Assim, há registros ou níveis de linguagem mais e menos formais.

Existem dois fatos centrais para o estudo do registro. O primeiro é: as variações de registro perpassam todas as outras variações. O segundo é: não existe uma divisão radical entre situações formais e informais, e sim um *continuum* de formalidade. Nas duas subseções a seguir, examinaremos em detalhe cada um desses fatos.

O registro e as outras variações

Imagine que um lavrador analfabeto seja convocado a comparecer em um tribunal para dar um testemunho em determinado caso. Mesmo sem ter jamais frequentado a escola, o homem vai perceber que se trata de uma situação formal e, em consequência, vai expressar-se de maneira mais cuidada, mais **monitorada** que a habitual.

É claro que ele não conseguirá obedecer à norma culta tão bem quanto um indivíduo com escolarização completa, mas certamente tentará escolher e combinar as palavras da maneira que julga ser a mais correta. Assim, por exemplo, se ele

● Saiba mais

> As variações diafásicas não estão relacionadas apenas ao grau de formalidade, e sim às *variações de estilo* em sentido amplo. Pense, por exemplo, no linguajar de um médico: ao conversar com colegas de profissão, mesmo informalmente, ele usa termos do jargão da medicina — o que, como vimos, faz parte da variação diastrática (social). Por outro lado, ao falar ou escrever em uma situação formal não relacionada à medicina (ao redigir uma solicitação a um órgão público, por exemplo), ele não usa tal jargão. Percebemos que, nesse caso, a variação de estilo não está relacionada ao grau de formalidade, e sim a outros fatores da situação comunicativa. Nesta seção, porém, vamos focalizar apenas as variações diafásicas ligadas ao registro, porque são as que mais interessam a nosso estudo.

está acostumado a falar "Cheguemo", no tribunal talvez fale "Cheguemos" ou "Chegamo", na tentativa de aproximar-se da forma culta "Chegamos".

Nesse momento, o lavrador estará, portanto, usando uma variedade linguística popular em um registro formal. Poderíamos aplicar esse mesmo raciocínio a todas as variações sincrônicas que estudamos neste capítulo:

- por mais que esteja acostumado a falar "tu visse" entre amigos e familiares, um executivo recifense dificilmente usará essa forma em uma reunião de negócios;
- ainda que esteja acostumado a falar "irado" ou "tá ligado?" com os colegas, um jovem estudante deve evitar essas formas em uma entrevista de emprego;
- embora os homens tendam a "errar" mais a concordância do que as mulheres, em uma situação formal é provável que eles prestem tanta atenção a esse aspecto quanto elas.

Em resumo: todas as variedades linguísticas têm registros mais formais e menos formais. Ou, dito de outra forma, cada um de nós pode falar e escrever de maneira mais descontraída ou cuidada conforme a situação comunicativa, independentemente de sermos mais ou menos escolarizados, de morarmos nessa ou naquela região, de sermos jovens ou velhos, homens ou mulheres.

O *continuum* de formalidade

É comum falarmos em registro formal e informal como se fossem dois polos opostos, e como se fosse possível distinguir nitidamente um do outro. Contudo, uma reflexão mais atenta mostra que as situações comunicativas em que nos envolvemos podem exibir um grau bem variado de formalidade. Por exemplo, uma conversa com um colega de trabalho que você acabou de conhecer não é tão informal quanto uma conversa com um colega antigo — mas é menos formal do que uma conversa com o dono da empresa.

Além disso, ser informal oralmente é diferente de ser informal por escrito. Conforme vimos na seção anterior, as modalidades oral e escrita da comunicação têm características bem específicas, que geram expectativas e posturas diferentes por parte dos interlocutores.

Para contemplar todas essas peculiaridades, alguns linguistas têm se empenhado em elaborar descrições mais flexíveis e amplas do grau de formalidade comunicativa. Um dos trabalhos mais conhecidos foi realizado ainda nos anos 1960, mas continua sendo citado até hoje. Trata-se da descrição elaborada por Bowen,[18] que, como vemos na Figura 2.4, retrata o registro como um *continuum*, indo do ponto mais formal até o mais informal e variando também conforme a modalidade de comunicação (oral ou escrita).

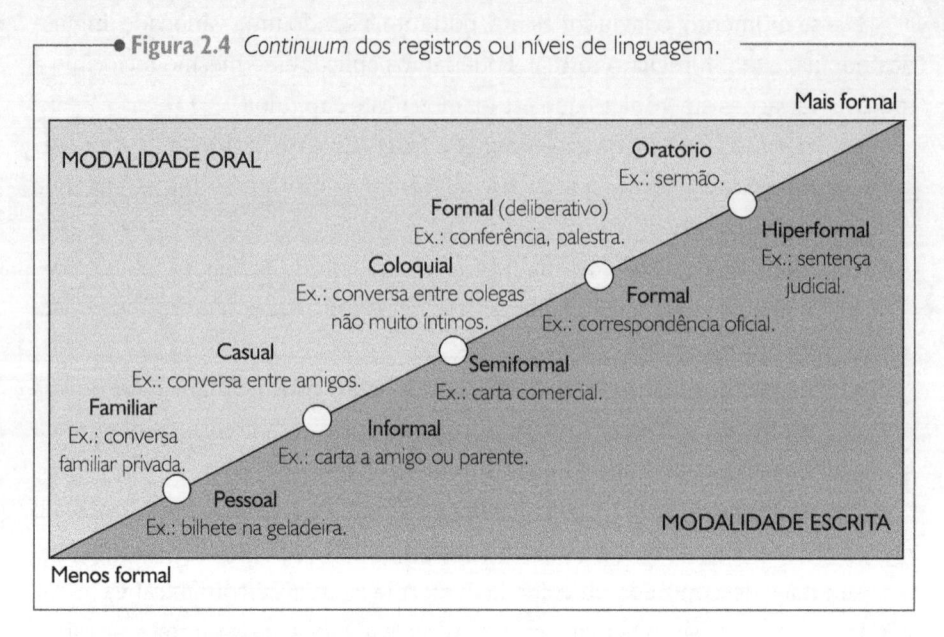

Figura 2.4 *Continuum* dos registros ou níveis de linguagem.

MODALIDADE ORAL

Mais formal

- Oratório — Ex.: sermão.
- Formal (deliberativo) — Ex.: conferência, palestra.
- Coloquial — Ex.: conversa entre colegas não muito íntimos.
- Casual — Ex.: conversa entre amigos.
- Familiar — Ex.: conversa familiar privada.

- Hiperformal — Ex.: sentença judicial.
- Formal — Ex.: correspondência oficial.
- Semiformal — Ex.: carta comercial.
- Informal — Ex.: carta a amigo ou parente.
- Pessoal — Ex.: bilhete na geladeira.

MODALIDADE ESCRITA

Menos formal

Fonte: BOWEN *apud* TRAVAGLIA, 2002, p. 54.

Resumo

- As variações linguísticas podem ser diacrônicas (ao longo do tempo) ou sincrônicas (em um mesmo momento histórico). Estas últimas se dividem em diatópicas (regionais), diastráticas (sociais), diamésicas (oralidade e escrita) e diafásicas (formal e informal).
- Na evolução histórica do português europeu, distinguimos quatro fases principais: primeiro, do século I a. C. ao século III d. C., as populações da Península Ibérica aprendem o latim vulgar com soldados e colonos; depois, até o século XIII d. C., elas vivem de maneira isolada e falam romances; entre os séculos XIII e XIV, o galego--português emerge como língua nacional do recém-criado Estado português; por fim, nos séculos XV e XVI, a língua portuguesa é relatinizada e ganha uma norma padrão. No Brasil, temos primeiro uma fase em que predomina uma língua de base tupi, a língua geral. A partir de 1757, quando essa língua é proibida, inicia-se a fase de relusitanização linguística do Brasil, que se acentua com a vinda da Família Real, em 1808. Paralelamente, nossa língua receberia a influência de línguas africanas e, mais tarde, de idiomas europeus e orientais, com a chegada de milhões de trabalhadores imigrantes.

- A norma padrão de uma língua é estabelecida da seguinte maneira: entre as variedades sociais e regionais observadas em determinado momento histórico, escolhe-se aquela praticada pela camada mais culta da população. Por isso, a norma padrão também é chamada de norma culta.
- Em geral, os falares rurais são estigmatizados, porque a população do campo tradicionalmente enfrentou piores condições que a da cidade, tanto em termos de renda mais baixa quanto de acesso mais difícil à educação.
- Para analisar a variação linguística diastrática (social), podemos usar como critérios, entre outros, o nível de escolaridade, a faixa etária, o sexo, a profissão e o pertencimento a certos grupos sociais, como o dos surfistas, dos evangélicos, dos fãs de música sertaneja e assim por diante.
- A principal diferença entre oralidade e escrita diz respeito ao momento de produção e de recepção: na comunicação oral, esses dois momentos são simultâneos, enquanto na escrita há defasagem entre um e outro. Dessas condições distintas, resultam vantagens e desvantagens para cada modalidade.
- As variações de registro perpassam todas as outras variações; ou seja, independentemente de qual variedade linguística fale, uma pessoa sempre poderá se expressar de maneira mais ou menos formal, conforme a situação comunicativa em que se encontre.

Atividades

1. Relacione cada situação descrita ao(s) tipo(s) de variação linguística que ela exemplifica.

a) Na hora do lanche, a secretária Rose vai à padaria e pede: "Me vê cinco pão de queijo, por favor". De volta à empresa, ela escreve em um e-mail para um fornecedor: "Envie-me cinco amostras hoje à tarde, por favor".	Variação diacrônica (histórica).
b) Dona Madalena e sua filha moram no sul de Minas, em uma área rural. Dona Madalena, que estudou apenas até a 4ª série do antigo primário, pergunta à filha: "Que trem é esse que 'cê punhô na mesa, fia?". A moça, que tem ensino superior completo, responde: "Uai, mãe, a senhora não tinha visto? São uns enfeites que comprei na cidade".	Variação diafásica (registro formal ou informal) e diamésica (oralidade ou escrita).

c) Um anúncio publicado em 1909 em uma revista carioca dizia: "Quereis ter cabellos bonitos? Usai Trichotono".[19] Hoje, usar a 2ª pessoa do plural (*vós*) em um texto publicitário seria inconcebível, a menos que a intenção fosse provocar um efeito humorístico.	Variação diastrática (social), especificamente ligada ao nível de escolaridade.
d) Fran gravou uma entrevista com um estilista famoso e agora quer transcrevê-la em seu *blog* de moda. Ao executar a transcrição, ele sente necessidade de fazer várias adaptações e cortes.	Variação diatópica (regional).
e) O carioca Paulo começou a trabalhar em uma empresa do Rio Grande do Norte. Logo notou que os colegas diziam "essa é a cadeira <u>de</u> Paulo", em vez de "essa é a cadeira <u>do</u> Paulo", como ele estava acostumado a ouvir e falar.	Variação diamésica (oralidade ou escrita).

2. Imagine que você queira fazer uma pesquisa de variação linguística social em uma comunidade à qual pertença (por exemplo, sua sala de aula, seu departamento na empresa, sua família). Que critérios você escolheria para definir os grupos de falantes? Por quê?

3. Ordene as seguintes situações comunicativas, da menos formal para a mais formal:
   a) *workshop* com colegas do departamento;
   b) amigo oculto com colegas do departamento;
   c) *workshop* com clientes.

4. Imagine que você trabalha na assessoria de imprensa de um grande hospital. Sua equipe gravou um depoimento de um dos membros do corpo clínico sobre um tema relevante — o abuso de remédios de uso controlado — e, agora, a ideia é enviar o texto a jornais e revistas como sugestão de pauta. Após ler a transcrição do depoimento, seu supervisor pede que você o edite, a fim de eliminar:
   - marcas de oralidade;
   - marcas de informalidade;
   - desvios em relação à norma padrão.

   O depoimento do médico é este:

> Remédio de uso controlado, a gente tem que tomar muito cuidado. Tem médico que está receitando o medicamento, esse tipo de medicamento controlado, pra quem tá passando por um momento difícil, a morte de alguém na família. Aqui, no consultório, me pedem toda hora pra receitar ansiolítico, antidepressivo... Eu converso com o paciente, não posso deixar ele tomar uma coisa que vai dar pra ele a falsa sensação de que tá resolvendo um problema que ele tá passando... Mas na verdade pode tá causando um problema maior ainda, de causar um problema onde não existe.

Realize a edição solicitada pelo supervisor. Dica: não se esqueça de incluir a preposição que falta no trecho "um problema que ele tá passando".

5. O trecho a seguir foi extraído de um ensaio do linguista brasileiro Dante Lucchesi.[20] Complete as duas lacunas que deixamos.

> [...] a título de exemplificação dentro da realidade linguística brasileira, podemos tomar a distinção [...] entre norma _____ e norma _____ ; a primeira reuniria as formas contidas e prescritas pelas gramáticas normativas, enquanto a segunda conteria as formas efetivamente depreendidas da fala dos segmentos plenamente escolarizados, ou seja, dos falantes com curso superior completo [...].

6. Considere sua maneira de comunicar-se quando o meio empregado é um programa eletrônico de mensagens, como o MSN Messenger. Ao utilizá-lo, você está, sem dúvida, expressando-se por escrito. Mas existem diferenças em relação a outros "tipos" de escrita? Se você tivesse de escrever à mão um bilhete informal a um amigo, usaria as mesmas abreviaturas que emprega no MSN? Haveria outras diferenças? Escreva um pequeno texto para responder a essas perguntas.

Notas

1 CUNHA, Celso; CINTRA, Lindley. *Nova gramática do português contemporâneo*. 3. ed. Rio de Janeiro: Nova Fronteira, 2001. p. 1.

2 CAMÕES, Luís de. *Obras completas de Luís de Camões*: correctas e emendadas pelo cuidado e diligência de J. V. Barreto Feio e J. G. Monteiro. Paris: Off. Typographica de Fain e Thunot, 1843. p. 2, p. 337. Outros exemplos são apresentados em: BAGNO, Marcos. *Nada na língua é por acaso*: por uma pedagogia da variação linguística. 3. ed. São Paulo: Parábola, 2007. p. 217.

3 ILARI, Rodolfo. *Linguística româníca*. São Paulo: Ática, 1992.

4   ILARI, *op. cit.*
5   ILARI, *op. cit.*
6   BRITAIN, F. *The medieval Latin and Romance lyric*: to A.D. 1300. Cambridge (UK): Cambridge University Press, 1937. p. 213.
7   ILARI, *op. cit.*
8   ILARI, *op. cit.*
9   CASTILHO, Ataliba T. de. O português do Brasil. In: ILARI, Rodolfo. *Linguística românica*. São Paulo: Ática, 1992. p. 237-269.
10 LUCCHESI, Dante. A diversidade e a desigualdade linguística no Brasil. *Boletim Um Salto para o Futuro*, n. 8, ano XVIII, maio 2008.
11 CASTILHO, *op. cit.*
12 TEYSSIER, Paul. *História da língua portuguesa*. Tradução de Celso Cunha. 5. ed. Lisboa: Liv. Sá da Costa, 1993.
13 Quanto à não ocorrência da construção "para mim fazer" na fala da camada culta, ver: BAGNO, Marcos. *Dramática da língua portuguesa*: tradição gramatical, mídia e exclusão social. 3. ed. São Paulo: Loyola, 2005. p. 136.
14 BAGNO, 2007, *op. cit.*
15 Ver, como exemplo: BAGNO, 2007, *op. cit.*; FARACO, Carlos Alberto. Norma padrão brasileira: desembaraçando alguns nós. In: BAGNO, Marcos (Org.). *Linguística da norma*. São Paulo: Loyola, 2002.
16 BAGNO, 2007, *op. cit.*
17 Ver, como exemplo, a síntese feita em: RÚBIO, Cássio Florêncio. Regularidades no fenômeno da concordância verbal em variedades do português brasileiro: estudo sociolinguístico comparativo. *Estudos Linguísticos*, São Paulo, v. 39, n. 2, p. 602-616, maio-ago. 2010.
18 BOWEN, J. Donald. A multiple register approach to teaching English. *Estudos linguísticos*, São Paulo, v. 1, n. 2, p. 35-44, 1966.
19 *Fon-Fon*, Rio de Janeiro, ano 3, n. 42, 16 out. 1909.
20 LUCCHESI, Dante. Norma linguística e realidade social. In: BAGNO, Marcos (Org.). *Linguística da norma*. São Paulo: Loyola, 2002. p. 65.

Capítulo 3
O QUE É GRAMÁTICA E O QUE PRECISAMOS SABER SOBRE ELA

Objetivos de aprendizagem

Quando terminar o estudo deste capítulo, você deverá ser capaz de:
- Explicar a diferença entre a gramática natural da língua e a gramática normativa.
- Indicar em que partes se estrutura a gramática normativa.
- Dar um exemplo do tipo de dúvida que pode ser respondido pelo estudo de cada uma dessas partes.
- Citar as principais fontes de consulta linguística adequadas a um profissional ou estudante de nível superior.

Introdução

Assisti o filme ou *assisti ao filme*?

Mais importante do que decorar todas as respostas para dúvidas como essa é saber identificar sua *natureza* — se é uma dúvida de ortografia, de regência, de concordância... Sabendo isso, fica bem mais fácil escolher a fonte de consulta adequada. É desse tipo de identificação que trataremos no presente capítulo.

Conteúdo do capítulo

Seção 1 A gramática normativa e suas partes
Seção 2 Como consultar o dicionário
Seção 3 Outras fontes de consulta

• • • Seção I   A gramática normativa e suas partes

No primeiro capítulo deste livro, vimos que, para construir os enunciados com que nos comunicamos, precisamos percorrer dois eixos da língua: o da seleção e o da combinação. Isso significa que precisamos selecionar palavras capazes de comunicar aquilo que queremos e, ainda, combiná-las em uma ordem que faça sentido e produza os efeitos desejados.

O repertório dentro do qual selecionamos as palavras é o **léxico** ou **vocabulário** da língua. Ele corresponde, *grosso modo*, à lista de palavras registradas no dicionário. Já o conjunto de regras que determinam como os enunciados podem ser construídos em cada língua é chamado de **gramática**. São regras relativas à pronúncia, à grafia (caso a língua tenha expressão escrita), à formação de palavras e à combinação dessas palavras em frases.[1]

Assim, conforme ilustra a Figura 3.1, toda língua compõe-se de duas grandes partes, ou duas grandes "engrenagens", que, juntas, fazem com que ela funcione: o léxico e a gramática.

Desses dois conjuntos, o léxico é, sob vários aspectos, o mais sujeito a mudanças. Em primeiro lugar, nosso conhecimento sobre ele aumenta tremendamente ao longo da vida: se nosso vocabulário de bebê se resume a meia dúzia de palavras, quando adultos podemos conhecer algumas dezenas de milhares delas. Em segundo lugar, o léxico varia enormemente de pessoa para pessoa — os indivíduos mais escolarizados e com hábito de leitura mais frequente conhecem, é claro, muito mais palavras do que os outros. Por fim, o léxico como componente de

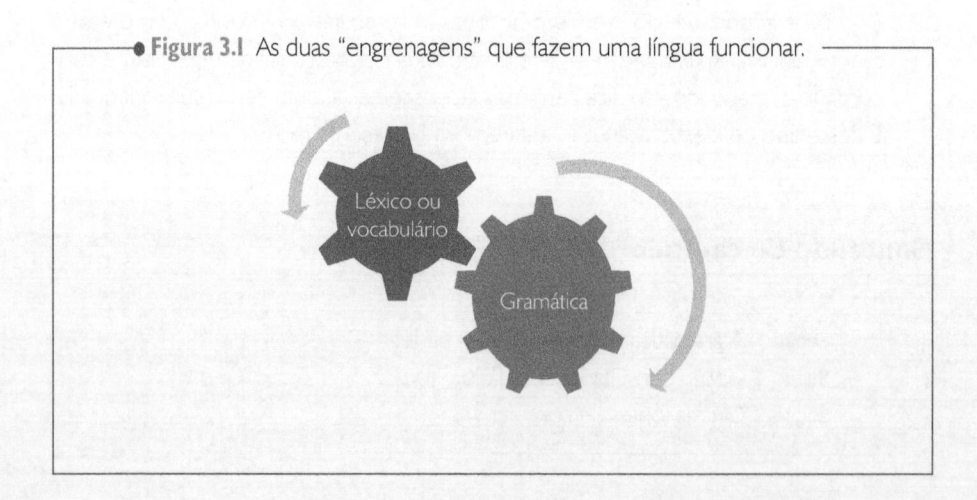

Figura 3.1 As duas "engrenagens" que fazem uma língua funcionar.

uma língua é igualmente instável, porque está o tempo todo ganhando novas palavras e perdendo outras.

Exemplo disso foi a inclusão, na quinta edição do *Dicionário Aurélio da língua portuguesa*, de palavras como *escâner, tuitar, blogar* e *chocólatra*, que certamente não faziam parte do léxico português até alguns anos atrás. Do mesmo modo, algumas das palavras usadas por nossos avós e bisavós estão caindo em desuso e, daqui a algum tempo, talvez não constem mais do dicionário.

A gramática, em comparação, é muito mais rígida e estável. Para começar, nosso conhecimento sobre ela quase não muda ao longo dos anos: desde crianças já conhecemos todos os sons do português e sabemos perfeitamente que o certo é dizer "nenê quer doce", e não "doce quer nenê". Até o fim da vida, teremos aprendido milhares de palavras, mas apenas três ou quatro novas maneiras de combiná-las para formar os enunciados.

De modo análogo, o acesso à gramática é muito mais "democrático" que o acesso ao léxico: enquanto existem milhares de palavras conhecidas apenas por um pequeno grupo de pessoas, "não é comum encontrar construções sintáticas, nem sons da língua, que sejam conhecidos apenas de alguns falantes", como lembra o gramático Mário Perini.[2] Além disso, a gramática evolui muito menos do que o léxico ao longo do tempo. É verdade que, como vimos no capítulo anterior, observam-se várias mudanças gramaticais no eixo diacrônico, tais como alterações na pronúncia, na grafia e na estrutura das palavras, bem como na maneira de combiná-las (ou seja, na sintaxe). Porém, se essas mudanças levam séculos para chegar a algumas dezenas, o léxico pode ganhar centenas de itens em poucas décadas.

Para sintetizar todas essas diferenças, poderíamos comparar o léxico às peças que compõem nosso vestuário e a gramática à maneira de empregá-las. Ao longo dos anos, cada um de nós terá dezenas de sapatos, calças e blusas — mas vai usá-los sempre, respectivamente, nos pés, nos membros inferiores e nos membros superiores. Algumas peças, como os lenços, admitem certas variações, assim como a gramática admite que o sujeito e o predicado sejam invertidos, por exemplo. Contudo, de maneira geral, em ambos os casos os paradigmas são bastante estáveis.

Para completar a analogia, poderíamos pensar que, assim como alguns de nós conhecem muito mais palavras do que outros, algumas pessoas podem ter muito mais roupas e sapatos do que outras. Contudo, tanto quem tem muitas quanto quem tem poucas peças as usa sempre da mesma maneira: sapatos nos pés, calças nas pernas e assim por diante. De modo análogo, conhecendo poucas ou muitas palavras, os falantes usam-nas quase sempre da mesma maneira: substantivos no núcleo do sujeito, verbos no núcleo do predicado, artigos para acompanhar substantivos e assim por diante.

A gramática que todos nós sabemos... e a gramática normativa

Nos parágrafos anteriores, talvez você tenha se surpreendido quando afirmamos que nosso conhecimento de gramática muda pouco ao longo da vida, e mais ainda quando dissemos que o acesso à gramática é "democrático", ou seja, todos conhecem suas regras. Provavelmente, tais declarações contrariam a noção que você tem de *gramática* — algo extremamente difícil, que aprendemos na escola (ou melhor, tentamos aprender) e apenas alguns poucos dominam de verdade.

De que gramática é essa que estamos falando, que todos — até crianças e analfabetos — conhecem? Estamos falando da gramática que todas as línguas têm. Todas mesmo, inclusive as ágrafas (sem expressão escrita).

Se você revir a definição de gramática que demos no início desta seção, sua surpresa diminuirá. Afinal, nós a definimos apenas como "o conjunto de regras que determinam como os enunciados podem ser construídos em cada língua", o que inclui regras relativas à pronúncia, à grafia, à formação de palavras e à combinação dessas palavras em frases. Ora, toda língua possui esse tipo de regra. Ou você consegue imaginar alguma língua cujos falantes possam pronunciar, formar e combinar as palavras como bem entenderem? Se houvesse uma língua assim, ela não se prestaria à comunicação, porque seus usuários não compreenderiam uns aos outros, já que não haveria nenhum paradigma, nenhuma referência fixa.

Uma hora diriam "o pato nadou no lago", outra hora diriam "lago no pato nadou o". Uma hora alternariam consoantes e vogais para formar palavras como *pato* e *lago*; outra hora enfileirariam os sons em uma sequência impronunciável, como *ptlghjx* ou *auiaeaia*. Uma hora o verbo se flexionaria em tempo e pessoa ("o pato *nadou*"); outra hora, os nomes é que se flexionariam dessa maneira (*patou*, *lagou*). Impossível entender-se assim, não é?

Portanto, somos obrigados a reconhecer que toda língua possui uma gramática — e que suas regras são conhecidas por todos os falantes dessa língua, inclusive por aqueles que jamais se sentaram em um banco escolar. No entanto, a maioria das pessoas, por desconhecer tal fato, acredita que a palavra *gramática* designa unicamente aquele conjunto de regras que aprendemos (ou tentamos aprender) na escola. Por isso, é comum ouvirmos comentários do tipo: "Não sei nada de gramática!" ou "Minha gramática é terrível!". Pelos motivos que acabamos de expor, essas afirmações não fazem sentido do ponto de vista técnico.

A gramática a que essas pessoas estão se referindo é de um tipo muito específico: trata-se da **gramática normativa**, que, como o nome sugere, busca estabelecer *normas* ou *regras* para o uso da língua. Para compreender melhor a diferença entre as duas "gramáticas", compare estas construções:

> Considero ele um bom profissional.
> Considero-o um bom profissional.

Ambas fazem parte da gramática do português brasileiro, mas apenas a segunda é reconhecida pela gramática *normativa* do português brasileiro. Você já deve ter desconfiado, então, de que a gramática normativa está intimamente ligada à norma padrão. E é isso mesmo: pode-se dizer que a gramática normativa sistematiza a norma padrão. Em geral, essa sistematização é apresentada em livros volumosos que muitos chamam simplesmente de *gramática*. São exemplos desse tipo de livro a *Nova gramática do português contemporâneo*, de Celso Cunha e Lindley Cintra, e a *Moderna gramática portuguesa*, de Evanildo Bechara.

→ *Sistematizar* significa organizar na forma de um sistema; ordenar de maneira coerente e lógica.

Contudo, essas gramáticas não são muito utilizadas por estudantes, pois sua organização não é propriamente didática. Na maioria das vezes, os professores de português disponibilizam a seus alunos versões mais acessíveis da sistematização normativa, apresentadas em livros didáticos ou apostilas de português.

No entanto, mesmo que você tenha guardado seu material didático de português do ensino básico, talvez ele não lhe seja tão útil agora. O motivo é que, ao produzir textos no dia a dia da faculdade ou do trabalho, em geral temos dúvidas *pontuais* sobre gramática normativa. Queremos saber, por exemplo, se o *a* da expressão "devido a ocorrência" deve levar crase ou não. Queremos saber se o certo é escrever "interviu" ou "interveio", "falta três dias" ou "faltam três dias" e assim por diante.

Se não soubermos em que parte do livro de português procurar a resposta para tais dúvidas, perderemos um tempo imenso. Além disso, os livros didáticos são concebidos para que você estude *todo o sistema* gramatical, e não para que tire dúvidas pontuais. Para essa última finalidade, existem fontes de consulta muito mais adequadas. Portanto, nossa proposta neste capítulo não é lhe ensinar novamente todas as regras gramaticais; em vez disso, pretendemos:

- ajudá-lo a identificar a natureza de cada uma de suas dúvidas de gramática;
- mostrar-lhe a que fonte recorrer em cada caso.

Uma boa notícia é que, como veremos na segunda seção, grande parte das dúvidas pode ser resolvida com uma simples consulta ao dicionário. Basta apenas saber como estão organizados seus verbetes!

Para identificar a natureza de suas dúvidas, você precisa, em primeiro lugar, conhecer as diversas partes em que a gramática normativa se estrutura. Na Figura 3.2, apresentamos um "mapa prático" que vai ajudá-lo nessa tarefa. A seguir, comentaremos cada uma das divisões mostradas.

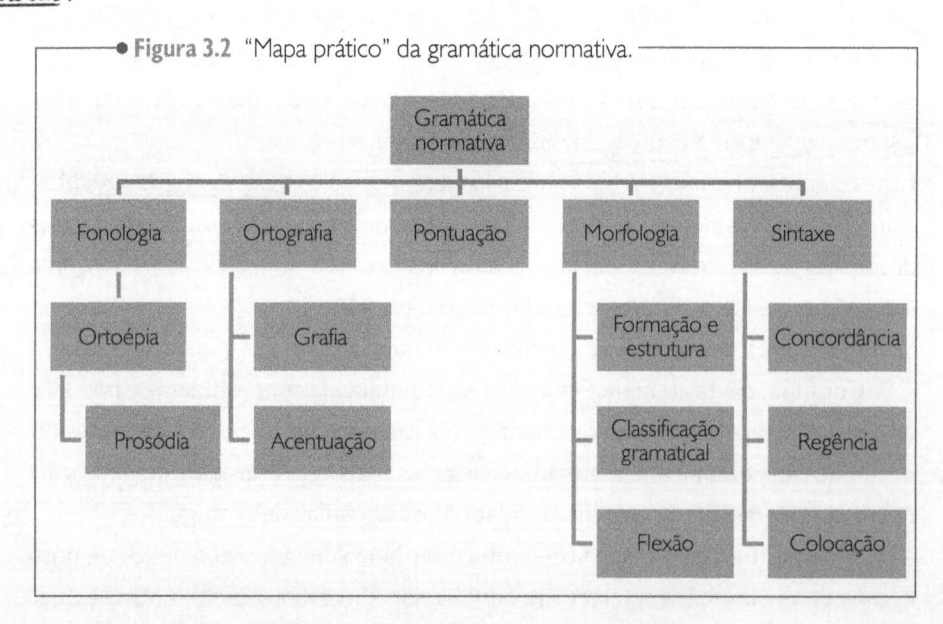

Figura 3.2 "Mapa prático" da gramática normativa.

- Gramática normativa
  - Fonologia
    - Ortoépia
    - Prosódia
  - Ortografia
    - Grafia
    - Acentuação
  - Pontuação
  - Morfologia
    - Formação e estrutura
    - Classificação gramatical
    - Flexão
  - Sintaxe
    - Concordância
    - Regência
    - Colocação

Fonologia

Leia em voz alta estas palavras:

fato   gato   jato   mato   pato

Você deve ter percebido que, ao pronunciá-las, produziu praticamente a mesma sequência de sons — exceto pelo primeiro, que muda de uma para outra. Essa pequena mudança, no entanto, é tão importante que faz com que cada sequência forme uma palavra distinta, com significado também distinto.

Agora, você lerá em voz alta outras palavras. Mas, dessa vez, faça assim: primeiro, leia imitando o sotaque de paranaenses e catarinenses, que pronunciam a sílaba "te" com bastante clareza, exatamente como se escreve; depois, leia imitando o sotaque dos cariocas, que pronunciam a mesma sílaba como "tchi":

> Leite quente dói o dente da gente!

No fim das palavras *leite*, *quente*, *dente* e *gente*, você produziu um som diferente em cada leitura. Contudo, dessa vez não houve mudança de significado. Seja lida como "leite", seja lida como "leitchi", a palavra continua designando o "líquido fisiológico branco excretado pelas glândulas mamárias da mulher e das fêmeas dos mamíferos".

A diferença entre os dois casos é que, no primeiro, houve troca de fonema, e no segundo, não. **Fonema** é a unidade mínima distintiva no sistema fonológico de uma língua. É a unidade *mínima* porque, se dividirmos as frases em palavras, as palavras em sílabas e as sílabas em segmentos ainda menores, chegaremos ao fonema; depois dele, não é mais possível isolar nenhum som. E o fonema é uma unidade *distintiva* porque, conforme vimos nos exemplos, sua troca permite distinguir uma palavra da outra, implicando, por conseguinte, a alteração de significado. Se o som mudou, mas o significado não se alterou (como em "leite" e "leitchi"), não se trata de um fonema.

A correspondência entre fonemas e letras

Já nos primeiros anos de vida, aprendemos praticamente todos os fonemas de nossa língua. Contudo, é apenas na escola que vamos tomar consciência deles, à medida que precisamos aprender sua correspondência com os **grafemas** — isto

• Saiba mais

Um som que é fonema em uma língua não necessariamente será em outra. Por exemplo, em português, não faz diferença pronunciar a letra t como "t" ou como "tch" ("leite" ou "leitchi"), mas em inglês faz: *tin* significa lata, mas *chin* significa queixo.[3] Em outras palavras, essa troca de sons, em português, não significa uma troca de fonemas, mas em inglês, sim. Concluímos, portanto, que cada língua tem seu próprio conjunto de fonemas.

O alfabeto mais usado no mundo é o nosso, o latino. Mas existem vários outros, tais como o grego, o cirílico, o árabe e o hebraico.

é, as unidades do sistema de escrita. Na maioria das línguas do mundo, inclusive no português, os grafemas são letras pertencentes a um (alfabeto).

É aí que começam os problemas. Embora os **sistemas de escrita alfabéticos** busquem, em maior ou menor medida, representar os fonemas da língua (como veremos com mais detalhe a seguir), a correspondência nem sempre é perfeita. Vejamos alguns casos da língua portuguesa, que é, obviamente, nosso foco de interesse.

Em muitas situações, cada letra equivale realmente a um fonema:

P	A	T	A	4 LETRAS
P	A	T	A	4 fonemas

Mas há casos em que um único fonema é representado por duas letras:

E	N	C	H	E	R	6 LETRAS
E	N	ʃ		E	R	5 FONEMAS

H	I	A	T	O	5 LETRAS
	I	A	T	O	4 FONEMAS

Para que os linguistas pudessem transcrever os sons de todas as línguas do mundo, foi criado no fim do século XIX o alfabeto fonético internacional. Nele são usadas letras do alfabeto latino e alguns símbolos próprios — como este aqui.

Pode, ainda, ocorrer o oposto — dois fonemas serem representados por uma única letra:

T	Á	X	I	4 LETRAS
T	A	K	S	I	5 FONEMAS

Outra situação capaz de provocar dúvida é aquela em que a mesma letra representa fonemas diferentes. A letra *x*, por exemplo, pode ter, em

- **Saiba mais**

> Além das letras, existe outro tipo de grafema: os **ideogramas**, isto é, símbolos gráficos que representam uma ideia ou um objeto. No **sistema de escrita ideográfico**, não há correspondência entre grafemas e fonemas, mas entre grafemas e conceitos. Esse sistema é usado no chinês, no japonês, no coreano e em algumas línguas africanas.

português, som de [ks], como acabamos de mostrar (*táxi*), de [z], como em *exame*, de [s], como em *auxílio*, e de [ʃ] como em *vexame*. Os casos que mais confundem, porém, são aqueles em que o mesmo fonema é representado por diferentes letras. Por exemplo:

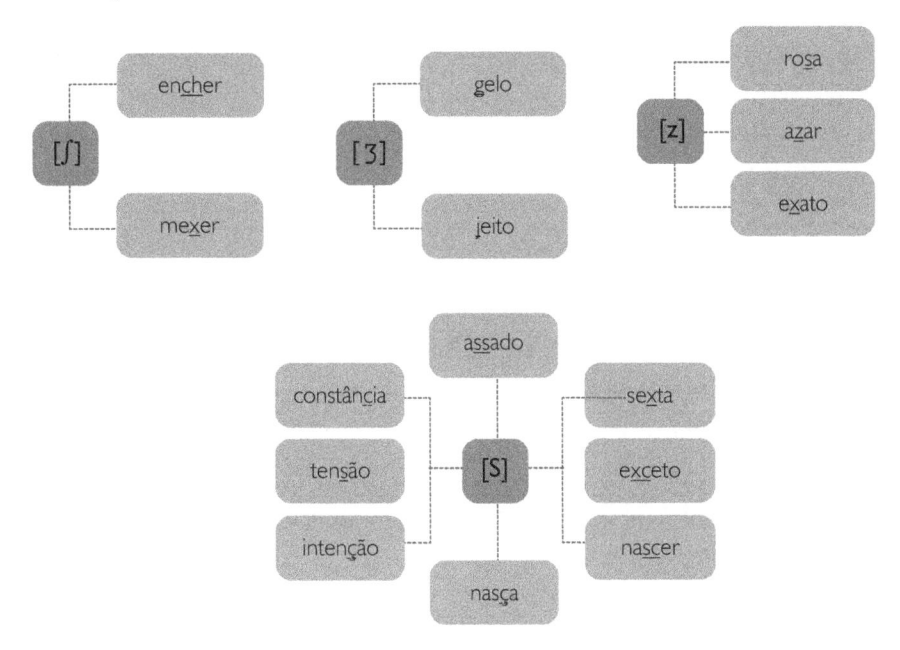

[ʃ]: en**ch**er, me**x**er

[ʒ]: **g**elo, **j**eito

[z]: ro**s**a, a**z**ar, e**x**ato

[S]: a**ss**ado, con**s**tância, ten**s**ão, inten**ç**ão, na**sç**a, **s**e**x**ta, ex**c**eto, na**sc**er

Existe, por fim, uma dificuldade adicional na representação alfabética dos fonemas: conforme comprovamos algumas poucas páginas atrás, o mesmo fonema pode ser realizado de diferentes maneiras. Por exemplo, como vimos, o fonema [t] pode ser realizado como [t] mesmo, em boa parte da região Sul, ou como [tʃ] ("tch"), no Rio de Janeiro e em outras áreas da região Sudeste. A cada uma dessas realizações, damos o nome de **variante fonêmica** ou **alofone**.

Toda língua tem diversos alofones para cada um dos seus fonemas. Contudo, no português brasileiro, pelos motivos que estudamos no capítulo anterior, os alofones frequentemente se diferenciam bastante do fonema original, causando dúvidas na hora da escrita.

Pense, por exemplo, nas palavras *faixa*, *queijo* e *trouxa*. Conforme já vimos, praticamente em todas as regiões do Brasil, os ditongos sublinhados são lidos como se fossem uma única vogal: "faxa", "quêjo" e "trôxa". Contudo, a norma padrão manda que escrevamos *faixa*, *queijo* e *trouxa*. O que acontece, então, é que muitas crianças em fase de alfabetização erram ao escrever essas palavras, grafando-as sem *i* nem *u*. Ao fazer isso, elas estão simplesmente aplicando a lógica do sistema de escrita alfabético, segundo a qual as letras representam os fonemas — como não pronunciam o *i* nem o *u*, as crianças não os escrevem!

Provavelmente, você deve estar pensando que esse fato não tem nada a ver com você, que não é mais criança e muito menos está em fase de alfabetização. Contudo, por incrível que pareça, o hábito brasileiro de pronunciar os ditongos *ai*, *ei* e *ou* como se fossem *a*, *ê* e *ô* às vezes nos causa problemas até na vida adulta.

Isso ocorre, em primeiro lugar, porque nem todos os vocábulos são tão simples quanto os que demos de exemplo; alguns, como *cabeleireiro*, provocam dúvida mesmo em redatores experientes. Mas o maior motivo das confusões não é esse, e sim um fenômeno chamado **hipercorreção** — na tentativa de escrever corretamente, a pessoa cria uma hipótese errada e alcança um resultado oposto ao desejado. Em outras palavras, a pessoa, "ao tentar ajustar-se à norma, acaba por cometer um erro".[4] Nesse caso da troca dos ditongos por vogais, uma hipercorreção comum é a inclusão de um *i* onde ele não existe, como nas formas "bandeija", "prazeiroso" e "carangueijo" (o correto é *bandeja*, *prazeroso* e *caranguejo*). Em suma: de tanto ser corrigida, quando criança, por deixar de escrever o *i* em palavras como *queijo* e *beijo*, a pessoa acaba colocando o *i* mesmo onde ele não existe!

Ortoépia e prosódia

No caso dos ditongos *ai*, *ei* e *ou* que acabamos de comentar, a diferença entre a pronúncia "certa" e a "errada" é quase imperceptível — se você estiver fazendo uma apresentação e pronunciar "calôro" em vez de "calouro", a plateia não vai lhe lançar olhares de reprovação; o mais provável, aliás, é que ninguém perceba, já que praticamente todos os brasileiros falam assim.[5] No entanto, existem muitos

• Saiba mais

> A correspondência inexata entre fala e escrita costuma gerar, também, equívocos de **segmentação**. Certas expressões são pronunciadas como se fossem uma palavra só, por isso as pessoas tendem a escrevê-las em um único bloco, sem a segmentação adequada: "derrepente" (em vez de *de repente*), "porisso" (em vez de *por isso*), "encima de" (em vez de *em cima de*). Também pode acontecer o oposto — de tanto ser corrigida, quando criança, por não segmentar os grupos lexicais, a pessoa começa a segmentá-los exageradamente, incorrendo na hipercorreção. São exemplos disso as formas "de mais" (em vez de *demais*) e "anti corpo" (em vez de *anticorpo*).

casos em que a pronúncia "errada" — isto é, em desacordo com a norma padrão — não é bem-vista.

Imagine, por exemplo, que você esteja falando em público e solte uma destas: "Eu *truxe* uns documentos para mostrar" (em vez de *trouxe*). Ou então: "Frios gordurosos como a *mortandela* devem ser evitados" (em vez de *mortadela*). Certamente, toda a credibilidade de sua apresentação irá por água abaixo.

> A norma padrão tem um poder persuasivo muito grande: as pessoas tendem a levar mais a sério textos (orais ou escritos) que obedecem às regras da gramática normativa. Esse é o principal motivo por que vale a pena aprendê-la!

Isso sem falar que, se estiver acostumado a pronunciar as palavras de maneira diferente do padrão, você tenderá a escrevê-las do mesmo modo. Por exemplo: se você fala sempre "previlégio" (em vez de *privilégio*), tenderá a escrever a palavra com "pre", cometendo, portanto, um erro de grafia.

Daí a importância de conhecer as regras de **ortoépia**. Essa palavra — que vem do grego *orto* (correto) + *épos* (discurso) — designa um ramo da gramática normativa que zela pela "fala correta", ou seja, pela pronúncia das palavras segundo a norma padrão, sem acréscimo, eliminação nem troca de fonemas. No Quadro 3.1, apresentamos alguns dos principais erros de ortoépia, bem como uma possível explicação para sua ocorrência.

Quadro 3.1 Principais desvios em relação às regras de ortoépia.

CERTO	ERRADO	POR QUE OCORRE O ERRO?
asterisco	asterístico	Por hipercorreção, por analogia com outras palavras ou por eufonia (som mais agradável), o falante tende a inserir um ou mais fonemas no interior da palavra.[6]
beneficência	beneficiência	
advogado	adivogado	Os grupos consonantais (como *dv*, *pt* e *pç*) não são comuns em português, por isso o falante tende a inserir uma vogal entre eles, a fim de formar uma sílaba "tradicional" (consoante + vogal).
captou	capitou	
decepção	decepição	
elísio	elíseo	Quando uma palavra apresenta fonemas iguais muito próximos (como os *i* "repetidos" em *elísio* e *privilégio*), os falantes tendem a substituir um deles, a fim de criar contraste entre as sílabas.
privilégio	previlégio	

reivindicação	reinvidicação	Em alguns casos, os falantes tendem a nasalizar as vogais (*mendigo* > "mendi<u>n</u>go"). Esse fenômeno geralmente está ligado à presença de outro fonema nasal na mesma palavra (*<u>m</u>endigo*).[7]
mendigo	mendingo	
mortadela	mortandela	
trouxe	truxe	Temos aqui o fenômeno da **monotongação** — isto é, da transformação de um ditongo em uma vogal só: *ou* > *u*, *ia* > *a*. É o mesmo fenômeno que ocorre em *queijo* > "quêjo". A diferença é que "quêjo" não é uma variante estigmatizada — mas "truxe" e "poliça", sim.
polícia	poliça	
esteja	esteje	No imperativo e no presente do subjuntivo, os verbos regulares da 1ª conjugação (terminados em *-ar*) terminam com a desinência e: "Cant<u>e</u> uma canção para mim", "Esperamos que o réu se *apresent<u>e</u>* hoje". O verbo *estar*, porém, não segue esse paradigma, porque é irregular: "Est<u>eja</u> aqui às oito", "Espero que você est<u>eja</u> bem". Os falantes, então, em uma tentativa de recuperar a regularidade, colocam o e no fim do verbo: *esteje*. Por analogia, o verbo *ser* acaba sofrendo o mesmo processo, apesar de pertencer à 2ª conjugação: *seje*.
seja	seje	

Vale ressaltar que todas as formas listadas como "erros" no Quadro 3.1 representam, na verdade, desvios em relação à norma padrão *atual*. Muitas das pronúncias hoje consideradas corretas nasceram da fala popular, que substituía, eliminava ou acrescentava fonemas nas formas "cultas" de cada época. Por isso, de tempos em tempos, os filólogos e dicionaristas precisam rever o léxico do idioma, a fim de incluir aquelas formas que já se encontram tão disseminadas a ponto de não poderem mais ser ignoradas. Consequentemente, muitas das pronúncias e grafias que alguns de nós consideram "erradas" já constam dos melhores dicionários — sendo, portanto, perfeitamente admitidas na escrita padrão. Veja alguns exemplos de palavras que admitem duas pronúncias e duas grafias:[8]

chimpanzé ou *chipanzé*   *coringa* ou *curinga*   *atazanar* ou *atenazar*
lista ou *listra*   *assobiar* ou *assoviar*   *aterrizar* ou *aterrissar*

Em todos os casos do Quadro 3.1, o problema na pronúncia pode gerar, também, um problema na grafia. Contudo, existem situações em que, mesmo sabendo grafar corretamente a palavra, a pessoa tem dúvida sobre como pronunciá-la. Veja alguns exemplos:

- *tóxico* — de acordo com as regras de ortoépia, a palavra deve ser lida como "tóksico", e não como "tóchico";
- *inexorável* — deve ser lida como "inezorável", e não "ineksorável";
- *subsídio* — deve ser lida como "subssídio", e não "subzídio".

As regras de ortoépia também dizem respeito ao **timbre** das vogais *e* e *o* — ou seja, elas indicam se, em certas palavras, devemos pronunciar tais vogais de maneira aberta (*pé, só*) ou fechada (*bufê, avô*). Veja alguns dos casos que mais provocam dúvida:

```
dolo (ó)         esmero (ê)    nesga (ê)       pejo (ê)
lobo (ô) — animal    lobo (ó) — parte do crânio
```

Finalmente, há um ramo da ortoépia — a chamada **prosódia** — que estabelece regras para a colocação do acento tônico. **Acento tônico** é aquele que recai sobre a **sílaba tônica**, isto é, aquela que pronunciamos com mais força ao falar uma palavra. Experimente, por exemplo, ler as palavras a seguir pausadamente; você perceberá que uma das sílabas é pronunciada com mais intensidade.

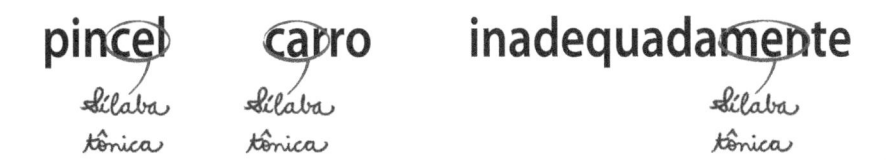

pincel **carro** **inadequadamente**
sílaba   sílaba   sílaba
tônica   tônica   tônica

Observe que nenhuma dessas palavras tem **acento gráfico** — isto é, um daqueles sinais que utilizamos, exclusivamente na escrita, para especificar o acento tônico ou o timbre das vogais. Existem três acentos gráficos na língua portuguesa:

O til não é acento, e sim marca de nasalização. Tanto que há palavras com til e, ao mesmo tempo, acento gráfico: órfão, ímã.

- o **acento agudo** — *chapéu, cólera, distribuí-lo;*
- o **acento circunflexo** — *fêmur, cômodo, repô-lo;*
- o **acento grave**, usado apenas para marcar a crase — *fui à escola.*

Se a palavra tem acento gráfico, fica fácil determinar sua correta prosódia. Mas, quando isso não ocorre, podem surgir dúvidas. Um dos casos mais comuns é o das palavras *gratuito, fortuito, circuito* e *fluido*. Muitos as pronunciam como se o acento tônico estivesse no *i* ("gratuíto", "circuíto"), ou seja, como se houvesse um **hiato** entre o *u* e o *i*. Mas, pelas regras de prosódia, o *ui* dessas palavras forma um **ditongo**. Portanto, devemos pronunciá-las com ênfase no *u*, e não no *i*: "gratúito", "circúito" etc.

Uma dúvida parecida refere-se à palavra *ruim*; mas, ao contrário dos casos que acabamos de comentar, o *ui* de *ruim* forma hiato, e não ditongo. Portanto, a pronúncia da palavra deve ser "ruím", e não "rúim".

Ortografia

Algumas páginas atrás, mencionamos uma das dificuldades que as crianças brasileiras enfrentam durante seu processo de alfabetização: a falta de correspondência entre a pronúncia e a grafia dos ditongos *ai, ei* e *ou*, quando sucedidos por *j, x* e *r*. Mas, se você acha que nossos pequenos sofrem para aprender a escrever, saiba que as crianças norte-americanas, britânicas e todas as pessoas que precisam aprender a escrever em inglês sofrem muito mais.

O **sistema ortográfico** da língua inglesa é do tipo **etimológico** — isto é, a grafia de cada palavra está ligada mais à sua origem histórica do que à pronúncia atual. Isso explica por que, em inglês, cada letra pode corresponder a variados fonemas: a sequência de letras *ough*, por exemplo, tem as mais diversas pronúncias, conforme o contexto em que se encontra.

No outro extremo estão os **sistemas ortográficos fonéticos**, que tentam reproduzir, da maneira mais simplificada possível, os fonemas de cada palavra. São exemplos disso o alemão e o espanhol. Já a língua portuguesa está entre os **sistemas ortográficos mistos**, que misturam elementos dos dois anteriores.

Por que nossa ortografia é mista? Porque, às vezes, ela segue critérios fonéticos e, outras vezes, etimológicos. Pense, por exemplo, em uma regra de grafia que você aprendeu no início da alfabetização: antes de *p* e *b*, devemos usar *m*, e não *n* — po*m*ba, ra*m*pa. Talvez a professora não tenha lhe explicado que existe uma razão fonética para essa escolha.

As consoantes *p, b* e *m* são bilabiais, ou seja, para articulá-las, tocamos os dois lábios, enquanto a consoante *n* é alveolar, o que significa que, para articulá-la, precisamos encostar a língua nos alvéolos (aquelas pequenas reentrâncias que ficam no céu da boca, perto dos dentes). Ora, para o falante, é muito mais cômodo pronunciar uma sequência de fonemas com o mesmo **ponto de articulação** — duas bilabiais seguidas ou duas alveolares seguidas, por exemplo. Para comprovar isso, tente pronunciar estas sequências de consoantes:

```
np ⟶ ALVEOLAR + BILABIAL      mp ⟶ BILABIAL + BILABIAL
mt ⟶ BILABIAL + ALVEOLAR      nt ⟶ ALVEOLAR + ALVEOLAR
```

Certamente, você deve ter achado bem mais cômodo pronunciar as sequências da direita. Para reproduzir essa facilidade fonética, nosso sistema ortográfico consagrou que, antes de *p* e *b*, devemos grafar *m* e, antes das outras consoantes, *n*.

Por outro lado, há casos em que não se observa nenhum critério fonético na correspondência entre fonemas e grafemas. Pense no uso do *j* e do *g*, por exemplo:

```
falange      herege       gigante
jenipapo     jerimum      jiboia
```

Nesse caso, o critério aplicado é etimológico: grafam-se com *j* as palavras derivadas de línguas indígenas ou africanas e com *g* as derivadas de outros idiomas, inclusive o latim.

Embora essa mistura de critérios fonéticos e etimológicos possa nos causar alguma dificuldade, ela certamente não é a maior culpada pelos graves problemas de ortografia da população brasileira. A educação precária e o pouco hábito de leitura são, sem dúvida, responsáveis mais diretos pela mazela.

Outro fator prejudicial foram as diversas mudanças que nosso sistema ortográfico sofreu ao longo do último século — infelizmente, nem sempre embasadas em critérios racionais ou técnicos. A verdade é que os intelectuais e legisladores responsáveis por definir as regras de nossa grafia, tanto em Portugal quanto no Brasil, jamais se entenderam, nem entre si, nem com os colegas do outro país. Como resultado, passamos por todas as idas e vindas ortográficas que você observa na linha do tempo representada na Figura 3.3.

● **Figura 3.3** A longa história do sistema ortográfico da língua portuguesa.

1911
Portugal adota uma ampla reforma ortográfica com o objetivo de eliminar os classicismos e implantar um sistema predominantemente fonético. As principais mudanças são:
- eliminação dos dígrafos de origem grega: *theatro* > *teatro*; *chimica* > *química*;
- eliminação das consoantes duplas (exceto *rr* e *ss*): *cabello* > *cabelo*;
- eliminação de muitas consoantes não pronunciadas: *esculptura* > *escultura*;
- troca do *y* por *i*: *lyrio* > *lírio*;
- regularização da acentuação gráfica.

Essa reforma foi feita exclusivamente por Portugal, sem qualquer consulta aos filólogos brasileiros. Desse modo, a escrita dos dois países ficou nitidamente distinta: a portuguesa, simplificada; a brasileira, conservadora.

1915
A Academia Brasileira de Letras aprova uma reforma que reproduz, no Brasil, a simplificação feita anos antes em Portugal.

1919
A mesma Academia volta atrás, por sugestão do acadêmico conservador Osório Duque Estrada (o compositor do Hino Nacional). Os *th*, *ph* e *y* voltam a valer.

1931
A Academia de Ciências de Lisboa e a Academia Brasileira de Letras selam o Acordo Ortográfico Luso-Brasileiro, que visa aproximar a grafia dos dois países, com base na reforma lusitana de 1911.

1933
O Acordo Ortográfico Luso-Brasileiro entra em vigor.

1934
A nova Constituição brasileira revoga o Acordo de 1933, voltando à ortografia da Constituição de 1891 — ou seja, aos *th*, *ph* e *y* mais uma vez.

1943
No Brasil, é aprovado o Formulário Ortográfico da Língua Portuguesa, que retoma a reforma de 1931.

1945
Tenta-se implantar uma reforma simplificadora e unificadora para Portugal e Brasil, mas nossos acadêmicos não aceitam. Os portugueses adotam a nova norma, e os sistemas dos dois países ficam novamente díspares.

1971
Mediante lei federal, o Brasil simplifica um pouco seu sistema, eliminando, entre outros detalhes, o acento diferencial em palavras **homógrafas**: por exemplo, *almôço* e *enderêço*, que eram acentuados para se diferenciar de *eu almoço* e *eu endereço*, perdem o acento. Alguns acentos diferenciais permanecem, como *pêlo* x *pelo*.

1986
Representantes dos países de língua portuguesa (agora, além de Portugal e Brasil, há as ex-colônias na África e na Ásia, que se tornaram independentes em 1975) começam a rediscutir o acordo simplificador de 1945.

1990
Surge o Acordo Ortográfico, que finalmente unifica a grafia dos países de língua portuguesa. As principais mudanças para o Brasil são:
- eliminação de mais acentos diferenciais: *pêlo, pólo, pêra* e *pára* do verbo *parar* deixam de ser acentuados;
- eliminação do acento nas vogais dobradas êe e ôo: *vôo* > *voo, crêem* > *creem*;
- eliminação do acento nos ditongos abertos *éi* e *ói* das palavras paroxítonas: *idéia* > *ideia, heróico* > *heroico*;
- eliminação do trema: *lingüiça* > *linguiça*;
- simplificação no uso do hífen.

2009
Em meio a uma intensa polêmica, o Acordo de 1990 entra em vigor.

Fonte: SCARTON, 2009.

Concordemos ou não com as regras de nossa ortografia, o fato é que precisamos aprendê-las. Os corretores ortográficos hoje disponíveis nos *softwares* de edição de textos facilitaram nossa vida, sem dúvida. No entanto, existem inúmeras situações em que precisamos saber, "de cabeça", como se escreve determinada palavra. Imagine, por exemplo, que durante uma palestra você necessite escrever no quadro alguns tópicos que não estavam previstos em sua apresentação eletrônica; seria um grande vexame se grafasse as palavras incorretamente...

O domínio da ortografia também é essencial em provas dissertativas, em processos seletivos e em vários outros tipos de exame. Sabe-se que muitos candidatos a vagas de estágio ou programas de *trainee* são reprovados ao fazer um simples ditado.[9]

Para evitar esses problemas, precisamos, antes de mais nada, compreender a *natureza* dos erros de grafia que cometemos. De maneira geral, os casos que causam dúvida podem ser agrupados em três grandes categorias: as regularidades contextuais, as regularidades morfológico-gramaticais e as irregularidades.[10]

Regularidades contextuais

Algumas letras são escolhidas para representar os fonemas de acordo com o *contexto* em que aparecem, isto é, a posição que ocupam na palavra ou a proximidade de outras letras. Por exemplo: para representar o /R/ forte entre duas vogais, como em ca*rr*o, usamos o dígrafo *rr*. Assim, o leitor sabe que estamos nos referindo a esse fonema, e não ao /r/ fraco, como em ca*r*o. No entanto, para representar o /R/ forte no início de uma palavra, como em *r*oupa, não precisamos usar *rr*, porque todo *r* em início de palavra é sempre forte.

O caso que comentamos algumas páginas atrás, sobre o uso de *m* antes de *p* e *b*, é outro exemplo de regularidade contextual. Também pode ser citado o uso de *ç* (e não *c*) e de *j* (e não *g*) antes das vogais *a*, *o* e *u*: *açaí, aço, açúcar, janela, jogador, justiça*.

Regularidades morfológico-gramaticais

O desconhecimento das regularidades contextuais costuma causar problemas às crianças em fase de alfabetização. Contudo, ao terminar o ensino médio, praticamente todos os estudantes já as dominam: não é comum encontrarmos em textos de universitários formas como *ponba* ou *arumar*, por exemplo.

Boa parte dos erros de grafia cometidos por adultos pode ser atribuída ao desconhecimento de outra grande categoria de regularidades gráficas: as **morfológico-gramaticais**. Essas regularidades estão ligadas à **classe gramatical** a que pertence a palavra e ao modo como ela se flexiona.

Pense, por exemplo, nas formas *cala-se* e *calasse*. No primeiro caso, temos o verbo *calar* flexionado no presente do indicativo, ao qual foi ligado o pronome *se*, por meio de hífen. No segundo caso, temos o verbo *calar* flexionado no presente do subjuntivo. Na fala, podemos distinguir as duas formas pelo acento tônico — em *cala-se*, a sílaba pronunciada com mais força é a primeira, e em *calasse* é a segunda. E, tanto na fala quanto na escrita, podemos distinguir as duas formas, obviamente, pelo contexto. Uma coisa é dizer: "João *cala-se* e olha o mar"; outra bem diferente é dizer: "Gostaria que João se *calasse*". Você já deve ter percebido, então, que, para não errar a grafia nos casos de regularidade morfológico-gramatical, é preciso estar atento ao sentido daquilo que se está escrevendo.

É preciso, também, evidentemente, saber qual regularidade gráfica se aplica em cada situação. Felizmente, os casos que mais provocam dúvida não são muitos, como se vê no Quadro 3.2. Temos certeza de que, se compreendê-los e memorizá-los, você se sentirá bem mais seguro ao escrever.

Quadro 3.2 Principais regularidades morfológico-gramaticais.

-ez, -eza	Usa-se -ez, -eza em substantivos abstratos derivados de adjetivos: *belo > beleza, rico > riqueza, certo > certeza, mole > moleza, altivo > altivez, ácido > acidez*.
-ês, -esa	Usa-se -ês, -esa em adjetivos pátrios: *japonês, japonesa, português, portuguesa*. Isso vale, também, para palavras que inicialmente designavam a origem de uma pessoa ou coisa, mas acabaram adquirindo outros significados. Por exemplo: *bolonhesa, calabresa, hamburguês, tirolesa, burguês, burguesa, cortês, cortesã*.
	Usa-se -ês, -esa em títulos de nobreza: *princesa, marquês, marquesa, duquesa*.
	Usa-se -esa em substantivos que não se encaixem na regra do -eza (ou seja, que não sejam abstratos derivados de adjetivos): *mesa, empresa, represa, surpresa*.
-oso, -osa	Usa-se -oso, -osa em adjetivos: *medroso, receosa, horroroso, feioso, charmosa*.
-ozo	Usa-se -ozo em apenas duas palavras da língua portuguesa (ambas são substantivos): *gozo* e *antegozo*.

-ança, -ância, -ência	Usa-se -ança, -ância, -ência em substantivos abstratos: esper*ança*, const*ância*, dec*ência*.
-ansa, -ânsia, -ênsia	Apesar de causarem confusão, essas formas quase não são usadas em português. Aparecem apenas em *mansa, gansa, ânsia* e *hortênsia*, nas formas verbais *cansa, descansa* e *amansa* e em alguns outros vocábulos de uso muito restrito.
-ice	Usa-se -ice em substantivos: tol*ice*, meigu*ice*, chat*ice*, menin*ice*.
-isse	Usa-se -isse em verbos da 3ª conjugação flexionados no presente do subjuntivo: *se ele part*isse*, talvez eu sorr*isse*.
-a-se, -e-se	As terminações -a-se e -e-se indicam uma forma verbal seguida do pronome se: *fa*la-se *baixo nesta casa;* vive-se *bem aqui; o cachorro fe*re-se *quando arranha o portão.*
-asse, -esse	As terminações -asse e -esse indicam sempre um verbo flexionado no presente do subjuntivo: *pedi que fa*lasse *baixo; talvez o velho ainda vi*vesse*; queria que você sou*besse.
-ão	Usa-se -ão nos verbos flexionados no futuro do presente: anda*rão*, bebe*rão*, dormi*rão*.
-am	Usa-se -am nos outros tempos verbais: and*am*, andav*am*, andar*am*, andari*am*.

Irregularidades

Infelizmente, há vários casos de nosso sistema ortográfico para os quais não há uma regra clara. Pense, por exemplo, nas palavras *estender* e *extensão*. Por que a primeira se escreve com *s*, e a segunda, com *x*? A explicação é histórica. A palavra *estender* veio do latim vulgar e esteve presente desde os primeiros tempos da formação de nossa língua. Os primeiros registros que se têm dela são do século XIII, quando ainda se falava o romance galego-português. Já *extensão* e *extenso* são palavras mais recentes, que entraram para nosso léxico na Renascença. Nessa época, como vimos no capítulo anterior, os intelectuais criavam palavras portuguesas diretamente do **étimo** latino. Assim, de *extensionis*, surgiu *extensão*; de *extensus*, surgiu *extenso*. Por sua vez, *estender*, que já estava consagrado com *s*, permaneceu com *s*.

Como se vê, existe um motivo para a aparente incoerência gráfica. No entanto, só se pode chegar a ele após uma ampla pesquisa filológica. Os falantes comuns não têm acesso a esse tipo de conhecimento, portanto é como se não houvesse regra alguma. O mesmo se aplica, entre outros casos:

- ao uso do *h* inicial em palavras como <u>h</u>otel, <u>h</u>alter, <u>h</u>emograma;
- à representação do som [s] em início de palavra: <u>s</u>ituação, <u>c</u>icatriz;
- à representação do som [s] entre vogais: di<u>sc</u>iplina, ace<u>ss</u>o, e<u>xc</u>eção;
- à representação do som [s] após consoante: pen<u>s</u>amento, con<u>sc</u>iência.

Não há muito que se possa fazer quanto às irregularidades gráficas, a não ser memorizar os casos mais frequentes — por exemplo, as palavras *estender* e *exceção* são bastante usadas, por isso vale a pena decorar sua grafia. Além disso, é importante ficar atento a possíveis falhas e sempre consultar o dicionário.

Acentuação

A **acentuação** faz parte da ortografia. Felizmente, em português, as regras para a colocação dos acentos gráficos são poucas e simples. Basta apenas prestar atenção à sílaba tônica — um conceito que você já reviu neste capítulo.

Conforme a posição da sílaba tônica, as palavras podem ser classificadas em **oxítonas** (a tônica é a última), **paroxítonas** (a tônica é a penúltima) ou **proparoxítonas** (a tônica é a antepenúltima). Uma vez tendo definido a categoria da palavra, é só aplicar estas regrinhas:

- **oxítonas** — acentuam-se as terminadas em *a*, *e*, *o* e *ém* (ou *éns*), mas não as terminadas em *i* e *u*: *xará, café, sapê, jiló, ioiô, refém, parabéns, siri, jaburu*;
  (As regras das oxítonas valem também para os monossílabos tônicos: pás, só, fé, vi, tu.)
- **paroxítonas** — acentuam-se as terminadas em *-l, -n, -r, -i(s), -x, -us, -ã(s), -ão(s), -um (uns), -ps* e ditongos: *fóssil, dólmen, revólver, biquíni, tênis, difícil, fáceis, tórax, tônus, ímã, órfãs, sótão, órgãos, fórum, álbuns, bíceps, córnea, família, índio, jóqueis*;
- **proparoxítonas** — acentuam-se todas: *lâmpada, cômodo, célula, hóspede*.

Por fim, há uma última regrinha sobre o *i* e o *u* tônicos, isto é, aqueles que são pronunciados com intensidade e formam hiato com a vogal anterior. Eles são sempre acentuados quando ficam na sílaba sozinhos ou junto com a letra *s*: *ra<u>í</u>zes, sa<u>ú</u>va, do<u>í</u>do, ate<u>í</u>smo, bala<u>ú</u>stre*. Porém, não são acentuados quando ficam na sílaba com outra consoante (*ra<u>iz</u>, Ra<u>ul</u>*), quando são seguidos por *nh* (*ra<u>inh</u>a*) ou quando são precedidos por ditongo (*fe<u>iu</u>ra*).

Para terminar a revisão da acentuação, um detalhe importante — todas essas regras valem também para formas verbais seguidas de pronome oblíquo. Observe:

A professora ainda não chegou. Vamos esperá-la. → *Leva acento porque a forma verbal é oxítona e termina em a.*

Esse criminoso é tão vil que ninguém quer defendê-lo. → *Leva acento porque a forma verbal é oxítona e termina em e.*

Quanto ao prazo, disseram que hoje vão defini-lo. → *Não leva acento porque a forma verbal é oxítona e termina em i.*

Já compramos os cadernos. Só falta distribuí-los. → *Leva acento porque o i final forma hiato com a vogal anterior e está sozinho na sílaba.*

Os produtos acabaram. Quem vai repô-los? → *Leva acento porque a forma verbal é oxítona e termina em o.*

• Saiba mais

Vale lembrar que a reforma ortográfica de 2009 manteve os seguintes acentos diferenciais:
- *por* (preposição) — *pôr* (verbo)
- *pode* (presente) — *pôde* (passado)
- *ele tem* (singular) — *eles têm* (plural)
- *ele vem* (singular) — *eles vêm* (plural)

Nos derivados dos verbos *ter* e *vir*, também permanece a diferença: *ele retém, mantém, contém, advém, provém; eles retêm, mantêm, contêm, advêm, provêm*.

Pontuação

Os **sinais de pontuação** cumprem basicamente dois papéis na escrita. O primeiro é indicar o "início" e o "fim" de cada ideia do texto e, também, como as ideias se relacionam entre si. Considere, por exemplo, as frases a seguir:

> Muitos quilômetros separam Paula, da Bahia, de seu namorado.
> Muitos quilômetros separam Paula da Bahia de seu namorado.

Observe que a presença ou ausência das vírgulas pode alterar totalmente o significado. No primeiro caso, compreendemos que Paula vive na Bahia e mora longe de seu namorado. No segundo, entendemos que o namorado de Paula é quem vive na Bahia, e ela, longe dali: muitos quilômetros separam a moça "da Bahia de seu namorado".

Ainda dentro desse papel de organizadora das ideias, a pontuação ajuda a indicar:

- que determinada expressão ou frase não é do autor do texto (ou seja, que se trata de uma citação) —"*Nem todos aceitam minha luta*", *desabafa Pedro. Para o deputado, a nova lei é "uma evolução".*
- que determinada palavra está sendo usada com um sentido diferente do usual (inclusive de maneira irônica) — *Eu era apaixonada pelo cigarro, mas esse "amante" não me dava nada em troca.*
- que o autor quer dar destaque a determinada ideia — *O diretor disse que o projeto não estava descartado — apenas não seria executado agora.*
- que determinada informação é acessória — *O vício em Internet ainda não é um transtorno reconhecido pelo Manual Diagnóstico e Estatístico de Transtornos Mentais (DSM, em inglês).*
- que existe uma conexão entre as ideias — *A estudante Wilma está convencida: o mau português foi responsável por sua reprovação em dois processos seletivos.*
- que as ideias estão ligadas, mas não tanto — *Toda manhã João acordava doido por um cigarro; nada, porém, o fazia desistir da luta contra o vício.*

O segundo papel desempenhado pelos sinais de pontuação é ajudar a reproduzir, na escrita, a **entoação** que empregamos na fala. Nesse caso, eles servem, por exemplo, para marcar a diferença entre uma declaração (.), uma exclamação (!) e uma interrogação (?). Podem, ainda, indicar pausas, hesitações e insinuações: *Não sei... Será que ele teve coragem de...?*

Entre profissionais e estudantes, o sinal de pontuação cujo emprego mais provoca problemas é, certamente, a vírgula. No Quadro 3.3, você encontra as dúvidas mais comuns.

Quadro 3.3 As dúvidas mais comuns no emprego da vírgula.

	ONDE A VÍRGULA <u>DEVE</u> SER COLOCADA
Para separar o vocativo.	• Bom dia, senhores.
Para intercalar qualquer tipo de informação acessória (aposto, adjunto adverbial, oração intercalada).	• Na opinião de Ana Costa, gerente de RH da cooperativa, o mais importante é a dedicação do funcionário. • Nós, como sempre prestativos, logo nos oferecemos para ajudá-la. • A empresa oferece bons salários, diversos benefícios e, o mais importante, um excelente plano de carreira. • Imaginamos que, com os ajustes, o programa ficará perfeito. • Este é, sem dúvida alguma, o melhor momento de minha vida. • O casamento, parece-me, não é sua prioridade.
Para isolar a oração adjetiva explicativa (isto é, aquela que se refere a todos os antecedentes).	• Os alunos, que queriam se candidatar à bolsa, permaneceram na sala. (= todos os alunos queriam se candidatar.)
Para isolar as orações reduzidas de gerúndio ou particípio.	• Recusou nosso convite, <u>alegando</u> que preferia repousar. • <u>Terminado</u> o período de provas, certamente viajaremos.

Observe que, neste caso, é obrigatório usar duas vírgulas: uma antes e outra depois da informação intercalada. Assim, as vírgulas funcionam como um par de "conchas" que isolam aquele trecho do restante da oração. Para comprovar se você "virgulou" corretamente, experimente ler a oração sem o trecho intercalado. Se ela continua fazendo sentido, é sinal de que as vírgulas estão no lugar certo. Faça esse teste com as frases dos exemplos!

Capítulo 3   O que é gramática e o que precisamos saber sobre ela

ONDE A VÍRGULA <u>NÃO</u> DEVE SER COLOCADA	
Entre o sujeito e o predicado.	• O <u>aluno</u> que não estiver de acordo com o quadro de disciplinas definido no sorteio deve <u>recorrer</u> à secretaria.
Entre o verbo e seu objeto.	• A capacidade de crescimento de uma economia <u>depende</u> basicamente de dois <u>elementos</u>.
Antes ou depois da oração adjetiva restritiva (aquela que se refere a apenas uma parte dos antecedentes).	• Os alunos que queriam se candidatar à bolsa permaneceram na sala. (= apenas uma parte dos alunos queria se candidatar.)

Morfologia

A palavra *morfologia* vem do grego e significa "estudo da forma". Na gramática, a morfologia é a área que estuda a relação entre a forma e o sentido das palavras. Para que você entenda melhor essa ideia, vamos fazer um teste. Leia estes vocábulos que acabamos de inventar:

> desfililado   tergusaremos   tergusação

Agora, tente usá-los para preencher as lacunas destas frases:

> _____ é a minha especialidade.
> Pedro e eu _____ hoje, mas amanhã é a sua vez.
> Não sei o que houve. O aparelho está todo _____.

Certamente, você copiou as palavras na seguinte ordem: *tergusação, tergusaremos* e *desfililado*. Ou seja, apesar de jamais ter visto esses termos antes, você foi capaz de deduzir algo sobre seu *significado* apenas pela observação de sua *forma*.

A fim de estudar tais relações entre forma e sentido, a morfologia enfoca especificamente três aspectos da língua: a estrutura e a formação das palavras, sua classificação e sua flexão.

Estrutura e formação das palavras

Lembra-se dos termos *radical, sufixo e prefixo*? Eles são pertinentes ao ramo da morfologia que estuda como as palavras são formadas e estruturadas. Apenas para refrescar sua memória, vamos dar dois exemplos:

des   **prepar**   **ad**   **a**   **s**   = **despreparadas**
prefixo   radical   sufixo   desinência   desinência
                                (de gênero) (de número)

est   **á**   **va**   **mos**   = **estávamos**
radical   vogal   desinência   desinência
        temática (modo-temporal) (número - pessoal)

Conhecer um pouco tais partículas — os **morfemas** — é útil, pois, como vimos, eles nos ajudam a deduzir o sentido das palavras. Sabemos, por exemplo, que o prefixo *des-* indica negação, ausência. Logo, se depararmos com uma palavra iniciada por ele, poderemos entender pelo menos parte de seu sentido, ainda que o restante seja desconhecido. Ao deparar com a palavra *desfililado*, você já imaginou que ela designava o oposto de *fililado*. Pôde, ainda, deduzir que era um adjetivo por causa da partícula *-ado,* que entra na formação de inúmeros adjetivos, tais como *rosado, penteado, dissimulado.*

Classificação das palavras

No ensino básico, você aprendeu que as palavras podem ser classificadas em dez classes gramaticais: substantivo, adjetivo, verbo, advérbio, preposição, conjunção, interjeição, artigo, numeral e pronome. Por que é importante saber isso? A classificação das palavras tem a mesma utilidade que a classificação dos mamíferos, dos elementos químicos ou de qualquer outro objeto de estudo: ela torna mais fácil analisar e manipular os itens classificados.

No tópico sobre ortografia, vimos, por exemplo, que saber se uma palavra é um verbo ou um substantivo nos ajuda a decidir se devemos escrevê-la com *-ice* (*tolice*) ou *-isse* (*sorrisse*). Portanto, podemos dizer que a classificação gramatical é um conhecimento do tipo *instrumental* — ela serve de instrumento para que resolvamos problemas práticos de comunicação e expressão.

Flexão das palavras

Conforme a classe gramatical a que pertencem, as palavras podem ou não variar. E, caso o façam, podem variar de diferentes maneiras. As preposições (*de, por*), as conjunções (*quando, embora*), os advérbios (*justamente, cedo, ontem*), as interjeições (*ufa!, nossa!*) e alguns pronomes (*que, alguém*) e numerais (*mil*) são palavras **invariáveis**. Já os substantivos, adjetivos, verbos, artigos e alguns pronomes e numerais são **palavras variáveis**.

Todas as classes de palavras variáveis, exceto os verbos, podem se flexionar em número (singular ou plural) e em gênero (masculino ou feminino). Os verbos, por sua vez, flexionam-se em número (singular ou plural), pessoa (1ª, 2ª ou 3ª), em modo (indicativo, subjuntivo e imperativo) e tempo (passado, presente ou futuro). Veja um exemplo de flexão envolvendo todas as classes variáveis:

> Observe que, embora as preposições sejam invariáveis, quando estão combinadas ou contraídas com artigos (a + os = aos, em + o = no, por + as = pelas), formam um conjunto capaz de flexionar-se.

O menin<u>o</u> bonit<u>o</u> cuj<u>o</u> p<u>ai</u> é baian<u>o</u> está n<u>o</u> segund<u>o</u> andar.
<u>As</u> menin<u>as</u> bonit<u>as</u> cuj<u>as</u> m<u>ães</u> s<u>ão</u> baian<u>as</u> est<u>avam</u> n<u>a</u> segund<u>a</u> sala.

Embora os mecanismos de flexão em si sejam conhecidos de praticamente todos, a forma exata em que ela ocorre pode causar dúvidas. Por exemplo: qual o plural de *capitão*? *Capitões, capitãos* ou *capitães*? E o feminino? *Capitoa* ou *capitã*? Essas são dúvidas típicas da **flexão nominal** — isto é, a flexão de substantivos, adjetivos, artigos, pronomes e numerais.

A **flexão verbal** também provoca questionamentos; por exemplo: *se as linhas converg<u>e</u>rem* ou *se as linhas converg<u>i</u>rem*? *Ele interv<u>eio</u>* ou *ele interv<u>iu</u>*? *Eu intermed<u>eio</u>* ou *eu intermed<u>io</u>*? *O assunto que v<u>e</u>mos discutindo* ou *o assunto que v<u>i</u>mos discutindo*? Felizmente, a resposta para todas essas perguntas pode ser encontrada facilmente no dicionário, como veremos na segunda seção deste capítulo.

Sintaxe

A palavra **sintaxe** vem do grego: ela deriva de *súntaksis*, que significava "organização, composição". Não à toa, ela é a parte da gramática que estuda a *combinação* entre as palavras.

Se, no ensino básico, você teve acesso a um bom estudo de análise sintática, considere-se uma pessoa com sorte. Afinal, quando bem utilizado, esse tipo de análise ajuda-nos a compreender como as orações são construídas, "costuradas", e, em consequência, ajuda-nos a interpretar e produzir textos com mais desenvoltura.

> No Companion Website deste livro você encontra uma revisão de análise sintática aplicada à produção de textos.

Quer um exemplo? Então, leia a frase:

> A fauna do Golfo do México foi duramente atingida pelo derramamento de petróleo, podendo causar danos irreversíveis ao ecossistema local.

O que há de errado com esse período? Para começar a pensar a respeito, vamos à velha e boa análise sintática:

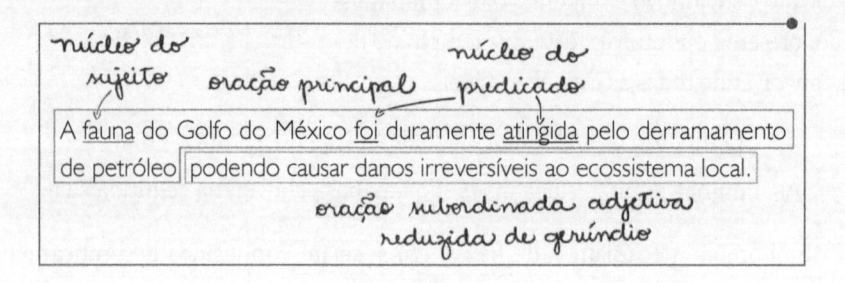

> *núcleo do sujeito* — oração principal — *núcleo do predicado*
> A <u>fauna</u> do Golfo do México <u>foi</u> duramente <u>atingida</u> pelo derramamento de petróleo | podendo causar danos irreversíveis ao ecossistema local.
> *oração subordinada adjetiva reduzida de gerúndio*

Como vemos, trata-se de um **período composto por subordinação**, cuja oração principal é: "A fauna do Golfo do México foi duramente atingida pelo derramamento de petróleo". Essa oração tem como núcleo do sujeito o substantivo "fauna".

Ora, quanto à identidade do sujeito, existem duas opções para a construção de um período composto por subordinação:

1. *O sujeito da oração subordinada é o mesmo da principal:*

Arlete <u>dava</u> banho na filha, quando <u>ouviu</u> um barulho.

O sujeito da oração principal é "Arlete".   O sujeito da oração subordinada também é "Arlete".

2. *O sujeito da oração principal é um e o da subordinada é outro:*

Arlete <u>dava</u> banho na filha, quando o telefone <u>tocou</u>. ← *Sujeito explícito*

O sujeito da oração principal é "Arlete".   O sujeito da oração subordinada é "o telefone".

Arlete <u>dava</u> banho na filha, quando <u>batemos</u> à porta. ← *Sujeito oculto*

O sujeito da oração principal é "Arlete".   O sujeito da oração subordinada é "nós" (identificado pela desinência -*mos*).

Arlete <u>dava</u> banho na filha, quando <u>bateram</u> à porta. ← ─── *Sujeito indeterminado*

O sujeito da oração O sujeito da oração subordinada é
principal é "Arlete". indeterminado; não se sabe ou não se quer dizer
quem é. Pode ser uma pessoa só ou várias.

Arlete <u>dava</u> banho na filha, quando <u>começou a chover</u>. ← ─── *Oração sem sujeito*

O sujeito da oração A oração subordinada
principal é "Arlete". não tem sujeito.

Observe que, na segunda modalidade, isto é, quando o sujeito da principal é um e o da subordinada é outro, temos várias opções de construção. A subordinada pode ter um sujeito explícito ("o telefone"), sujeito oculto, indeterminado ou, mesmo, pode ser uma oração sem sujeito. Em todos os casos, porém, o leitor identifica claramente a mudança de sujeito da principal para a subordinada.

Se isso não ocorre, o leitor subentende que se trata do primeiro caso — ou seja, que o sujeito da oração subordinada é o mesmo da principal. Por exemplo: se alguém quisesse comunicar que Arlete dava banho na filha, quando de repente seu marido ouviu um barulho, não poderia dizer "Arlete <u>dava</u> banho na filha, quando <u>ouviu</u> um barulho", porque, como a mudança de sujeito não está identificada, o leitor entende que o sujeito dos dois verbos é o mesmo, "Arlete".

Com as orações subordinadas reduzidas de gerúndio, não é diferente. Observe:

> Arlete <u>viu</u> a filha <u>tropeçando</u> na banheira.
> Arlete <u>saiu</u> do banheiro, <u>correndo</u> escada abaixo para atender à porta.

No primeiro caso, fica claro que o sujeito da oração subordinada reduzida de gerúndio não é o mesmo da principal: o da principal é "Arlete"; o da reduzida, "a filha". No segundo caso, porém, como não é feita nenhuma distinção, somos levados a crer que quem desceu correndo a escada foi a mesma pessoa que saiu do banheiro, ou seja, "Arlete".

Voltemos, agora, à frase problemática. Em "A fauna do Golfo do México foi duramente atingida pelo derramamento de petróleo, podendo causar danos irreversíveis ao ecossistema local", não há nenhuma indicação de que o sujeito da oração subordinada seja diferente do sujeito da oração principal. É lícito ao leitor, portanto, entender que se trata do mesmo sujeito; assim, ele desmembraria mentalmente o período da seguinte maneira:

PERÍODO	A fauna do Golfo do México <u>foi</u> duramente <u>atingida</u> pelo derramamento de petróleo, <u>podendo causar</u> danos irreversíveis ao ecossistema local.
⇩	
OR. PRINCIPAL	A fauna do Golfo do México <u>foi</u> duramente <u>atingida</u> pelo derramamento de petróleo.
OR. SUBORDINADA (MESMO SUJEITO)	A fauna do Golfo do México <u>pode causar</u> danos irreversíveis ao ecossistema local.

O problema é que a construção "a fauna do Golfo do México pode causar danos irreversíveis ao ecossistema local" não tem sentido! Obviamente, a fauna não causa danos ao ecossistema. E aí está a grande falha dessa construção: devido à má organização sintática, a frase tornou-se incoerente.

Há duas maneiras de corrigir o problema:
1. *Explicitar o sujeito* (que seria, nesse caso, toda a oração anterior, ou seja, o fato de a fauna ter sido atingida pelo derramamento): "A fauna do Golfo do México foi duramente atingida pelo derramamento de petróleo, <u>o que</u> pode causar danos irreversíveis ao ecossistema local".
2. *Trocar o verbo* causar *por* haver, *que é um verbo impessoal*. Assim, a oração subordinada transforma-se em oração sem sujeito: "A fauna do Golfo do México foi duramente atingida pelo derramamento de petróleo, podendo <u>haver</u> danos irreversíveis ao ecossistema local".

E esse é só um exemplo de como o conhecimento das estruturas sintáticas pode ajudar a melhorar nossos textos. Sempre que cabível, voltaremos ao tema ao longo do livro.

Concordância

No tópico sobre morfologia, vimos que várias classes gramaticais variam. Mas esse processo não é aleatório: o verbo flexiona-se em número e pessoa de acordo com o número e a pessoa (1ª, 2ª ou 3ª) daquele que praticou a ação, ou seja, do sujeito (*a<u>s</u> criança<u>s</u> saíra<u>m</u>*), ao passo que artigos, pronomes, adjetivos e numerais flexionam-se em gênero e número de acordo com os substantivos a que se referem (*lá vai aquel<u>a</u> menin<u>a</u> simpátic<u>a</u>*). No primeiro caso, estamos falando do processo de **concordância verbal** e, no segundo, do processo de **concordância nominal**.

Muitos professores de português obrigam seus alunos a decorar uma longa lista de regras de concordância, às vezes envolvendo construções raras, tais como

"Não sou eu quem fala", "Ele e tu sois meus tesouros"ou "Estava fechada a loja e o colégio". Mais proveitoso, provavelmente, seria apenas chamar sua atenção para os casos que podem provocar dúvidas e ensiná-los a que fonte recorrer quando elas surgissem. No mínimo, sobraria tempo para tarefas mais importantes, como aprender a interpretar textos!

Para não repetir o mesmo erro desses professores, não vamos entulhá-lo com uma infinidade de regras de concordância. Apenas destacaremos, no Quadro 3.4, os seis tipos de construção em que as pessoas mais se equivocam. Depois, na última seção deste capítulo, vamos sugerir-lhe algumas fontes de consulta para quando você tiver dúvidas pontuais — se precisar, por exemplo, escrever algo parecido com"Estava fechada a loja e o colégio".

Quadro 3.4 Os problemas de concordância mais frequentes.

Verbos impessoais *Haver* (no sentido de existir) *Fazer* (na indicação de tempo)	Não variam nunca, nem em locuções verbais.	*Houve* inúmeros acidentes na estrada. *Vai haver* grandes mudanças na empresa. *Faz* três anos que estudo aqui. *Deve fazer* uns cinco meses ou mais.
Verbo *existir*	O verbo varia normalmente, inclusive em locuções.	*Existem* rosas negras? *Devem existir* menos de cinco casos como esse no mundo.
Verbo antes do sujeito	O verbo concorda normalmente com o sujeito.	*Bastam* duas gotas de adoçante. *Restam* poucas alternativas. *Faltam* três semanas para o fim do ano. Não *deixam* de ter impacto os argumentos apresentados por ele. *Foram* feitas ontem alterações importantes na lei.
Verbo longe do sujeito	O verbo sempre concorda com o núcleo do sujeito.	Os problemas da empresa, que no ano anterior tivera um faturamento recorde, *começaram* em agosto.

Um dos que...	O verbo fica no plural.	Esta é uma das questões que mais *provocam* dúvida. Gustavo é um dos que *choraram* no enterro.
Expressões partitivas A maior parte de... + nome Uma porção de... no plural Metade de... O resto de...	Esta é fácil: tanto faz! O verbo pode ficar no singular ou no plural.	A maior parte das pessoas *desconhece* (ou *desconhecem*) esta regra. A maioria dos jovens não *está* (ou não *estão*) preparada (ou *preparados*) para esse tipo de desafio. Uma porção de alunos *saiu* (ou *saíram*) mais cedo hoje.

Regência

Regência é uma parte da sintaxe que se ocupa basicamente de três questões: definir se um nome ou verbo exige um complemento para que o sentido expresso por ele fique completo; em caso positivo, definir se esse complemento deve se ligar ao nome ou verbo com ou sem preposição; caso seja necessária a preposição, definir qual ou quais podem ser usadas. Veremos, nos itens a seguir, cada uma dessas questões com mais detalhe.

1. A regência define se um nome (substantivo ou adjetivo) ou verbo exige um complemento para que o sentido expresso por ele fique completo.

Se alguém falar "tenho necessidade", o sentido do substantivo *necessidade* não ficará completo; será preciso juntar a ele um **complemento nominal**: "tenho necessidade de vencer". O mesmo se aplica ao verbo *consistir*. Se alguém disser "O plano consiste", o ouvinte ficará se perguntando "consiste em quê?". Para completar o sentido, é preciso inserir um **complemento verbal**: "O plano consiste em atrair o maior número possível de doadores". Quando se refere à complementação de substantivos e adjetivos, a regência é chamada de **regência nominal** e, quando se refere à complementação de verbos, de **regência verbal**.

2. Caso seja necessário o complemento, a regência define se ele deve se ligar ao nome ou ao verbo por meio de preposição.

Os complementos nominais sempre se ligam aos substantivos e adjetivos por meio de preposição: *necessidade de carinho, amor ao próximo, medo de barata, fé em si mesmo*. Já no caso dos complementos verbais isso pode ocorrer ou não. O complemento que se liga ao verbo diretamente, sem preposição, é chamado de **objeto direto**: *Torci a roupa*. E o que se liga a ele por meio de preposição é chamado de **objeto indireto**: *Torço por você*.

Portanto, também diz respeito à regência a classificação dos verbos segundo sua **transitividade**: quando se unem ao objeto sem preposição, eles são considerados **transitivos diretos**; quando exigem uma preposição, **transitivos indiretos**; quando possuem dois objetos, um direto e outro indireto, são chamados de **transitivos diretos e indiretos**. Há, ainda, os **verbos intransitivos**, que não necessitam de um objeto para lhes completar o sentido: *O nenê dorme*.

É importante notar que a transitividade de um verbo depende do contexto. Existem verbos que, conforme o uso, podem se classificar em todas as categorias:

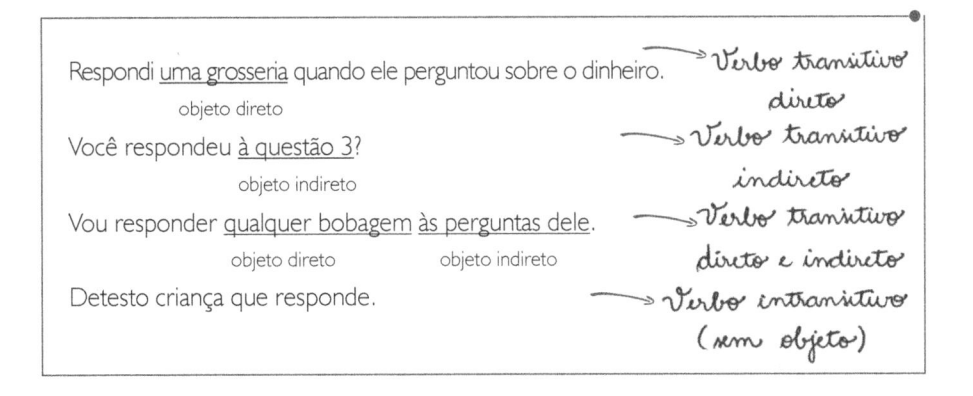

Respondi uma grosseria quando ele perguntou sobre o dinheiro. → *Verbo transitivo direto*
      objeto direto

Você respondeu à questão 3? → *Verbo transitivo indireto*
      objeto indireto

Vou responder qualquer bobagem às perguntas dele. → *Verbo transitivo direto e indireto*
      objeto direto   objeto indireto

Detesto criança que responde. → *Verbo intransitivo (sem objeto)*

---

3. No caso dos complementos nominais e dos objetos indiretos, as regras de regência estabelecem qual ou quais preposições podem ser usadas.

A terceira e última questão de que trata a regência diz respeito à escolha de qual ou quais preposições devem ser usadas em cada caso. Por exemplo: de acordo com a gramática normativa, o verbo *preferir* deve se ligar a seu objeto por meio da preposição *a*, e não da preposição *de*. Portanto, o correto é: "Prefiro cinema a teatro", e não "Prefiro cinema do que teatro".

Embora a regência desse verbo possa realmente causar dúvidas, a verdade é que, na imensa maioria dos casos, sabemos muito bem que preposição usar, seja na regência nominal, seja na verbal. Ninguém fala "Simpatizo contra Maria", "Lutei de uma causa justa", "Tenho desejo a rever velhos amigos". Todos sabemos que o lógico e correto, nesses casos, seria usar, respectivamente, as preposições *com*, *por* e *de*.

Os verdadeiros problemas de regência costumam ser de outra natureza. Mais especificamente, de três outras naturezas, como exemplificaremos a seguir.

a) *Assistir o filme* ou *assistir ao filme*?

Esta é a questão que lhe apresentamos na introdução deste capítulo, lembra-se? A essa altura do estudo, você é capaz de compreender que se trata de uma dúvida de regência. Deve ser capaz de entender também que, para resolvê-la, precisamos determinar se o verbo *assistir*, nesse contexto, é transitivo direto ou indireto — se ele for direto, dispensará a preposição (*assistir o filme*); se for indireto, vai exigi-la (*assistir ao filme*).

O mesmo tipo de problema ocorre em: *aspira o cargo* ou *aspira ao cargo?*; *agrada os sentidos* ou *agrada aos sentidos?*; *visa uma vida tranquila* ou *visa a uma vida tranquila?* Nas próximas seções deste capítulo, você verá que todas essas dúvidas podem ser resolvidas no dicionário ou em um bom manual de redação. Mas, de qualquer modo, queremos lhe passar uma dica para resolver casos como esses, mesmo quando não tiver uma fonte de consulta à mão.

Quando um verbo pode ser transitivo direto (sem preposição) ou indireto (com preposição) e seu significado muda de acordo com a transitividade, geralmente sua forma direta está ligada aos sentidos mais físicos, concretos, ao passo que sua forma indireta está ligada aos sentidos mais abstratos, figurados. Observe:

SENTIDOS FÍSICOS	SENTIDOS FIGURADOS
aspirar o pó = sugar	aspirar ao cargo = almejar
agradar o gato = acariciar	agradar (a)o chefe = contentar
visar o alvo = mirar	visar a um emprego melhor = objetivar
assistir (a)o doente = auxiliar	assistir ao filme = ser espectador de

Por que em alguns casos, como aqui, estamos indicando a preposição entre parênteses? Porque ela é facultativa: pode existir ou não! Felizmente, as regras de regência não são tão rígidas quanto se imagina.

b) *Este é o momento que eu ansiava* ou *este é o momento por que eu ansiava*?

A segunda grande fonte dos problemas de regência são as construções em que existem, ao mesmo tempo: a) um verbo ou nome que exige preposição; b) o pronome relativo *que*. O problema ocorre porque, na fala, quase sempre omitimos a preposição:

> Esta é comida ⌒ que eu mais gosto.
>   *de*
>
> O colega ⌒ que me identifico mais é o Pedro.
>   *com*
>
> Este é o político ⌒ que a gente confia.
>   *em*
>
> Este é o momento ⌒ que eu mais ansiava.
>   *por*

Contudo, na escrita formal, essas preposições são exigidas. Precisamos escrever "Esta é a comida de que mais gosto", "O colega com que me identifico mais é o Pedro", "Este é o político em que a gente confia", "Este é o momento por que eu mais ansiava". Por isso, sempre que vir o pronome relativo *que* seguido por um verbo, você deve verificar se, naquele contexto, o verbo é transitivo indireto (*gostar de comida, identificar-se com alguém, confiar em alguém, ansiar por algo*); e, em caso positivo, inserir a preposição adequada antes do *que*.

c) Crase

Sim, crase é um problema de regência. Afinal, como você deve se lembrar dos tempos de colégio, a **crase** resulta do encontro entre a preposição *a* com o artigo feminino *a*. Logo, se um substantivo, adjetivo ou verbo estiver ligado a seu complemento pela preposição *a* e esse complemento se iniciar com o artigo feminino *a*... haverá crase!

> **Saiba mais**
>
> Atenção: o pronome *lhe* é sempre objeto indireto (= a ele, a ela), enquanto os pronomes *o, a* (que também podem assumir as formas *lo, la, no, na*) são sempre objetos diretos. Logo, você deve dizer "quero convidá-lo" (quero convidar você ou ele), e não "quero convidar-lhe".

Veja estes exemplos:

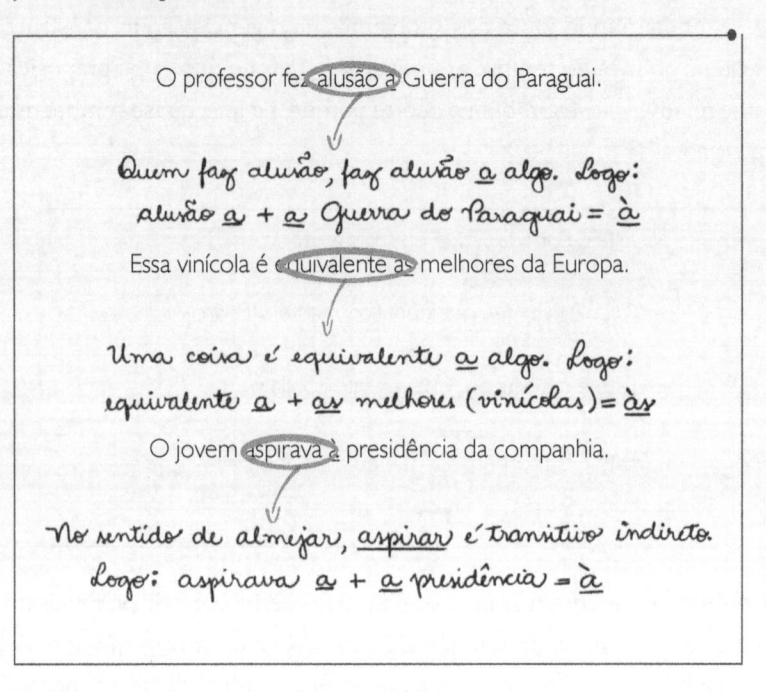

> O professor fez alusão a Guerra do Paraguai.
>
> Quem faz alusão, faz alusão a algo. Logo:
> alusão a + a Guerra do Paraguai = à
>
> Essa vinícola é equivalente as melhores da Europa.
>
> Uma coisa é equivalente a algo. Logo:
> equivalente a + as melhores (vinícolas) = às
>
> O jovem aspirava a presidência da companhia.
>
> No sentido de almejar, aspirar é transitivo indireto.
> Logo: aspirava a + a presidência = à

Esta fica por sua conta: nos casos a seguir, por que não ocorre crase?

> O jovem aspirava a um posto mais alto.
> Assistimos a espetáculos lindos naquele teatro.
> Sou avesso a festas.

Colocação

No primeiro capítulo, vimos que existe alguma flexibilidade para organizar as palavras dentro da oração. No exemplo que estávamos acompanhando, observamos que era possível inverter o sujeito e o predicado. Assim, poderíamos dizer "O cachorrinho escapou!" ou "Escapou o cachorrinho!". Contudo, também vimos que não era possível combinar as palavras em qualquer ordem. Se disséssemos "O escapou cachorrinho!", por exemplo, não seríamos compreendidos. A parte da gramática normativa que estuda a ordem em que os termos da oração devem aparecer é a **colocação**.

Entre os falantes do português brasileiro, as principais dúvidas de colocação dizem respeito aos pronomes oblíquos. Afinal, como vimos no capítulo anterior, nós costumamos empregá-los de maneira bastante distinta da norma padrão (baseada na norma culta lusitana).

A respeito da **colocação pronominal**, é importante que você fixe pelo menos estas três regras:

1. Não se deve colocar o pronome em início de oração: *Esqueci-me de telefonar*. (E não "Me esqueci de telefonar".)
2. *Não* e outras palavras negativas atraem o pronome: *Não o deixe partir*. (E não "Não deixe-o partir".)
3. O pronome relativo *que* também atrai o pronome: *Esperamos que se recupere logo*. (E não "Esperamos que recupere-se logo".)

Quando tiver dúvidas mais complexas de colocação pronominal, consulte um bom manual de redação ou uma gramática, conforme indicaremos na última seção do capítulo.

• • • Seção 2   Como consultar o dicionário

Temos uma excelente notícia: muitas das dúvidas gramaticais que comentamos na seção anterior podem ser resolvidas com uma simples consulta a um bom dicionário!

Quando falamos em bom dicionário, estamos nos referindo a um atualizado e completo, como o *Dicionário Houaiss da língua portuguesa*, o *Dicionário Aurélio da língua portuguesa* e outros do mesmo nível. Esqueça os dicionários escolares — como o nome diz, eles são para quem está na escola.

A seguir, apresentamos um pequeno "manual de instruções" sobre como tirar o máximo proveito de seu dicionário.[11]

Tal palavra se escreve com *x* ou com *z*?
Com hífen ou sem hífen? Com ou sem
acento? O dicionário é, obviamente, o
melhor lugar para resolver qualquer
dúvida de ortografia.

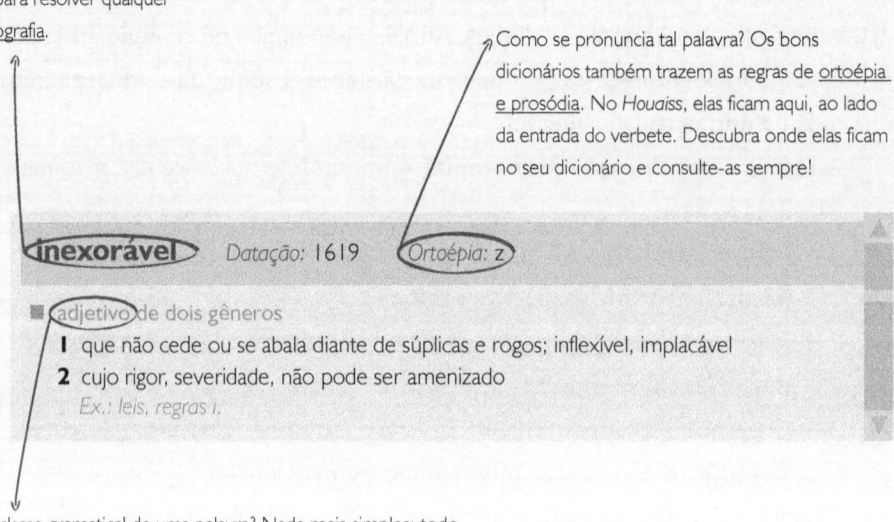

Como se pronuncia tal palavra? Os bons
dicionários também trazem as regras de ortoépia
e prosódia. No *Houaiss*, elas ficam aqui, ao lado
da entrada do verbete. Descubra onde elas ficam
no seu dicionário e consulte-as sempre!

inexorável *Datação:* 1619 *Ortoépia:* z

■ adjetivo de dois gêneros
 1 que não cede ou se abala diante de súplicas e rogos; inflexível, implacável
 2 cujo rigor, severidade, não pode ser amenizado
 Ex.: leis, regras i.

Quer saber a classe gramatical de uma palavra? Nada mais simples: todo
dicionário traz essa informação. Vale lembrar que muitas palavras têm mais
de uma classificação gramatical; ao consultar o dicionário, é importante
observar todas elas, pois o significado pode mudar conforme a classe.

Senti tanto dó dele ou *Senti tanta dó dele*? Os dicionários
também nos ajudam com a concordância nominal. Basta
observar se a palavra em questão é masculina ou feminina.
Como se vê, o correto neste caso é: *Senti tanto dó dele*.

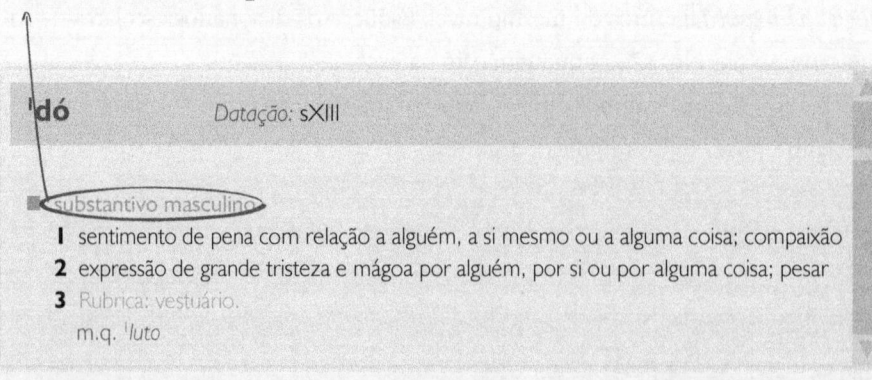

¹**dó** *Datação:* sXIII

■ substantivo masculino
 1 sentimento de pena com relação a alguém, a si mesmo ou a alguma coisa; compaixão
 2 expressão de grande tristeza e mágoa por alguém, por si ou por alguma coisa; pesar
 3 Rubrica: vestuário.
  m.q. ¹*luto*

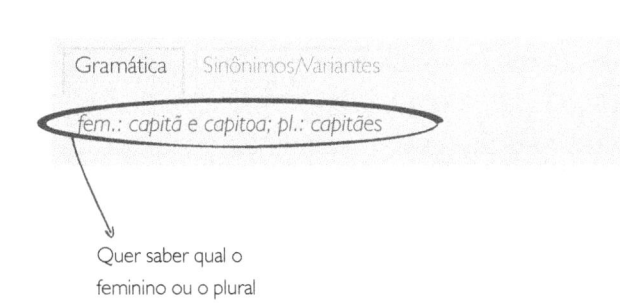

Gramática	Sinônimos/Variantes
(fem.: capitã e capitoa; pl.: capitães)	

Quer saber qual o feminino ou o plural de uma palavra?

O dicionário é o lugar certo para resolver dúvidas de flexão nominal.

Quando eu vir a professora ou *quando eu ver a professora?*

Os bons dicionários trazem também a flexão verbal. A resposta, como se observa, é *vir*.

vê	via	verá	veria	
vemos	víamos	veremos	veríamos	
vedes	víeis	vereis	veríeis	
veem	viam	verão	veriam	
SUBJUNTIVO			**IMPERATIVO AFIRMATIVO**	
Presente	Pretérito imperfeito	Futuro	
veja	visse	vir	-
vejas	visses	vires	vê
veja	visse	vir	veja
vejamos	víssemos	virmos	vejamos
vejais	vísseis	virdes	vede
vejam	vissem	virem	vejam

implicar Datação: sXV

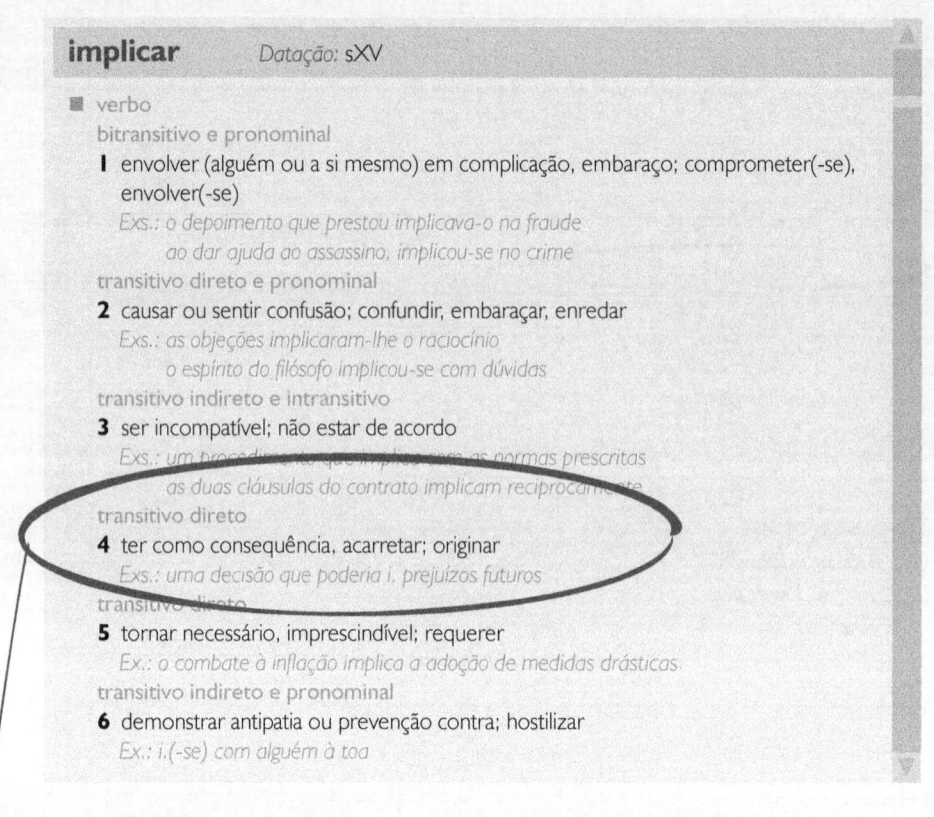

■ verbo
bitransitivo e pronominal
1 envolver (alguém ou a si mesmo) em complicação, embaraço; comprometer(-se), envolver(-se)
Exs.: o depoimento que prestou implicava-o na fraude
ao dar ajuda ao assassino, implicou-se no crime
transitivo direto e pronominal
2 causar ou sentir confusão; confundir, embaraçar, enredar
Exs.: as objeções implicaram-lhe o raciocínio
o espírito do filósofo implicou-se com dúvidas
transitivo indireto e intransitivo
3 ser incompatível; não estar de acordo
Exs.: um procedimento que implica com as normas prescritas
as duas cláusulas do contrato implicam reciprocamente
transitivo direto
4 ter como consequência, acarretar; originar
Exs.: uma decisão que poderia i. prejuízos futuros
transitivo direto
5 tornar necessário, imprescindível; requerer
Ex.: o combate à inflação implica a adoção de medidas drásticas
transitivo indireto e pronominal
6 demonstrar antipatia ou prevenção contra; hostilizar
Ex.: i.(-se) com alguém à toa

A reforma implicará despesas ou implicará em despesas?

Para resolver dúvidas de regência verbal, como essa, basta consultar a transitividade do verbo. Observe que, embora tenha outras classificações, com o sentido de "ter como consequência, acarretar; originar", o verbo *implicar* é transitivo direto. Logo, dispense a preposição: *implicará despesas*.

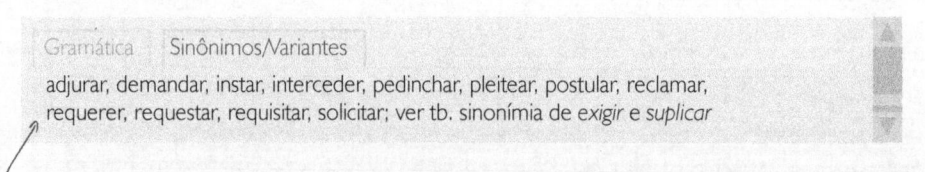

Gramática Sinônimos/Variantes
adjurar, demandar, instar, interceder, pedinchar, pleitear, postular, reclamar, requerer, requestar, requisitar, solicitar; ver tb. sinonímia de *exigir* e *suplicar*

Obviamente, o dicionário não serve apenas para resolver dúvidas gramaticais. Na verdade, como você sabe, sua principal função é indicar o significado das palavras. O que você talvez desconheça é que ele também nos ajuda a ampliar o vocabulário.

Imagine, por exemplo, que você esteja escrevendo um texto e, de repente, perceba que já repetiu muito determinada palavra. Quer achar um sinônimo, mas nada lhe vem à cabeça. É hora de consultar a seção de sinônimos e antônimos do dicionário! Observe como ela apresenta uma boa lista de ideias correlatas.

• • • Seção 3   Outras fontes de consulta

A nosso ver, o "kit básico" de consulta linguística do profissional ou do estudante universitário deve conter:

- um bom dicionário, como os que citamos na seção anterior;
- um bom manual de redação e estilo.

O que é um **manual de redação e estilo**? É um livro originalmente concebido por um jornal (ou outro órgão de imprensa) para orientar a produção textual de seus repórteres e colaboradores. No Brasil existem, por exemplo, o *Manual da redação da Folha de São Paulo*, o *Manual de redação e estilo de O Globo* e — nosso preferido — o *Manual de redação e estilo de O Estado de S. Paulo*. Embora se trate de orientações internas, voltadas especificamente para o texto jornalístico, elas refletem tão bem a comunicação culta moderna que podem ser seguidas sem medo por qualquer pessoa.

Nesse tipo de manual, você encontrará respostas para dúvidas que não podem ser solucionadas no dicionário, tais como as de pontuação, concordância e colocação pronominal. A grande vantagem é que tudo é apresentado de maneira muito prática, para que o leitor não perca tempo procurando. Por exemplo: como muitas pessoas erram a concordância do verbo *faltar*, o *Manual de redação e estilo de O Estado de S. Paulo* traz orientações sobre ele na letra F mesmo, no verbete *faltar*. Assim, você não precisa ler todas as regras de concordância; basta consultar diretamente o verbo que está lhe causando dúvida.

Outro atrativo dos manuais de redação é que, como o nome diz, eles não trazem instruções apenas sobre gramática, mas também sobre estilo. Neles você encontra, por exemplo, uma lista de **lugares-comuns** — aquelas expressões que, de tão desgastadas, em nada contribuem para a comunicação. São exemplos disso as frases "agradar a gregos e troianos" ou "fechar com chave de ouro".

Com um bom dicionário e um bom manual de redação em mãos, temos certeza de que você estará "municiado" para as práticas de leitura e produção de seu dia a dia. No entanto, ainda há outras fontes de consulta que vale a pena conhecer. Para encerrar este capítulo, vamos descrevê-las brevemente a seguir.

Lembre-se do que estudamos no Capítulo 1 sobre a necessidade de a comunicação respeitar e, ao mesmo tempo, quebrar um pouco os paradigmas.

Guias práticos

Os **guias práticos** de gramática são preparados por professores de português, mas, diferentemente dos livros didáticos do ensino básico, direcionam-se às necessidades do público adulto. Além de serem fáceis de consultar, esses livrinhos em geral constituem uma leitura leve e agradável.

Exemplo disso é a coleção preparada pelo professor Pasquale Cipro Neto (Editora Publifolha) sobre temas gramaticais específicos, como concordância nominal, concordância verbal, acentuação e ortografia. Outro exemplo é a coleção *Guia prático do português correto* (L&PM Editores), do professor Cláudio Moreno, composta por quatro volumes — ortografia, morfologia, sintaxe e pontuação.

Os guias oferecem uma abordagem sobre cada tema mais aprofundada que a dos manuais de redação. Por outro lado, têm a desvantagem de não reunir todos os tópicos em um só volume.

Gramáticas

As gramáticas são fontes completas e seguras. O problema, conforme já comentamos, é a dificuldade de consultá-las, uma vez que sua organização não é tão prática quanto a dos manuais e guias. Esse inconveniente pode ser amenizado se você optar por uma versão escolar ou resumida — diferentemente do que afirmamos no caso dos dicionários, as gramáticas escolares podem ser usadas sem problemas por universitários e profissionais.

Dicionários de sinônimos

Já vimos que os dicionários comuns podem trazer uma seção específica de sinônimos e antônimos. Mas existem, também, dicionários dedicados apenas a isso: em seus verbetes, em vez do significado das palavra você encontra uma longa lista de sinônimos e antônimos.

Os principais são o *Michaelis dicionário de sinônimos e antônimos*, o *Minidicionário de sinônimos e antônimos Melhoramentos*, o *Dicionário Houaiss de sinônimos e antônimos*, o *Dicionário de sinônimos*, de Antenor Nascentes, e o *Dicionário de sinônimos e antônimos da língua portuguesa*, de Francisco Fernandes. Eles podem ser bastante úteis quando você precisa redigir um texto mais longo e complexo.

Dicionários de regência

Também existem dicionários específicos de regência verbal e nominal. Eles trazem uma lista das preposições adequadas a cada verbo ou nome e alguns exemplos de uso.

Os dois principais autores de dicionários de regência no Brasil são Francisco Fernandes e Celso Pedro Luft (ambos já falecidos). Para a regência verbal, também contamos com o *Dicionário Houaiss de verbos da língua portuguesa,* que, além das preposições adequadas, traz os padrões de conjugação e os significados de cada verbo.

Internet

A Internet pode fornecer excelentes materiais de consulta, desde que você selecione as fontes com critério. Confira estas sugestões:

- *www.pucrs.br/manualred* — manual de redação organizado por professores da PUC-RS. Constitui um excelente roteiro para autoestudo, especialmente voltado a alunos da graduação.
- *http://wp.clicrbs.com.br/sualingua* — *site* mantido pelo professor Cláudio Moreno. Traz explicações sobre vários tópicos em tom didático e bem-humorado.
- *www.tvcultura.com.br/aloescola/linguaportuguesa/index.htm* — reúne os módulos do programa *Nossa Língua Portuguesa,* apresentado pelo professor Pasquale Cipro Neto na TV Cultura.
- *http://educacao.uol.com.br/portugues* — é a seção do UOL Educação destinada à língua portuguesa.

Resumo

- Damos o nome de gramática ao conjunto de regras que determinam como os enunciados podem ser construídos em cada língua. Toda língua possui uma gramática conhecida por todos os seus falantes. Nem todos dominam, porém, a gramática normativa — um tipo específico de gramática que, como o nome sugere, busca estabelecer normas para a construção dos enunciados. O papel da gramática normativa é sistematizar a norma padrão.
- A gramática normativa divide-se em cinco grandes partes: a fonologia (que inclui regras de ortoépia e prosódia); a ortografia (que inclui regras para grafia e acentuação); a pontuação; a morfologia (que aborda a formação e a estrutura das palavras, bem como sua classificação e flexão); e, por fim, a sintaxe (que inclui regras para concordância, regência e colocação dos termos na oração).
- Como exemplo do tipo de dúvida que pode ser respondido pelo estudo de cada uma dessas partes, podemos citar:
    - Ortoépia — *sobrancelha* ou *sombrancelha*?
    - Prosódia — "gratuíto" ou "gratúito"?
    - Ortografia — *excesso* ou *ecesso*?

- Pontuação — onde devo colocar a vírgula?
- Morfologia — *cidadãos* ou *cidadões*?
- Sintaxe (concordância) — *a maioria deles foi* ou *a maioria deles foram*?
- Sintaxe (regência) — *o emprego que você precisa* ou *o emprego de que você precisa*?
- Sintaxe (colocação) — *jamais peça-me isso outra vez* ou *jamais me peça isso outra vez*?

• As principais fontes de consulta linguística adequadas a um profissional ou a um estudante de nível superior são um bom dicionário, atualizado e completo, e um bom manual de redação. Como fontes auxiliares, podem ser citados os guias práticos, as gramáticas, os dicionários de sinônimos, os dicionários de regência e alguns *sites* da Internet.

No Companion Website você encontra mais atividades de gramática normativa.

Atividades

1. Para cada uma das dúvidas a seguir, indique:
   a) A qual parte (ou a quais partes) da gramática normativa ela se refere.
   b) Qual a fonte (ou as fontes) de consulta mais adequada(s) para resolvê-la.
   - *Devemos obedecer às regras* ou *as regras*?
   - *Vou espioná-lo* ou *espionar-lhe*?
   - O certo é *salsicha* ou *salchicha*?
   - O certo é *elefanta* ou *elefoa*?
   - *Deve-se cumprir os prazos* ou *devem-se cumprir os prazos*?
   - *Estava afastando-se* ou *Estava se afastando*?
   - Devo pronunciar *algoz* com o fechado ou aberto?
   - *60% do eleitorado votou* ou *votaram*?
   - *Para-quedas* ou *paraquedas*?

2. Desafio: junto com três colegas, encontre as respostas para as dúvidas da questão anterior. Depois, apresente-as à classe.

3. Em um bom dicionário, descubra a resposta para as questões a seguir:
   a) A quais classes gramaticais pode pertencer a palavra *que*? Para cada uma delas, apresente uma frase como exemplo.
   b) Como o verbo *chamar* pode ser classificado, segundo a transitividade? Dê exemplos.

4. As frases a seguir foram coletadas pelo professor Chico Viana[12] em redações de seus alunos. Todas elas trazem um problema semelhante ao que discutimos no início do tópico "Sintaxe". Proponha reelaborações capazes de eliminar o problema.
   a) A saúde dos fumantes e dos que estão ao seu redor fica debilitada, podendo causar, entre outras doenças, câncer de pulmão.
   b) Os professores não possuem mais a fama de carrascos, facilitando a relação entre eles e os alunos.
   c) Os jovens podem sofrer crise de abstinência se não estiverem sob o efeito da droga, expondo assim a seriedade do problema.
   d) As pessoas tornam-se reféns da opinião dos outros, deixando-as inseguras e insensíveis.

5. Corrija as frases a seguir de acordo com as regras da gramática normativa.
   a) O filme que assisti no cinema já está passando na televisão.
   b) As advogadas que lhe falei estão na festa também.
   c) Falta dois jogadores para completar o time.
   d) O livro que o professor se referiu e que você precisa para fazer a monografia não está disponível na biblioteca.
   e) Devem haver pelo menos quarenta opções de curso, mas existe poucas que me agradam.
   f) Causou-me espanto suas queixas.

6. Todas as frases a seguir apresentam algum problema quanto ao emprego da vírgula. Localize-o e corrija-o.
   a) Uma das histórias que vivi na infância e que agora, quando recordo mais me deixam emocionada foi a vez em que minha irmã e eu resolvemos construir um balão.
   b) O Banco Central é o prestamista de última instância do sistema bancário isto é, aquele que empresta dinheiro, aos bancos quando eles não conseguem levantar fundos junto ao público nem junto aos outros bancos.
   c) Os efeitos da elevação da temperatura na Terra podem ser sentidos com mais intensidade, nos polos e glaciares.

7. Vamos recordar o emprego do acento grave (crase)? Preencha as lacunas a seguir com *a*, *à* ou *às*.
   a) Todos _____ postos!
   b) Eu era um estudante igual _____ você.
   c) Especialistas criticaram _____ dieta das proteínas.
   d) O aumento na inadimplência pode estar relacionado _____ alta da inflação.

e) Em respeito _____ presença de crianças, evitei usar palavrões.
f) Tudo que tenho devo _____ ela.
g) Getúlio candidatou-se _____ eleições em 1929.
h) Vamos brindar _____ nossa nova vida!

8. Agora, preencha o quadro a seguir indicando qual motivo levou à ocorrência ou não de crase nas frases da atividade anterior.

Motivo	Frase(s)
Não ocorre crase antes de pronome pessoal reto (eu, tu, ele, ela, nós, eles) nem do pronome de tratamento você.	
Ocorre crase quando um nome ou verbo exige a preposição a e o substantivo feminino que vem a seguir é precedido pelo artigo a(s).	
É facultativa a crase antes de pronome possessivo feminino (minha, sua, nossa).	
Não ocorre crase antes de palavra masculina.	
Não ocorre crase após um verbo transitivo direto (já que, nesse caso, não existe a preposição a).	

Notas

1 PERINI, Mário A. O rock português (a melhor língua para fazer ciência). In: _____. Sofrendo a gramática: ensaios sobre a linguagem. 3. ed. São Paulo: Ática, 2002. p. 87-94.
2 PERINI, op. cit., p. 91.
3 MAIA, Eleonora Motta. No reino da fala: a linguagem e seus sons. 2. ed. São Paulo: Ática, 1986.
4 RICARDO, Stella Maris Bortoni de Figueiredo. Educação em língua materna: a sociolinguística na sala de aula. São Paulo: Parábola, 2004. p. 28.
5 GONÇALVES, Carlos Alexandre V. Ditongos decrescentes: variação e ensino. Revista de Estudos da Linguagem, Belo Horizonte, ano 6, n. 5, v. 1, p.159-192, jan./jun. 1997.
6 BOTELHO, José Mario; LEITE, Isabelle Lins. Metaplasmos contemporâneos: um estudo acerca das atuais transformações fonéticas da língua portuguesa. Anais do II CLUERJ-SG, ano 2, n. 1, 2005.
7 COUTINHO, Ismael de Lima. Gramática histórica. 7. ed. Rio de Janeiro: Ao Livro Técnico, 1976.
8 Todas as formas mencionadas no quadro constam tanto do Dicionário eletrônico Houaiss da língua portuguesa (ver nota 11) quanto do Vocabulário ortográfico da língua portuguesa (Academia Brasileira de Letras, 2009).
9 ERROS básicos de português podem custar vagas de estágio a candidatos. Disponível em: <www.nube.com.br/imprensa>. Acesso em: 5 jul. 2011.
10 MORAIS, Artur Gomes de. Ortografia: ensinar e aprender. São Paulo: Ática, 1998.
11 Os verbetes foram extraídos de: Dicionário eletrônico Houaiss da língua portuguesa. Rio de Janeiro: Instituto Antônio Houaiss; Objetiva, 2009.
12 VIANA, Francisco. O gerundismo em redações de vestibulandos. Língua Portuguesa, ed. 21, 2009.

Parte 2
O TEXTO NO DIA A DIA

Capítulo 4   A leitura no dia a dia
Capítulo 5   A escrita no dia a dia

Capítulo 4
A LEITURA NO DIA A DIA

Objetivos de aprendizagem

Quando terminar o estudo deste capítulo, você deverá ser capaz de:
- Explicar o que é interpretação de textos.
- Mencionar as principais estratégias de leitura.
- Indicar quais pistas um texto nos oferece para que formulemos hipóteses sobre ele.
- Definir o conceito de gênero textual.
- Descrever os três tipos de conhecimento prévio que precisamos mobilizar para compreender um texto.

Introdução

A compreensão de textos é o ponto fraco do estudante brasileiro. "Empurrado com a barriga" no ensino básico, o problema torna-se indisfarçável na faculdade, quando o aluno precisa lidar com textos mais longos e complexos.

Como superar essa deficiência? É claro que cultivar o hábito da leitura é fundamental — afinal, como diz a sabedoria popular, a prática leva à perfeição. Mas, à parte disso, haveria alguma maneira de *aprender* ou *treinar* a habilidade de interpretar textos?

Felizmente, a resposta é sim. Hoje se sabe que, para compreender um texto, todos nós colocamos em prática determinadas *estratégias de leitura*. Em geral, você as aciona sem se dar conta do que está fazendo. Mas, se puder desautomatizar essas estratégias e prestar atenção em cada uma delas, certamente vai passar a empregá-las com mais eficiência — e, em consequência, vai compreender melhor o que lê. É exatamente isso que lhe propomos neste capítulo!

Conteúdo do capítulo

Seção 1 O que é interpretação de textos
Seção 2 Estratégias de leitura

• • • Seção 1 O que é interpretação de textos

Conforme vimos no Capítulo 1, uma das principais críticas feitas ao modelo comunicativo de Roman Jakobson dizia respeito ao papel meramente passivo que ele atribuía ao receptor. De fato, naquele modelo a balança pendia para o lado do texto, que era retratado como um verdadeiro "portador do pensamento" do emissor.

Segundo os princípios do modelo comunicativo, o emissor "traduziria" suas ideias em uma mensagem, e o receptor, apenas conhecendo o código, poderia reconstituir, tim-tim por tim-tim, o que pensara o primeiro. Ora, se isso fosse possível, ninguém precisaria aprender a interpretar textos. Bastaria ser alfabetizado — conhecendo o código da língua portuguesa, com sua correspondência entre fonemas e grafemas, conseguiríamos entender qualquer texto sem dificuldade alguma.

> *Embora, a rigor, o conceito de interpretação diga respeito a textos tanto escritos quanto orais, neste capítulo vamos nos concentrar na interpretação de textos escritos. Afinal, devido à defasagem entre o momento de produção e o de recepção (reveja o Capítulo 2), a comunicação escrita é — de longe — a que mais provoca dificuldades.*

Logo se percebeu, é claro, que essas suposições não faziam sentido. Mas algumas das primeiras críticas ao modelo de Jakobson eram tão radicais que caíam no exagero oposto. Se a balança do modelo original pendia para o lado do texto, a desses críticos pendia demais para o lado do leitor. Em vez de "portador do pensamento" do autor, o texto tornava-se uma peça livre e solta, que poderia ser interpretada das mais diversas maneiras por diferentes leitores. O leitor, por sua vez, passava de mero decodificador a agente superpoderoso, capaz de decidir sozinho os sentidos do texto.

Embora essa concepção tenha sido refutada há tempos na linguística e nos estudos literários, muitas pessoas ainda a cultivam, mesmo que não se deem conta disso. É ela que está por trás de comentários do tipo:

> Esta é a *minha* interpretação. Cada um tem a sua, não é?

Não, não é verdade que "cada um tem a sua interpretação". Uma interpretação só será válida se o leitor conseguir justificar, *com elementos do texto*, por que chegou a tal entendimento. Se o "vale-tudo" interpretativo realmente existisse, aprender a interpretar textos seria igualmente dispensável. Afinal, se cada um pode atribuir o sentido que quiser ao texto, para que se dar ao trabalho de estudar como fazê-lo?

Após essa primeira fase de exageros de ambos os lados, a concepção do ato de leitura encontrou uma posição mais equilibrada. Hoje, entende-se a leitura como uma interação entre autor e leitor — uma "dança" em que cada um precisa desempenhar seu papel. O "palco" em que ocorre tal dança é o texto, porque é nele que o autor deixa as pistas e sinalizações para produzir os sentidos que deseja, e é a ele que o leitor deve recorrer para reconstruir tais sentidos. Em outras palavras: hoje a prática da leitura é concebida como uma interação autor-texto-leitor.[1]

[Anotação manuscrita: A responsabilidade pela compreensão do texto não é só do autor, nem só do leitor. Ela é compartilhada entre os dois!]

Logo, **interpretação de texto** é o processo de localizar as pistas e sinalizações deixadas no texto pelo autor e atribuir-lhes significado. Durante esse processo, o

- Saiba mais

> Muito do que hoje sabemos sobre os aspectos cognitivos da leitura deve-se ao trabalho da psicolinguística — um campo de saber que, como o nome indica, se encontra a meio caminho entre a psicologia e a linguística. A princípio, as pesquisas concentravam-se na leitura de textos em língua estrangeira; no Brasil, o foco era ajudar os alunos a compreender textos em inglês. Logo se notou, porém, que as descobertas se aplicavam também à leitura em língua materna. Uma pioneira nesse sentido foi a professora da Universidade de Campinas (Unicamp) Mary Kato, que em 1985 lançou o livro *O aprendizado da leitura*, apresentando aos professores brasileiros as estratégias de leitura e outras inovações oriundas da psicolinguística. Docentes da mesma instituição, Angela Kleiman e Ingedore Villaça Koch também deram importantes contribuições ao ensino da leitura no Brasil. Por fim, não poderíamos deixar de citar a pesquisadora espanhola Isabel Solé, autora de *Estratégias de leitura*, obra seminal na área. Neste capítulo, buscamos reunir e apresentar a você, de modo didático, os principais ensinamentos dessas autoras.

leitor executa certas operações mentais denominadas **estratégias de leitura**. Conforme antecipamos na introdução deste capítulo, em geral a pessoa não se dá conta de que está executando tais operações; mas, com base em pesquisas de psicólogos e linguistas, hoje sabemos que tomar consciência delas contribui para torná-las mais eficientes.

É isso que você vai fazer na próxima seção, em que conhecerá melhor as estratégias de leitura que *já* utiliza em seu dia a dia. Temos certeza de que, após analisá-las e refletir sobre elas, você passará a ler com "outros olhos".

• • •

• • • Seção 2   Estratégias de leitura

Como você perceberá nesta seção, é difícil delimitar com clareza as estratégias de leitura. Em geral, elas dependem umas das outras e são utilizadas praticamente ao mesmo tempo. Portanto, a tentativa de classificá-las e defini-las, como vamos fazer aqui, é apenas uma aproximação didática.

Feito esse esclarecimento inicial, vamos conhecer as mais importantes estratégias de leitura já detectadas pelos estudiosos. Como mostra a Figura 4.1, há cinco principais — estabelecimento de objetivos, seleção, antecipação, inferência e verificação. Durante a seleção, os leitores lançam mão, ainda, de duas estratégias auxiliares, o *scanning* e o *skimming*. E, ao longo de todo o processo, entra em jogo uma última estratégia de leitura: a ativação dos conhecimentos prévios. Os tópicos a seguir detalharão tudo isso.

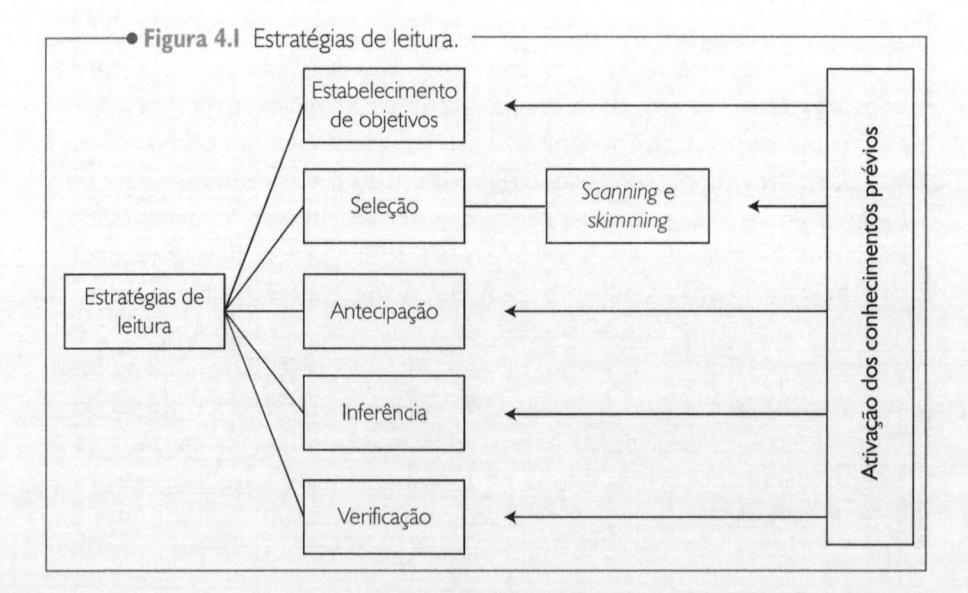

• **Figura 4.1** Estratégias de leitura.

Estabelecimento de objetivos

Quando lemos por interesse próprio — e não porque alguém ou alguma circunstância nos obriga a fazê-lo —, não temos dificuldade alguma com o **estabelecimento de objetivos**. Imagine, por exemplo, que você esteja na sala de espera de um médico e comece a ler o jornal enquanto aguarda ser atendido. Se você abre o caderno de classificados de automóveis, rapidamente estabelece um objetivo: saber quanto está valendo um modelo de seu interesse. Se abre o caderno de esportes, o objetivo talvez seja saber o placar do último jogo de seu time. Se começa a ler o horóscopo, certamente está atrás das previsões para seu signo. E se, depois da consulta, você compra o remédio receitado pelo médico e começa a ler a bula, o objetivo é informar-se sobre o modo de ação e os efeitos colaterais do medicamento.

Enfim, quem lê por vontade própria geralmente sabe de que tipo de informação está atrás. No entanto, existem várias situações em que as responsabilidades da vida estudantil ou profissional nos "obrigam" a ler textos que, em outras circunstâncias, não nos interessariam. E é aí que começam os problemas.

Imagine, por exemplo, que você tenha acabado de ser admitido em um emprego e, logo na primeira semana, o supervisor peça que você leia alguns contratos da empresa com fornecedores. Qual será o objetivo dessa leitura? Buscar irregularidades? Usar os preços atuais como base de negociação com outros fornecedores? Verificar se os serviços estão sendo prestados de acordo com o que foi estabelecido em contrato? Se o supervisor não especificar a finalidade, seu trabalho ficará prejudicado, porque, quando não temos objetivos de leitura, não sabemos que tipo de informação procurar.

Até alguns anos atrás, a leitura sem objetivos era bastante comum nas escolas: os professores simplesmente pediam que os alunos abrissem o livro na página tal e lessem o texto tal. Os pobres estudantes ficavam perdidos — assim como você ficaria diante dos contratos do exemplo — e, é claro, tinham grande dificuldade para compreender o que liam.

Hoje, felizmente, professores de todas as disciplinas estão mais conscientes dessa estratégia de leitura. Agora, antes de pedir que os alunos leiam determinado texto, eles propõem algumas perguntas que devem ser respondidas ao final. Por exemplo: "Segundo o texto, quais fatores mais contribuíram para o 'milagre econômico' brasileiro?" ou "Que ponto de vista o autor defende sobre a redução da maioridade penal? Quais argumentos ele apresenta para sustentar esse ponto de vista?" Assim, o estudante já se dirige ao texto com aquelas metas em mente e sabe melhor que tipo de informação buscar.

Na terceira parte deste livro, dedicada às práticas de leitura e escrita na academia, veremos como estabelecer objetivos é fundamental para ler com mais eficiência artigos acadêmicos, ensaios e outros textos típicos da esfera universitária. Em geral, esses textos fornecem a "matéria-prima" para que produzamos nossos próprios resumos, resenhas e monografias. Portanto, se soubermos definir claramente qual tipo de "matéria-prima" queremos, será bem mais fácil achar e compreender as informações.

Seleção

A estratégia de **seleção** está intimamente ligada ao estabelecimento de objetivos. Afinal, ela consiste em separar, no texto, os trechos que mais interessam daqueles que podem receber menos atenção ou mesmo ser "pulados". Ora, isso só é possível se estabelecermos objetivos específicos para a leitura. No exemplo que demos dos contratos, você não saberia selecionar as informações relevantes, já que não tinha ideia do que estava procurando.

Durante o processo de seleção, os leitores costumam lançar mão de duas estratégias de leitura rápida conhecidas por nomes em inglês:

- *Scanning* (escaneamento ou varredura) — assim como os detectores de metais nas entradas dos bancos "varrem" o corpo da pessoa em busca de armas ou outros objetos metálicos, ao realizar um *scanning* o leitor "varre" o texto em busca de uma informação específica. Por exemplo: ao chegar à seção de horóscopo do jornal, você "passa os olhos" rapidamente pela página até encontrar seu signo.

- *Skimming* — você sabe o que é uma escumadeira? É uma espécie de colher grande e chata, cheia de furos, que se passa sobre a superfície de um líquido para retirar resíduos, espuma, nata etc. Em inglês, a ação de passar a escumadeira sobre um líquido chama-se *skimming*. Só por essa indicação, você já deve estar imaginando que, na leitura, a técnica de *skimming* está relacionada a "filtrar" algo do texto lido ou coletar algumas informações superficiais. E é isso mesmo: o *skimming* representa um passo além do *scanning*, pois, em vez de buscar uma informação pontual, o leitor tenta saber um pouco mais sobre o texto, geralmente com a intenção de decidir se vale a pena lê-lo de maneira mais detalhada.[2] Você realiza um *skimming* quando abre um portal de notícias da Internet e examina manchetes, fotos e legendas até decidir em quais chamadas vale a pena clicar. Em uma livraria, você está fazendo *skimming* quando lê os títulos dos livros na prateleira, seleciona um deles, apanha-o e lê a quarta capa, as orelhas, o sumário e mesmo o início de alguns parágrafos para verificar se vale a pena comprá-lo.

Antecipação

Embora todas as estratégias de leitura tenham seu valor, não é exagero dizer que a **antecipação** — também conhecida como **formulação de hipóteses** — é a mais importante delas. Para entender por quê, recorde como definimos a interpretação de texto no início deste capítulo: ela é o processo de localizar as pistas e sinalizações deixadas no texto pelo autor e atribuir-lhes significado.

A palavra *pistas* não foi usada nessa definição à toa. Podemos, de fato, comparar o leitor habilidoso a um bom detetive, capaz de antecipar informações ou formular hipóteses a partir de pequenas pistas. Assim como o famoso personagem Sherlock Holmes podia imaginar a origem ou ocupação de uma pessoa apenas observando sua roupa ou seu jeito de andar, nosso "detetive de textos" consegue antecipar os significados da mensagem apenas examinando certos vestígios — detalhes que passariam despercebidos a um leitor inexperiente.

Nosso objetivo neste tópico será, portanto, "abrir seus olhos" para as pistas que todo texto oferece. Trata-se de elementos que estão presentes em tudo que você lê, mas aos quais talvez ainda não tenha dado a devida atenção. Ao fim da jornada, você terá examinado as pistas mostradas na Figura 4.2.

Figura 4.2 Pistas que o "detetive de textos" deve examinar.

Veículo

Este é o primeiro dado que você precisa levantar sobre o texto: onde ele está escrito? Um *outdoor*, uma carta, uma revista para adolescentes, uma revista para mulheres maduras, um jornal conservador, um rótulo de vinho, uma embalagem de remédio — cada um desses **veículos** ou **suportes** nos permite formular uma série de hipóteses sobre os textos nele publicados.

Se você tiver o veículo em mãos, ótimo. Extraia o máximo de informações que puder. Por exemplo: em um jornal, analise em que local está o texto. No caderno principal? No caderno de economia, cultura, esportes? No suplemento literário, infantil, feminino? Em uma coluna fixa? Nesse caso, qual o nome da coluna, quem a assina e que tipos de texto ela costuma publicar? Em caso de reportagens, o texto em questão é o principal ou apenas um complemento, talvez delimitado por um quadro?

Há situações em que você não tem o veículo original em mãos — por exemplo, você está prestando um concurso público e tem de interpretar um texto transcrito na prova. Nesse caso, analise com cuidado a fonte, isto é, a **referência bibliográfica**.

Imagens e outros elementos gráficos

O leitor ingênuo acredita que as imagens e o *design* gráfico servem somente para ilustrar ou "enfeitar" o enunciado. Já o bom detetive de textos sabe que a linguagem não verbal contribui decisivamente para a construção de significados.

Imagine, por exemplo, uma notícia sobre um confronto entre camelôs e policiais. Se o repórter quiser favorecer a causa dos camelôs, vai selecionar uma foto em que um deles esteja apanhando de um policial. Se, ao contrário, quiser denegrir o movimento dos ambulantes, vai escolher uma foto em que um deles esteja atirando uma pedra na polícia ou cometendo algum ato de vandalismo.

Os desenhos tampouco são neutros — aliás, nada é neutro na comunicação. Preste atenção em cores, grafismos, formato e tamanho das letras... Qual aspecto se quis dar ao texto? Descontraído, sério, elegante, romântico, sensual? A análise dos elementos gráficos fornece-nos preciosas pistas sobre o tema e a abordagem do texto.

Autoria

Na seção "Atividades" do Capítulo 1, nós lhe propusemos o seguinte exercício:

Considere o enunciado a seguir:

> Este medicamento não possui contraindicações.

Explique como seu significado mudaria, caso ele fosse pronunciado por:
a) um médico que faz pesquisas patrocinadas pela fabricante do remédio;
b) uma agência de saúde independente;
c) uma dona de casa que toma o remédio há muitos anos.

Nesse exercício, sua tarefa era justamente *formular hipóteses a partir da autoria*. Conforme vimos naquele capítulo, o significado do que se diz ou se escreve não depende apenas das sequências de letras e palavras, mas também do lugar social ocupado pelos interlocutores. Por conta disso, a autoria é uma das pistas mais importantes para colocarmos em prática a estratégia da antecipação.

Apenas observando o nome da pessoa ou entidade que assina um texto, você pode antecipar qual será:

- *O tema* — tente adivinhar sobre qual assunto cada uma destas pessoas escreveria: Paulo Coelho, Miriam Leitão, Juca Kfouri, Rubens Barrichello.
- *A abordagem* — em uma revista, você encontra dois textos com o mesmo título: "A dieta que realmente funciona". Um deles está assinado por Drauzio Varella, o outro, por Jô Soares. Qual deles você acha que abordará o tema de maneira técnica e séria?
- *O ponto de vista* — novamente, você está diante de dois textos com o mesmo título: "Saiba tudo sobre a soja transgênica". Um é assinado pelo Greenpeace, o outro, pela Monsanto. Em qual deles você acha que encontrará argumentos favoráveis ao grão geneticamente modificado?
- *O grau de confiabilidade das informações* — conforme veremos na terceira parte deste livro, esse aspecto é fundamental no meio acadêmico. Imagine, por exemplo, que você esteja preparando uma monografia para um curso de administração: onde você acha que encontrará informações mais confiáveis — em um livro de Peter Drucker ou em um artigo escrito por um aluno de iniciação científica?

Como você deve ter percebido por esses exemplos, para formular hipóteses adequadas sobre o texto a partir de sua autoria, precisamos estar bem informados sobre a atuação de pessoas e entidades. Se você não souber quem é Peter Drucker ou o que produz a Monsanto, de nada valerão as pistas.

Mesmo que você esteja bem informado, sempre haverá situações em que o autor lhe é totalmente desconhecido. Nesse caso, o primeiro passo é tentar levantar informações sobre ele. Essas informações muitas vezes são fornecidas pelo próprio veículo em que o texto foi publicado: nas matérias assinadas de revistas e jornais, por exemplo, costuma aparecer um minicurrículo do autor ao lado de seu nome. Nos livros, em geral há informações sobre os autores na quarta capa ou nas orelhas. E, no caso dos textos encontrados na Internet, a pesquisa é ainda mais fácil: basta copiar e colar o nome do autor na barra de busca para logo descobrir tudo sobre ele.

Data e lugar

O ser humano é fruto de seu tempo. Grandes autores do passado, como Monteiro Lobato, Júlio Verne ou Gilberto Freyre, escreveram linhas que hoje seriam consideradas racistas ou xenófobas; contudo, em sua época, elas apenas refletiam o pensamento predominante. Daí a importância de levar em conta o contexto histórico ao interpretar textos.

Saiba mais

Hoje em dia, a Internet é a mais ampla e prática fonte de informações. Há, porém, dois alertas a fazer sobre os textos encontrados on-line — e ambos estão relacionados à formulação de hipóteses com base na autoria. O primeiro diz respeito aos **textos apócrifos**, isto é, aqueles cuja autoria é falsamente atribuída a determinada pessoa. Volta e meia, recebemos por e-mail ou encontramos na Web textos "assinados" por médicos, cientistas e escritores famosos. Com a mesma frequência, esses supostos autores precisam vir a público esclarecer que jamais escreveram tais textos. Para que você não se torne mais um leitor enganado por essas falsas atribuições de autoria e, muito menos, um propagador de textos apócrifos, o único jeito é ir atrás do veículo original: textos compostos por cientistas e escritores renomados dificilmente circulam apenas na Internet; em geral, eles são publicados em periódicos científicos ou livros e, somente depois, transcritos no meio virtual.

O segundo alerta diz respeito à própria ausência de autoria. Na Internet qualquer um pode manifestar-se anonimamente — e, portanto, sem assumir a responsabilidade por inverdades ou erros veiculados em sua mensagem. Também é comum que pessoas copiem textos alheios em *blogs* e *sites* pessoais e "apaguem" a autoria original. Portanto, quando encontrarmos na Internet (ou em qualquer outro local, é claro) um texto sem autoria definida, a hipótese mais importante que poderemos formular a respeito dele é: suas informações não são confiáveis, pelo menos enquanto não conseguirmos determinar exatamente quem é seu autor e de que *lugar social* ele está falando.

Sabendo a época em que determinado texto foi escrito — e conhecendo um pouco de história, é claro —, podemos deduzir muito sobre ele. Vamos ver como andam seus conhecimentos de história geral? Relacione as ideias da esquerda com os períodos da direita:

O lema é paz e amor. Diga não à guerra e expanda as fronteiras da sua consciência usando alucinógenos.	Décadas de 1890 a 1910
Com a globalização e a Internet, o planeta todo ficou ao alcance da mão. O problema é que não estamos cuidando bem dele. Destruição do ambiente é o tema principal.	1945 a 1989
Culto à modernidade, à técnica, à ciência. Automóveis, indústrias e arranha-céus são exaltados como símbolos de uma nova época.	1965 a 1979
Duas grandes potências se enfrentam. Espionagem, corrida espacial e guerra ideológica são temas em evidência.	Décadas de 1990 a 2010

O lugar não é menos importante. Se as diferenças culturais já são grandes dentro de um mesmo país, como no Brasil, imagine de um povo para outro. Portanto, se estiver diante de um texto escrito por autor estrangeiro, tente descobrir o máximo sobre sua origem e cultura.

Gênero textual

Leia os fragmentos a seguir.

São Paulo, 15 de março de 2012.

Às
Indústrias Reunidas Ltda.
A/C Sra. Fernanda Busato

Prezados senhores.
   Vimos por meio desta informar [...]

Era uma vez, em um reino muito distante, uma linda princesa chamada Clara. [...]

Bandidos explodem caixa eletrônico em Quiterianópolis
Os assaltantes fugiram em dois carros, segundo a Polícia. Na ação, um dos veículos colidiu e foi abandonado pelo bando
Um caixa eletrônico do Banco do Brasil foi alvo de bandidos na madrugada desta sexta-feira, 15, em Quiterianópolis, a 417 quilômetros de Fortaleza. Cerca de oito a dez homens armados com fuzis e espingardas participaram da ação. Um vigilante foi rendido. [...][3]

Qual desses fragmentos foi extraído de uma notícia? Qual foi tirado de um conto de fadas? E qual veio de uma carta comercial?

Certamente, você não teve a menor dificuldade para responder a essas perguntas. O que o ajudou foi uma das características da comunicação humana que estudamos no Capítulo 1: ela obedece a padrões relativamente estáveis. Lembre que, embora nossas mensagens necessitem trazer algum grau de novidade para serem informativas, elas também precisam seguir algum paradigma, senão nosso interlocutor não as entenderá.

Além de garantir o entendimento da mensagem, a existência de padrões poupa um tempo imenso na comunicação. Imagine se, a cada vez que alguém precisasse enviar uma carta comercial, tivesse de pensar em como organizar as ideias no papel, como se dirigir ao destinatário, qual nível de linguagem adotar... O preparo de uma simples carta consumiria dias e dias de pesquisa e reflexão!

Não é de estranhar, portanto, que ao longo dos séculos todas as sociedades tenham desenvolvido **gêneros textuais** — isto é, "modelos" de enunciados, relativamente estáveis, que usamos todos os dias para interagir uns com os outros. Carta comercial, conto de fadas e notícia são exemplos de gêneros textuais. Também poderíamos citar: romance, bilhete, reportagem, horóscopo, história em quadrinhos, receita culinária, bula de remédio, lista de compras, cardápio de restaurante, manual de instruções, boletim de ocorrência, edital de concurso, fichamento, resenha, *post*. Esses são exemplos de gêneros que costumam ser encontrados na comunicação escrita, mas também existem gêneros tipicamente orais: telefonema, sermão, aula, reunião de condomínio, conversação espontânea.[4]

A relativa estabilidade que caracteriza os gêneros textuais repousa basicamente sobre seis aspectos, conforme mostra a Figura 4.3:

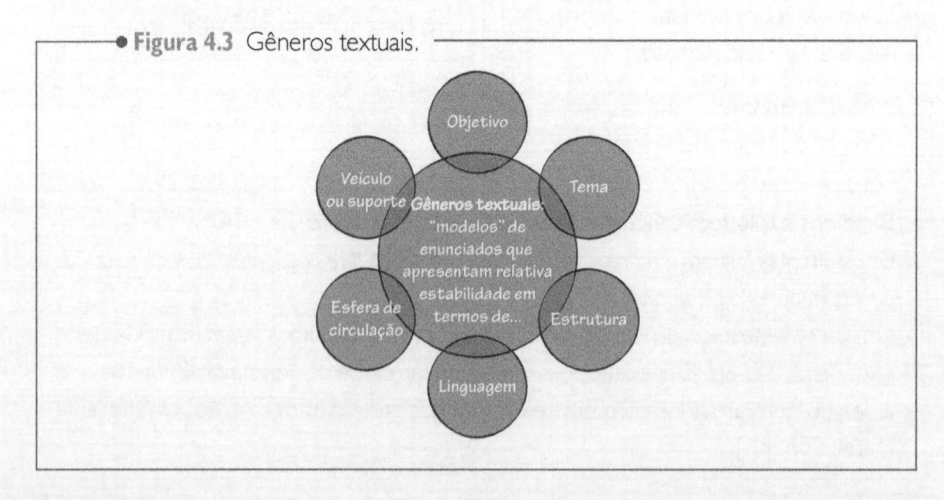

Figura 4.3 Gêneros textuais.

Gêneros textuais: "modelos" de enunciados que apresentam relativa estabilidade em termos de...
- Objetivo
- Tema
- Estrutura
- Linguagem
- Esfera de circulação
- Veículo ou suporte

- *Objetivo* — o enunciador escolhe o gênero de acordo com sua intenção. Se você quer vender uma bicicleta, compõe um anúncio; se quer fazer alguém rir, conta uma piada; se quer entender melhor e memorizar um texto lido, faz um fichamento.
- *Tema* — aventuras vividas por príncipes e princesas em reinos distantes são um tema típico de contos de fadas — mas não de uma carta comercial nem de uma notícia, é claro.
- *Estrutura* — a estrutura é a distinção mais visível entre os gêneros. Quando estamos diante de um texto que se inicia com lugar e data, depois traz o nome do destinatário e uma saudação (como "Prezados senhores") e, no fim, apresenta o nome e a assinatura do responsável, não temos dúvida de que estamos diante de uma carta. Se, por outro lado, encontramos um texto dividido em duas partes — ingredientes e modo de preparo —, sabemos que se trata de uma receita culinária.
- *Linguagem* — conforme vimos no Capítulo 2, nossa linguagem varia conforme o grau de formalidade da situação. A opção por um registro mais formal ou informal está intimamente relacionada ao gênero: o uso de gírias e termos coloquiais é inadequado em uma carta comercial, mas pertinente (e esperado) em um *post* colocado em um *site* de relacionamento, por exemplo. Além do nível de linguagem mais formal ou informal, os gêneros textuais geralmente se caracterizam por certas *fórmulas linguísticas* típicas. Pense, por exemplo, em que gêneros você esperaria encontrar estas frases:

Excelentíssimo Senhor Doutor Juiz de Direito da Vara Criminal da Comarca de Barueri [...].

Mantenha em local seco e arejado.

Alô?

Cidadãos do meu país!

- *Esfera de circulação* — a notícia e a reportagem são gêneros típicos da esfera jornalística; o discurso, o panfleto e o "santinho" são típicos da esfera política; já os artigos acadêmicos, as teses, as dissertações, as monografias e as conferências são gêneros da esfera acadêmica ou científica.

> **Saiba mais**
>
> Não confunda o conceito de gêneros textuais com o de **tipos textuais** — aquelas categorias conhecidas como *narração, argumentação, exposição* ou *descrição*. Os gêneros são modelos concretos de enunciados, escolhidos conforme a situação comunicativa; portanto, eles são tão numerosos quanto são os tipos de evento comunicativo em que o ser humano se envolve. Você já pôde ter uma ideia disso pela grande quantidade de exemplos de gêneros que demos aqui. E isso foi só uma amostra; é possível pensar em inúmeros outros! Já os tipos textuais são poucos, porque dizem respeito à *maneira* de construir o texto, e não existem tantas maneiras assim. Para entender melhor, pense nos textos do tipo narrativo: em geral, existe um narrador que conta uma história com começo, meio e fim. Os fatos são vividos por personagens e normalmente são apresentados em uma sequência cronológica. Essa é a *maneira* de construir os textos do tipo narrativo; com ela, podemos produzir diversos *gêneros narrativos* — conto, romance, biografia, lenda, fábula, piada, notícia, boletim de ocorrência. Vale ressaltar, por fim, que os gêneros em geral não são de um tipo textual só: em um conto de fadas, por exemplo, há muitos trechos narrativos, mas também pode haver trechos descritivos, dialogais, dissertativos. Portanto, quando classificamos um texto como narrativo, na verdade queremos dizer que ele é *predominantemente* narrativo.

- *Veículo ou suporte* — uma última característica relativamente estável em cada gênero é o veículo ou suporte em que ele aparece. O gênero *aviso*, por exemplo, costuma ser veiculado em cartazes ou placas. O bilhete, em papeizinhos ou *post-its*; o romance, em um livro; a reportagem, em revistas e jornais, e assim por diante.

A essa altura, você já compreendeu bem o conceito de gênero textual. Mas qual será sua relação com o tema deste tópico — a estratégia de leitura denominada antecipação ou formulação de hipóteses? Ora, a relação é total; afinal, se os gêneros são modelos *relativamente estáveis* de enunciados, quanto melhor você conhecer suas características, mais facilidade terá para formular hipóteses sobre um texto pertencente a determinado gênero.

Pense, por exemplo, em dois gêneros que circulam na esfera jornalística: a notícia e o artigo. Exceto pelo fato de serem publicados em jornais e versarem sobre temas da atualidade, esses gêneros são muito diferentes. A notícia é um texto expositivo — sua intenção é informar sobre um acontecimento recente da maneira mais (objetiva) possível. Já o artigo é um texto opinativo — ele defende um ponto de vista por meio de argumentos.

> *A objetividade total não existe, pois é impossível "apagar" as marcas do sujeito na comunicação. No entanto, podemos pensar em uma escala de objetividade, dentro da qual alguns gêneros seriam mais objetivos do que outros.*

Outra diferença marcante diz respeito à autoria: as notícias normalmente não são assinadas, uma vez que o jornal como um todo se responsabiliza por elas; já a autoria dos artigos precisa estar claramente identificada, até porque a opinião neles veiculada nem sempre coincide com a do jornal. Por fim, diferentemente das notícias, os artigos em geral são escritos por pessoas que têm certa autoridade no tema — para efeitos de comparação, podemos dizer que qualquer jornalista iniciante pode redigir uma *notícia* sobre um assalto, mas apenas um sociólogo ou especialista em segurança pública tem autoridade para escrever um *artigo* sobre as causas da violência urbana.

Quem não está acostumado a ler jornais não conhece essas diferenças, por isso corre o risco de formular hipóteses inadequadas quando deparar com um texto pertencente a um desses gêneros. Imagine, por exemplo, que um leitor inexperiente esteja diante de um *artigo* favorável à construção de uma usina hidrelétrica. Para defender sua opinião, o autor lista uma série de benefícios que a usina supostamente trará ao país. Sem saber que o texto representa apenas a opinião *daquele* autor, o leitor ingênuo formula a seguinte hipótese:

> Olha só! Saiu uma (notícia) no jornal falando que a nova usina vai ser ótima para o país. Que bom! E eu posso confiar 100% nessas informações... Afinal, o jornal não ia publicar uma notícia falsa!

> *Lembre que esse leitor não sabe a diferença entre notícia e artigo!*

Percebeu o problema, não é?

Inferência

No Capítulo 1, vimos que um dos princípios que regem a comunicação humana é o da economia: os interlocutores se comprometem a fornecer apenas a quantidade de informação necessária ao entendimento. Na comunicação oral, é fácil lidar com esse princípio: se você estiver dando informações que seu interlocutor já conhece ou se ele já tiver captado a ideia, delicadamente (ou não!) ele vai indicar a você que pode parar de falar. Já na comunicação escrita é mais difícil achar o ponto de equilíbrio entre economia e clareza. O autor precisa fazer um **balanceamento** entre o que precisa ser explicitado no texto e o que pode permanecer implícito.[5]

Para "acertar a mão" nesse balanceamento, o autor precisa estimar corretamente até que ponto seu leitor estará apto a realizar **inferências** — nome que damos à estratégia de leitura usada para recuperar os implícitos do texto (reveja o conceito de implícito no Capítulo 1). A aptidão para fazer inferências está diretamente ligada a última estratégia de leitura — a ativação de conhecimentos prévios —, da qual falaremos logo adiante.

Verificação

Para facilitar a explanação didática, colocamos a **verificação** como a penúltima estratégia de leitura; contudo, é mais acertado dizer que ela participa de todo o processo. Ao executá-la, o objetivo do leitor é checar se a seleção realizada, as hipóteses formuladas e as inferências feitas são, de fato, adequadas.

Não se pode manter uma postura inflexível durante a leitura. É preciso estar a todo tempo monitorando e, se necessário, revisando o processamento do texto. Pense, por exemplo, em uma das situações que propusemos aqui: você está diante de dois textos com o mesmo título, "A dieta que realmente funciona", um assinado por Drauzio Varella, e o outro, por Jô Soares. Nessa situação, você provavelmente formularia a hipótese de que o texto de Drauzio Varella — um médico — aborda o tema de maneira técnica e séria. No entanto, pode acontecer de, ao longo da leitura, você encontrar sinalizações que indicam o oposto: o doutor Drauzio pode ter resolvido escrever um texto bem-humorado e nada técnico sobre dietas.

Nesse caso, você precisaria rever ou refutar sua hipótese inicial. Recomendamos que você tome máximo cuidado com esse aspecto, pois a "teimosia" do leitor, que insiste em manter suas hipóteses iniciais mesmo quando o texto apresenta vários sinais contrários a elas, está por trás de inúmeros problemas de interpretação.

Ativação de conhecimentos prévios

Conhecimentos prévios são os conhecimentos que você adquiriu ao longo da vida e que carrega para o ato de leitura. Como dissemos no início desta seção, sua ativação é necessária para colocar em prática todas as outras estratégias de leitura. Observe um exemplo: ao abrir a página de horóscopo do jornal, você só é capaz de *selecionar* rapidamente a previsão para seu signo porque sabe que os signos estão dispostos na ordem do zodíaco e conhece, também, o desenho que representa cada um deles. Se você não tivesse conhecimento prévio algum a respeito disso (se nunca tivesse visto a página de horóscopo de um jornal), levaria muito mais tempo para fazer a operação. Quanto à capacidade de fazer *antecipações*, vimos há pouco um exemplo em que a falta de conhecimento prévio sobre dois gêneros textuais — a notícia e o artigo — levou o leitor a formular hipóteses inadequadas.

Contudo, é na hora de fazer inferências que os conhecimentos prévios mais mostram seu valor. Segundo sua natureza, esses conhecimentos podem ser divididos em três grandes categorias,[6] conforme mostra a Figura 4.4: de mundo ou enciclopédicos, linguísticos e interacionais.

Para entender melhor em que consistem esses três tipos de conhecimento prévio e como eles nos ajudam a fazer inferências, vamos examinar um exemplo. Considere a anedota a seguir:

A disputa
Na Idade Média, um rei mandou chamar os maiores arqueiros de seu reino para uma disputa de pontaria.
Chegou o primeiro e pôs uma maçã na cabeça do próprio filho. Atirou uma flecha na direção dele e acertou em cheio a maçã. Orgulhoso da façanha, estufou o peito e exclamou:
— I am Guilherme Tell!
Depois, um segundo arqueiro entrou na arena e, não querendo ficar para trás, também pôs a maçã na cabeça do filho. Atirou a flecha e acertou em cheio a maçã. Enquanto o público delirava, ele se apresentou:
— I am Robin Hood!
De repente aparece um bebum com um arco e flecha na mão. Pega um moleque que estava de bobeira por ali, põe a maçã na cabeça dele e atira. Um silêncio percorre a arena... O bêbado havia matado a criança! Sem graça, ele vira para a plateia e diz:
— I am sorry... Hic!

Entendeu a piada? Então, agora vamos examinar o que contribuiu para essa compreensão.

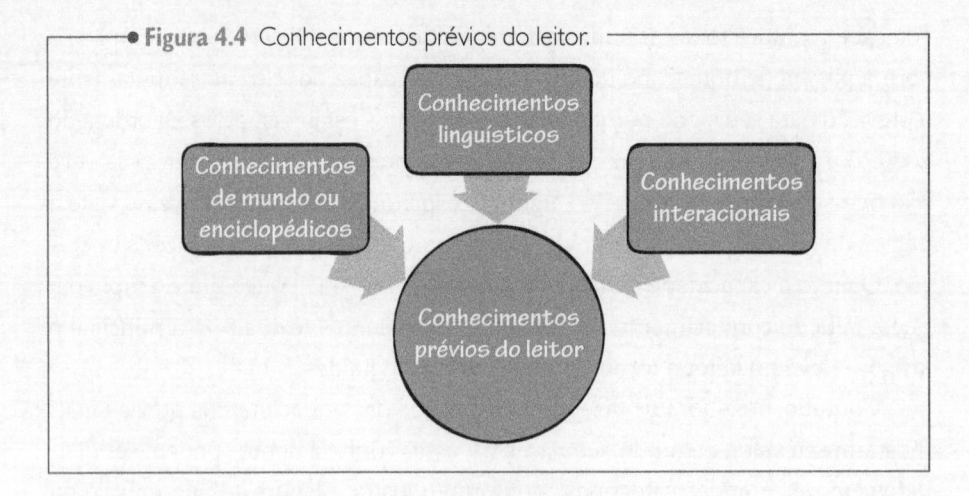

Figura 4.4 Conhecimentos prévios do leitor.

- Conhecimentos linguísticos
- Conhecimentos de mundo ou enciclopédicos
- Conhecimentos interacionais
- Conhecimentos prévios do leitor

Conhecimentos de mundo ou enciclopédicos

Os **conhecimentos de mundo** ou **enciclopédicos** abrangem tudo que você sabe sobre história, geografia, ciência, matemática, música, literatura, línguas estrangeiras, cinema — enfim, sua cultura geral. Para compreender a piada "A disputa", você precisou acionar alguns itens dessa bagagem, como o conhecimento de que:

- na Idade Média, o arco e flecha era uma arma comum e as disputas de pontaria eram frequentes;
- Robin Hood é um personagem dessa época e costuma ser retratado como bom arqueiro;
- a expressão "I am" em inglês pode significar "eu sou" (como em "I am Robin Hood"), mas também "eu estou" (como em "I am sorry" = "Eu estou pesaroso", ou seja, "Eu sinto muito").

Há, ainda, um quarto conhecimento de mundo que poderia ser ativado: a lenda de Guilherme Tell, um herói medieval que foi desafiado por um tirano a acertar uma maçã colocada na cabeça de seu próprio filho — daí a relação estabelecida, na piada, entre esse arqueiro e a maçã. Contudo, como Guilherme Tell não é um personagem tão conhecido quanto Robin Hood, nem todos os leitores contarão com esse conhecimento prévio. Isso não impede, porém, a compreensão da mensagem, porque os outros elementos reconhecidos se encarregam de suprir a lacuna.

Observe que, ao fazer o balanceamento entre economia e clareza, o autor da piada achou que não era necessário explicitar nenhum desses elementos. Ele calculou que o leitor seria capaz de usar seus conhecimentos prévios para inferi-los.

Conhecimentos linguísticos

Os **conhecimentos linguísticos** englobam tudo que você sabe sobre aquelas duas "engrenagens" da língua de que falamos no Capítulo 3: o léxico e a gramática. Em relação ao conhecimento lexical, é claro que, quanto mais palavras de um texto conhecermos, mais fácil será entendê-lo. Imagine o desafio que seria ler um texto técnico de uma área diferente da sua, repleto de vocábulos desconhecidos!

Por outro lado, mesmo quando desconhecemos um termo, podemos inferir seu significado com base em nosso conhecimento gramatical. Aliás, demos um exemplo disso no Capítulo 3 mesmo: você percebeu que conseguia deduzir algo sobre três palavras inventadas — *desfililado, tergusaremos* e *tergusação* — graças a seus conhecimentos prévios de morfologia. Do mesmo modo, na leitura da piada, alguém que não conhecesse a palavra *arqueiro* poderia deduzir seu significado com base no sufixo *-eiro*, que indica "quem lida com algo", como em *ferreiro, jardineiro, leiloeiro*.

No entanto, as contribuições mais decisivas dos conhecimentos gramaticais para o processo de inferência dizem respeito a outras duas operações — são eles que nos permitem inferir, de um lado, as relações lógicas e temporais entre as ideias e, de outro, as modalizações do texto. Vejamos esses dois itens com mais detalhe.

Relações lógicas e temporais entre as ideias

Inferir as relações lógicas e temporais entre as ideias de um texto significa recuperar sua coerência e coesão — dois atributos fundamentais de qualquer texto, sobre os quais falaremos mais no próximo capítulo. Essas relações muitas vezes são estabelecidas por **marcadores** ou **conectivos**, isto é, palavras ou expressões que indicam nexos de ordem:

- **temporal** — Depois, um segundo arqueiro entrou na arena. Enquanto o público delirava, ele se apresentou. De repente aparece um bebum; ou
- **lógica** — Embora estivesse nervoso, Guilherme Tell acertou a flechada. Porém, se errasse, poderia matar o próprio filho.

Podemos fazer inferências observando não apenas esses marcadores mais explícitos, mas também todos os outros mecanismos gramaticais da língua. Observe alguns exemplos:

Os atletas, contundidos, não participaram do amistoso.	→	Inferimos que todos os atletas estavam contundidos.
Os atletas contundidos não participaram do amistoso.	→	Inferimos que apenas alguns atletas estavam contundidos.

Inferência com base na pontuação

O controle e o ajuste (quando necessário) fazem parte do processo.	→	Inferimos que a ressalva entre parênteses diz respeito apenas ao ajuste.
O controle (quando necessário) e o ajuste fazem parte do processo.	→	Inferimos que a ressalva entre parênteses diz respeito apenas ao controle.

Inferência com base na colocação dos termos

O controle e o ajuste (quando necessári<u>os</u>) fazem parte do processo.	→	Neste caso, inferimos que a ressalva diz respeito aos *dois* itens (controle e ajuste).

Inferência com base na concordância

Modalizações

As **modalizações** são marcas linguísticas que expressam as intenções e pontos de vista do enunciador. Como explica Azeredo,[7] "é por intermédio da modalização que o enunciador inscreve no enunciado seus julgamentos e opiniões sobre o conteúdo do que diz/escreve". O mesmo autor dá alguns exemplos:

- *É possível* que chova no Carnaval. (suposição)
- *Vai chover* no Carnaval. (certeza)
- *Seria conveniente* que essa porta ficasse fechada. (sugestão)
- Essa porta *precisa* ficar fechada. (obrigatoriedade ou necessidade)

Vamos examinar alguns outros casos:[8]

O uso do verbo no futuro do pretérito indica incerteza — ou seja, não se pode afirmar categoricamente que Guilherme Tell viveu nessa região.

Guilherme Tell **teria** vivido no cantão de Uri, na atual Suíça.

*O uso das aspas indica ironia. O enunciador quer afirmar exatamente o oposto do que diz — a voz da moça **não** é bonita.*

Após exibir sua "linda" voz no karaokê, Samanta recebeu uma estrondosa vaia.

Neste caso, o uso das aspas pretende diferenciar duas "vozes" — a voz do enunciador e a de uma outra pessoa (o especialista). As aspas indicam que a expressão "atitude desesperada" faz parte da "voz" dessa outra pessoa.

Para especialista, criar toque de recolher é "atitude desesperada".

A violência **estúpida** e **cega** das torcidas me impede de aproveitar um domingo no estádio.

No Capítulo 1, comentamos que, quando a função referencial predomina em um texto, o enunciador evita o uso de palavras com forte carga subjetiva. Aqui, temos justamente exemplos desse tipo de palavra. Nestes casos, o enunciador as utiliza para deixar clara sua opinião sobre o enunciado.

Todos os dias tomo café na Pavelka, padaria **merecidamente** popular.

Conhecimentos interacionais

Além de conhecer a língua em si, você precisa conhecer como ela é usada, isto é, como as pessoas *interagem* por meio da linguagem. Refere-se a esse aspecto a última categoria dos conhecimentos prévios: os **conhecimentos interacionais**.

Eles abrangem, principalmente, os conhecimentos sobre os gêneros textuais e sobre a intenção do enunciador ao usar cada um deles. No caso do texto "A disputa", por exemplo, ao saber que se tratava de uma piada, você ativou seu conhecimento prévio relativo a esse gênero textual; assim, pôde inferir que a intenção do enunciador era provocar o riso e atribuiu significados ao texto levando

• Saiba mais

Há uma curiosidade a respeito da piada que demos como exemplo nesta seção: ela traz duas incoerências — a primeira é que, se Guilherme Tell realmente existiu, ele viveu em uma região onde se fala alemão, e não inglês; a segunda é que ele jamais poderia ter se encontrado com Robin Hood, já que eles viveram em séculos diferentes. No entanto, essas incoerências não prejudicam a compreensão, porque o leitor *sabe* que as piadas não precisam ter rigor técnico. Isso também faz parte dos conhecimentos interacionais sobre o gênero textual *piada*.

isso em conta. Se, em vez disso, tivéssemos anunciado que o texto fora extraído de um livro didático de história, você certamente o leria com "outros olhos".

Os conhecimentos interacionais incluem, ainda, a capacidade de interpretar certas marcas convencionais da comunicação, como itálicos, sublinhados, espaçamentos, parênteses, setas. Neste livro, por exemplo, você encontra várias dessas marcas: as setas desenhadas na margem sinalizam os trechos mais importantes; o negrito indica que a palavra destacada consta do glossário on-line; em uma citação, as reticências entre colchetes — [...] — indicam que houve uma supressão e assim por diante.

Resumo

- Interpretação de texto é o processo de localizar as pistas e sinalizações deixadas no texto pelo autor e atribuir-lhes significado.
- Existem cinco principais estratégias de leitura: estabelecimento de objetivos, seleção, antecipação, inferência e verificação. Durante a seleção, os leitores lançam mão, ainda, de duas estratégias auxiliares, o *scanning* e o *skimming*. E, ao longo de todo o processo, entra em jogo uma última estratégia — a ativação dos conhecimentos prévios.
- Todo texto oferece várias pistas que nos permitem formular hipóteses sobre ele. Entre as principais, podemos citar: o veículo em que ele foi publicado, suas imagens e outros elementos gráficos, a autoria, a data e lugar de publicação e o gênero textual a que ele pertence.
- Gêneros textuais são "modelos" de enunciados, relativamente estáveis, que usamos todos os dias para interagir uns com os outros. Essa relativa estabilidade repousa basicamente sobre seis aspectos: objetivo, tema, estrutura, linguagem, esfera de circulação e veículo ou suporte.
- Para compreender um texto, o leitor mobiliza três tipos de conhecimentos prévios: os conhecimentos de mundo ou enciclopédicos, que correspondem a sua cultura geral; os conhecimentos linguísticos, que englobam tudo que ele sabe sobre o léxico e a gramática de sua língua; e os conhecimentos interacionais, que abarcam principalmente os conhecimentos sobre os gêneros textuais e as intenções do enunciador ao usar cada um deles.

Atividades

1. Preencha o quadro com os traços típicos dos gêneros textuais elencados na primeira linha. Se precisar de mais espaço, copie o quadro em uma folha à parte.

	Diário pessoal	Nota fiscal	*Outdoor*	História em quadrinhos
Objetivo				
Tema				
Estrutura				
Linguagem (formal ou informal)				
Esfera de circulação				
Veículo ou suporte				

2. Os conhecimentos de mundo são particularmente importantes para interpretar textos que apresentam intertextualidade — isto é, referências a outro(s) texto(s). O conceito de "texto", nesse caso, é amplo: pode haver referências a filmes, músicas, pinturas, esculturas, histórias em quadrinhos... Quanto mais informado você estiver sobre todas essas formas de arte, mais apto estará a perceber tais referências. Em todos os enunciados a seguir há intertextualidade. Descubra a qual texto cada um deles se refere. Se necessário, pesquise.

   a) "Se alongar ou não? Eis a questão" — título de reportagem publicada no jornal *Folha de S.Paulo* em 18 de outubro de 2010.
   b) "A mão que afaga" — título de artigo de Dora Kramer publicado no jornal *O Estado de S. Paulo* em 16 de julho de 2011.
   c) *Os irmãos Karamabloch* — título de livro lançado por Arnaldo Bloch em 2008.
   d) "Horta também é coisa boa de se ouvir. Ora, direis, ouvir a horta..." — trecho do livro *A música da natureza*, de Rubem Alves.

3. Você acha que seria adequado contar a piada "A disputa" a uma criança de sete anos? Para responder, utilize os conceitos estudados neste capítulo.

4. Na próxima questão, você analisará o fragmento inicial de uma reportagem publicada na revista *Alfa*. Antes de ler, procure essa revista na Internet ou na banca de jornal e responda: qual o perfil do leitor a que ela se dirige? Que hipóteses podemos formular sobre os textos que ela publica?

5. Agora, vamos à leitura da reportagem.

> ### Pais órfãos
> *E se a ex-mulher se mudar para o exterior e ganhar na Justiça o direito de carregar seu filho para um oceano de distância? Ronaldo Bressane conta como ele e outros homens estão encarando esse drama*
>
> Meu filho vem me visitar na prisão. Está feliz o moleque de 8 anos: nunca me pareceu tão radiante, me espanto com seus novos dentões. Por algum tempo esqueço da condição de detento e sua alegria me contamina assim que reinventamos nosso espaço comum, fundado em comentários sobre o Corinthians e em piadas bestas. Ele me mostra desenhos, livros, fotos dos colegas da escola, do futebol. Fala de um jeito esquisito, esquece termos básicos — "Como fala quando uma coisa é mó legal? Ah, é maneiro!", sorri. Pouco a pouco, como ocorre com toda conversa entre um adulto e uma criança mediados por um vidro, a atenção é dispersa, o papo cai na chatice... É que nesse cenário complica brincar de Lego ou jogar futebol, ou discutir as lições de casa, ou partilhar uma refeição, ou contar histórias antes de dormir.
>
> Uma hora depois, a visita de rotina acaba. Nos despedimos. Ele se desmaterializa: desliga o Skype e eu, pluft, volto a ver meu próprio rosto refletido na tela do MacBook. Outra visita, só quando seus compromissos, os meus e as 5 horas de fuso horário permitirem. Essa história se repete desde fevereiro de 2010, quando meu filho se mudou para a Europa, onde reside a nova família da mãe, que se casou com um italiano. [...][9]

a) Ao começar a ler esse fragmento, o leitor é levado a formular uma hipótese sobre a condição do narrador. Que hipótese é essa?
b) No decorrer da leitura, essa hipótese revela-se correta? Por quê?
c) No subtítulo da reportagem (destacado em itálico), há uma indicação de que o texto se dirige a um leitor do sexo masculino. Explique por quê.
d) O narrador conta que, durante a conversa, seu filho "esquece termos básicos". Qual é a explicação para isso? Em qual parte do texto podemos localizá-la?
e) Há uma modalização no título do texto? Em caso positivo, qual indicação ela nos dá sobre a atitude do enunciador perante o tema da reportagem (o fato de mulheres divorciadas levarem os filhos para morar com elas no exterior)?

Notas

1 KOCH, Ingedore Villaça; ELIAS, Vanda Maria. *Ler e compreender*: os sentidos do texto. São Paulo: Contexto, 2009.
2 A referência à escumadeira é feita em: PAIVA, Vera Lúcia Menezes de O. Desenvolvendo a habilidade de leitura. In: _____. (Org.). *Práticas de ensino e aprendizagem de inglês com foco na autonomia*. Belo Horizonte: Faculdade de Letras da UFMG, 2005. p. 129-147.
3 *O Povo*, 15 jul. 2011.
4 MARCUSCHI, Luiz Antônio. *Produção textual, análise de gêneros e compreensão*. São Paulo: Parábola, 2008.
5 KOCH; ELIAS, *op. cit.*
6 KOCH; ELIAS, *op. cit.*
7 AZEREDO, José Carlos de. *Gramática Houaiss da língua portuguesa*. 3. ed. São Paulo: Publifolha, 2010. p. 91.
8 O terceiro exemplo foi extraído de: *Folha Ribeirão*, 17 jul. 2011. O quarto e o quinto foram extraídos, com adaptações, de: CALLIGARIS, Contardo. Qual divisão do país? *Folha de S.Paulo*, 4 nov. 2010.
9 BRESSANE, Ronaldo. Pais órfãos. *Alfa*, fev. 2011. p. 78.

Capítulo 5
A ESCRITA NO DIA A DIA

Objetivos de aprendizagem

Quando terminar o estudo deste capítulo, você deverá ser capaz de:
- Distinguir frase, oração e período.
- Indicar as quatro formas básicas de compor a frase.
- Mencionar a "regra de ouro" para a construção e a extensão das frases.
- Explicar a "fórmula" do parágrafo-padrão.
- Diferenciar generalizações e especificações e explicar como elas se relacionam aos raciocínios dedutivo e indutivo.
- Definir coesão e coerência.
- Indicar os problemas mais comuns de coesão e coerência.

Introdução

Um romance policial que prende o leitor até a última página, um manual de instruções que não deixa dúvida, um anúncio que fascina o consumidor, um e-mail que vai direto ao ponto... Textos com características e objetivos tão diferentes quanto esses podem ser considerados igualmente bons. O que eles têm em comum?

Certamente, um bom texto é mais do que uma sequência de frases bem escritas. Ele também deve apresentar coesão, coerência e adequação ao contexto, entre outros atributos. Por outro lado, não se pode negar que tudo começa com frases bem escritas. E é exatamente por essa unidade mínima do texto — a frase — que começaremos nosso estudo. Depois, aos poucos, vamos afastar nossa lente, primeiro para o parágrafo e finalmente para o texto como um todo.

Conteúdo do capítulo

Seção 1 A frase
Seção 2 O parágrafo
Seção 3 Coesão e coerência
Seção 4 Como melhorar o texto: técnicas de revisão

••• Seção 1   A frase

Vamos começar este capítulo recordando três noções elementares: frase, oração e período.

Frase é um enunciado dotado de sentido completo. Na fala, ela é marcada por uma entonação específica; na escrita, é encerrada por ponto (final, de interrogação ou de exclamação) ou por reticências. Veja alguns exemplos de frases:

Mãos ao alto!	Bom dia, senhores.
Cada macaco no seu galho.	Onde fica o banheiro?
A reunião foi marcada para as 11 horas.	
O professor avisou que a reunião foi marcada para as 11 horas.	

Como você percebe por esses exemplos, as frases podem ou não conter verbo. As frases que não contêm verbo — "Mãos ao alto!", "Bom dia, senhores.", "Cada macaco no seu galho." — são chamadas de **frases nominais**.

As frases que contêm verbo são chamadas de **períodos**. Cada segmento de um período organizado em torno de um verbo ou locução verbal chama-se **oração**. Um período pode estar formado por uma única oração — nesse caso é chamado de **período simples** — ou por duas ou mais orações — nesse caso recebe o nome de **período composto**.

Uma locução verbal é uma expressão formada por um verbo auxiliar (ter, ser, estar, haver, andar, viver etc.) + um verbo principal, que concentra o significado da locução. Por exemplo: foi marcada, vamos jantar, andei emagrecendo.

Observe:

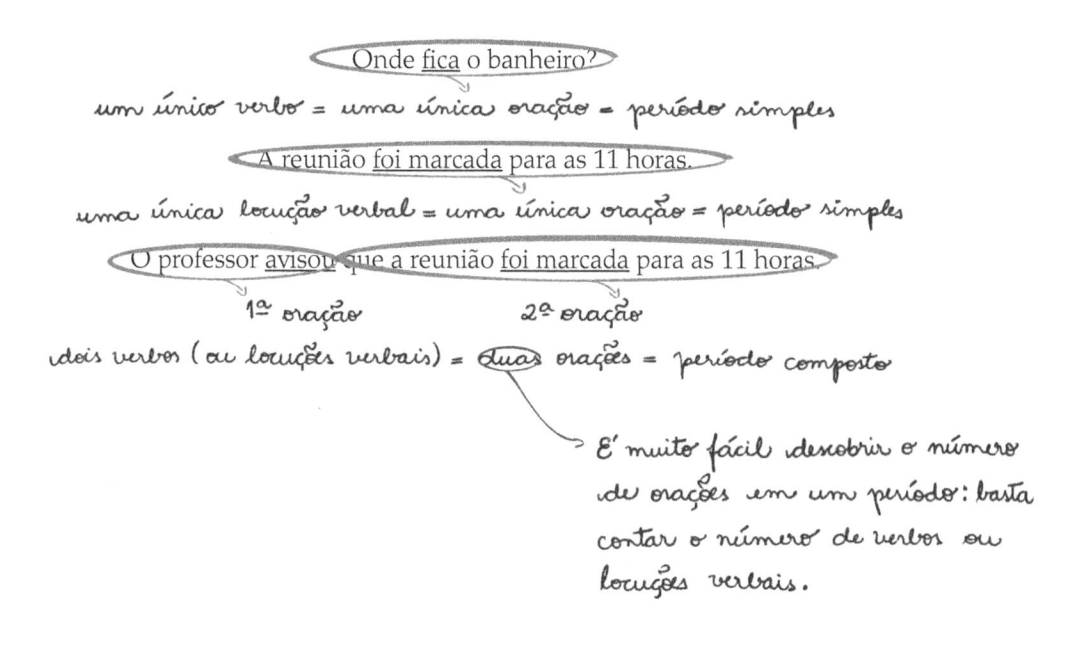

> Onde fica o banheiro?

um único verbo = uma única oração = período simples

> A reunião foi marcada para as 11 horas.

uma única locução verbal = uma única oração = período simples

> O professor avisou que a reunião foi marcada para as 11 horas.
> 1ª oração   2ª oração

dois verbos (ou locuções verbais) = duas orações = período composto

> É muito fácil descobrir o número de orações em um período: basta contar o número de verbos ou locuções verbais.

A Figura 5.1 resume os conceitos que acabamos de explanar.

Figura 5.1 Frase, oração e período.

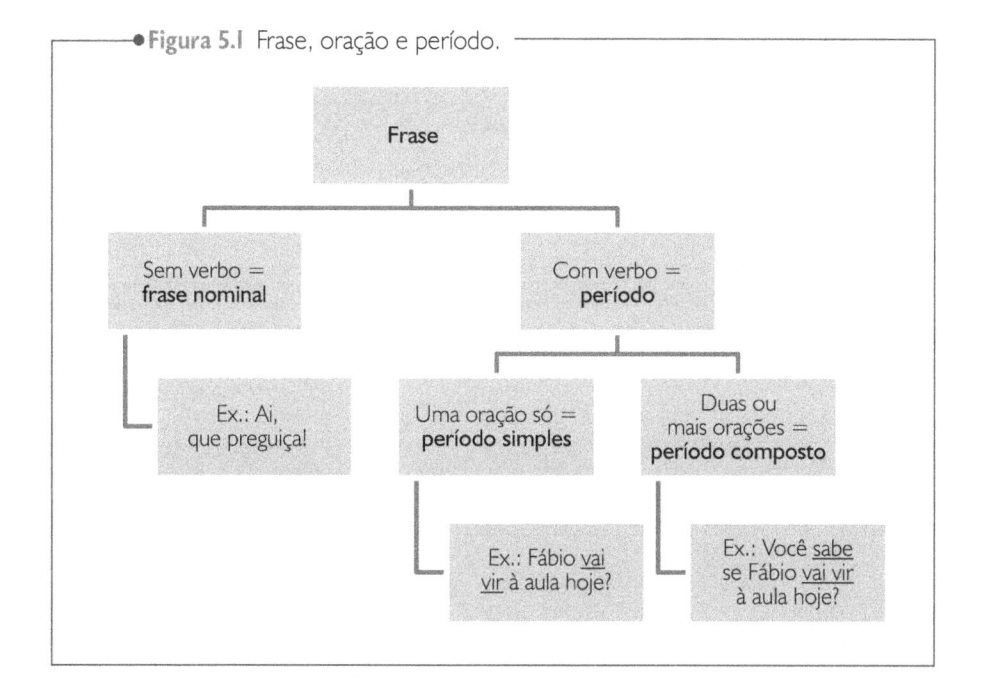

- Frase
  - Sem verbo = **frase nominal**
    - Ex.: Ai, que preguiça!
  - Com verbo = **período**
    - Uma oração só = **período simples**
      - Ex.: Fábio vai vir à aula hoje?
    - Duas ou mais orações = **período composto**
      - Ex.: Você sabe se Fábio vai vir à aula hoje?

Construção do período: coordenação e subordinação

O período composto pode ser organizado de duas maneiras: por coordenação ou por subordinação. Vamos relembrar esses conceitos.

Coordenação

De acordo com a definição tradicional, o **período composto por coordenação** é aquele em que as orações são independentes, isto é, podem ser compreendidas separadamente. Além disso, elas têm valor sintático idêntico: dentro do período, nenhuma é mais importante que a outra.

Elas podem estar simplesmente justapostas, sem a intermediação de uma conjunção: "Vão-se os anéis, ficam os dedos". Ou, então, podem estar unidas por uma **conjunção coordenativa**: "Vão-se os anéis, mas ficam os dedos". Nesse caso, a conjunção confere determinados significados ao período, como a ideia de oposição, adição, alternância etc.

Subordinação

Nos **períodos compostos por subordinação**, as orações são dependentes — não podem ser compreendidas separadamente. Uma delas, chamada de **oração subordinada**, completa o sentido da outra, a **oração principal**. Veja:

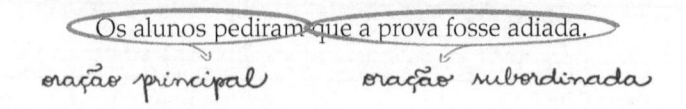

Os alunos pediram / que a prova fosse adiada.
oração principal — *oração subordinada*

A oração "Os alunos pediram", sozinha, ficaria incompleta — pediram o quê? Nesse exemplo, a oração subordinada atua como um *objeto direto* da principal:

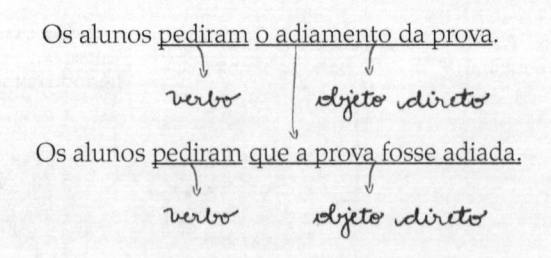

Os alunos pediram o adiamento da prova.
verbo — *objeto direto*

Os alunos pediram que a prova fosse adiada.
verbo — *objeto direto*

A função de objeto direto é apenas uma das que a oração subordinada pode exercer em relação à principal. Ela também pode funcionar como (objeto indireto), sujeito, predicativo do sujeito, adjunto adverbial, adjunto adnominal etc. Em todos esses casos, como a oração subordinada está exercendo a função de um termo da principal, ela é considerada hierarquicamente inferior a esta.

Outra característica inconfundível da oração subordinada é que ela (sempre) se liga à principal por meio de uma **conjunção subordinativa**. Isso só não acontece quando ela está na forma reduzida (veja o boxe "Saiba mais" na página 137).

No Quadro 5.1, você pode recordar todos os tipos de períodos compostos por coordenação e subordinação.

Você se lembra desses nomes todos? Eles são os termos da oração. Na revisão de análise sintática apresentada no Companion Website deste livro, você pode recordar esses e outros conceitos.

Às vezes, a conjunção do período composto por subordinação pode ficar elíptica (subentendida). Por exemplo: "Seríamos mais felizes, fôssemos menos ambiciosos". (Está subentendida a conjunção se = "Seríamos mais felizes, se fôssemos menos ambiciosos".)

Quadro 5.1 Tipos de períodos compostos.

Período composto por coordenação	
Coordenação assindética (sem conjunção)	
Acordou, levantou, olhou o mar, sorriu.	
Coordenação sindética (com conjunção)	
	Ideia expressa pela conjunção
Olhou o mar e sorriu.	adição
Ou você pede o divórcio, ou nunca mais me vê!	alternância
Este prédio balança, mas não cai.	oposição
Não fui à festa, pois não me convidaram.	explicação
Penso, logo existo.	conclusão

Período composto por subordinação

Orações subordinadas substantivas

Exercem, em relação à oração principal, as mesmas funções que um *substantivo* pode exercer; por exemplo: função de sujeito, objeto direto, objeto indireto, aposto etc.

	Função exercida pela subordinada
É mentira *que fiz fofoca sobre seu namoro*.	sujeito
Respondi *que não quero saber de suas confusões*.	objeto direto
Às vezes me esqueço *de que você é casada*.	objeto indireto
Tenho certeza *de que ele é o candidato ideal*.	complemento nominal
A verdade é *que não sei cozinhar*.	predicativo do sujeito
Você precisa saber disto: *que a velhice chega para todos*.	aposto
O carro poderá ser usado *por quem quiser*.	agente da passiva

Orações subordinadas adjetivas

Exercem, em relação à oração principal, a mesma função que um *adjetivo* pode exercer — ou seja, a função de adjunto adnominal.

	Relação com o antecedente
Os alunos, *que jogavam xadrez muito bem*, aceitaram o desafio.	explicativa (refere-se ao antecedente como um todo)
Os alunos *que jogavam xadrez muito bem* aceitaram o desafio.	restritiva (refere-se apenas a uma parte do antecedente)

Orações subordinadas adverbiais

Exercem, em relação à oração principal, a mesma função que um *advérbio* pode exercer — ou seja, a função de adjunto adverbial.

	Ideia expressa pela conjunção
Como chovia muito, achei melhor não sair.	causa
Embora corra rápido, o novo jogador é péssimo na finalização.	concessão
Se você for embora, cometerei uma loucura.	condição
Fez sinal *para que eu entrasse à direita*.	finalidade
Quando a atriz chegou, já havíamos saído do teatro.	tempo
Estava tão eufórico *que nem pensou nas dificuldades*.	consequência
Ele é menos inteligente *do que eu pensava*.	comparação
Conforme a nutricionista explicou, devemos evitar os alimentos gordurosos.	conformidade
À medida que o trem avançava, a paisagem se tornava mais desolada.	proporcionalidade

• Saiba mais

As orações subordinadas que apresentamos no Quadro 5.1 são **desenvolvidas**, isto é, apresentam o verbo flexionado no modo indicativo ou no subjuntivo. Mas as orações subordinadas também podem ser **reduzidas** — isso ocorre quando seu verbo está flexionado em uma das seguintes **formas nominais**:
- **gerúndio** — Chegando à garagem, logo vi o fusca. (= Quando cheguei à garagem);
- **infinitivo** — Meu maior desejo é dormir. (= que eu durma);
- **particípio** — O rapaz, já vestido para a balada, ficou frustrado por não poder sair. (= que já estava vestido para a balada)

Como você percebe, na forma reduzida as orações subordinadas não são ligadas por conjunção à oração principal.

As diferentes formas de compor as frases: aplicação prática

Pronto! Você acaba de recordar boa parte do que aprendeu no ensino básico sobre composição de frases. Isso é importante para lhe fornecer um instrumental teórico, mas não é o suficiente para o propósito deste livro — que não é torná-lo um *expert* em nomenclatura gramatical, e sim ajudá-lo a se comunicar melhor. Para atender a esse propósito, preferimos propor uma perspectiva mais funcional.

A pergunta é: como poderíamos lidar com as formas de composição frasal que estudamos até agora — frases nominais, períodos simples, períodos compostos por coordenação e por subordinação — de uma maneira prática, aplicada diretamente às nossas atividades de escrita do dia a dia?

Dessa vez, quem vai responder é você. Para tanto, providencie uma caixa de lápis de cor e realize o teste que lhe propomos.

TESTE

Siga estas instruções.
1) Observe os quatro textos que apresentamos a seguir. Antes de começar a lê-los, verifique as pistas fornecidas pelo título e pela referência bibliográfica. Formule hipóteses sobre o tema, a abordagem, o gênero textual. Depois, leia-os com atenção.
2) Nesses textos, todas as frases foram separadas e numeradas. Com os lápis de cor, você vai pintar de azul as frases nominais; de verde, os períodos simples; de laranja, os períodos compostos por coordenação; e de amarelo, os períodos compostos por subordinação. (Se não quiser pintar seu livro, copie os números em uma folha à parte e escreva a classificação de cada frase.)

3) Para reconhecer cada categoria, é muito simples — basta colocar em prática o que acabamos de estudar:
- as frases nominais são aquelas que não têm verbo;
- os períodos simples são aqueles que têm um único verbo (ou locução verbal);
- os períodos compostos por coordenação são aqueles que têm mais de um verbo (ou locução verbal) e têm suas orações unidas por uma das conjunções coordenativas: e, *nem, mas, porém, todavia, contudo, no entanto, entretanto, ou, ora... ora, quer... quer, seja... seja, logo, pois, porque* (com sentido de *pois*), *portanto, por isso, assim*.
- os períodos compostos por subordinação são aqueles que têm mais de um verbo (ou locução verbal) e têm suas orações unidas por qualquer conjunção diferente das que apresentamos no item anterior. Fique atento, porque a oração subordinada também pode estar na forma reduzida (no gerúndio, no infinitivo ou no particípio).

Agora, mãos à obra!

Texto 1
Terror

[...] ①O Bicho Papão aparece na porta. ②Tem o tamanho de um gorila. ③Os olhos grandes e injetados. ④Em vez de boca, um buraco carnudo no meio da cara com duas fileiras de dentes afiados ⑥em cima e duas embaixo. ⑤Aproxima-se lentamente da cama, arrastando os pés. ⑦A mãe desmaia. ⑦O pai ergue-se da cama e achata-se contra a parede. ⑧Não consegue gritar. [...]

VERISSIMO, Luis Fernando. *Ed Mort e outras histórias*. Porto Alegre: L&PM, 1995. p. 182.

Texto 2
Cuidados antes de usar

①Primeiramente monte a base do ventilador posicionando as duas partes e pressionando-as até o seu perfeito encaixe. ②Insira a parte inferior da torre no furo central da base. ③Em seguida, fixe ambas as partes com a porca plástica. ④Verifique essas etapas conforme a figura do guia de instalação abaixo.

Electrolux. *Manual do usuário*: ventilador torre. Curitiba, s/d. p. 6.

Texto 3
Quem vai salvar Tuvalu?

⟦①A pequena Tuvalu se diz a nação mais vulnerável do mundo ao aquecimento global, a primeira que pode desaparecer do mapa debaixo d'água.⟧ ⟦②De fato, a altitude máxima de seus nove atóis é de 5 metros, e o mar está subindo de 4 a 6 milímetros ao ano.⟧ ⟦③As ilhas já alagam o tempo todo.⟧ ⟦④Parte dos tuvaluanos pensa seriamente em imigrar para a Nova Zelândia.⟧ ⟦⑤Cerca de 4 mil já se foram, um terço da população.⟧ ⟦⑥Outra parte, fervorosamente cristã, cita a Bíblia e diz que jamais haverá outro Dilúvio.⟧ ⟦⑦E há, ainda, a parte que se recusa a resignar-se.⟧ [...]

Os Caminhos da Terra, São Paulo, fev. 2008. p. 12.

Texto 4
A resolução da ambiguidade lexical sem apoio do conhecimento de mundo

⟦①O objetivo deste trabalho é analisar o problema da ambiguidade que pode surgir na transposição de um texto de uma língua para outra.⟧ ⟦②Procura-se especificamente abordar o problema a partir dos recursos linguísticos do texto, sem apoio do conhecimento de mundo.⟧ ⟦③O pressuposto é de que o leitor, antes de acionar os esquemas cognitivos globais que vão orientá-lo na compreensão do texto, usa informações linguísticas locais, baseadas nas relações semânticas entre as palavras.⟧ ⟦④A hipótese geral é de que essas relações semânticas locais, pelas restrições que elas impõem entre si, já resolvem a ambiguidade lexical, sem necessidade da âncora de um esquema.⟧ [...]

LEFFA, Vilson J. *Intercâmbio*, São Paulo, v. 6, parte I, p. 869-889, 1996.

E então? O que você observou? Para ajudá-lo a formular uma conclusão, preparamos este *continuum* com todas as formas analisadas:

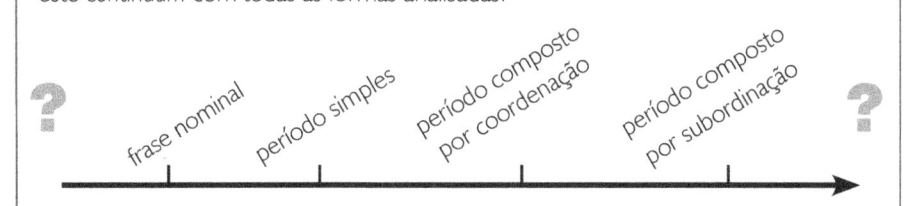

? — frase nominal — período simples — período composto por coordenação — período composto por subordinação — ?

Em qual dos extremos devemos colocar o rótulo "Mais curto e simples"? E em qual devemos colocar "Mais longo e complexo"? Agora ficou mais fácil formular a conclusão, não é?

Como você deve ter percebido nesse teste, quando queremos deixar nosso texto mais ágil e conciso, é melhor apostarmos nas frases nominais e nos períodos simples. Essas formas de composição também são as ideais quando o texto precisa ficar bem claro, acessível para todo tipo de público — como o manual de instruções do ventilador apresentado no Texto 2.

Ora, se todos nós queremos produzir textos ágeis, concisos e claros, isso significa, então, que devemos riscar os períodos compostos (principalmente por subordinação) de nossa vida? Não, absolutamente. Existem dois motivos para não desprezarmos nenhuma das formas de composição da frase.

O primeiro motivo é que a regra exposta no *continuum* (que você nos ajudou a completar) não é absoluta. No texto de Luis Fernando Verissimo, por exemplo, há uma frase nominal ("Em vez de boca, um buraco carnudo no meio da cara com duas fileiras de dentes afiados em cima e duas embaixo") bem mais longa e complexa do que um período composto por subordinação encontrado no mesmo texto: "Não consegue gritar".

O segundo motivo é que, mesmo se ignorarmos as exceções e considerarmos a tese do *continuum* como uma regularidade geral, ainda assim ela não implica que as formas mais simples e curtas sejam preferíveis às demais. Em outras palavras: não existe uma forma de compor a frase melhor do que a outra.

Se alguém resolvesse compor um texto inteiro apenas com formas nominais e períodos simples, teria grande dificuldade para estabelecer relações lógicas e temporais entre as ideias. Afinal, como vimos no capítulo anterior, essas relações são estabelecidas por determinados *marcadores* — e muitos deles são, justamente, as conjunções que entram na formação dos períodos compostos! Imagine se você tivesse de escrever um texto inteiro sem usar *e, mas, portanto, já que, embora, pois, assim que* e outras conjunções. Seria muito difícil articular as ideias, não é?

Para o leitor, além de difícil de compreender, um texto escrito assim pareceria primário, infantil. Veja só:

> A população brasileira está crescendo em um ritmo lento. O país está ficando mais velho. As taxas de mortalidade caíram primeiro. As taxas de fecundidade começaram a declinar mais tarde. Esse período é favorável ao crescimento econômico.

Extensão da frase

Independentemente da forma de composição, um ponto importante a ser considerado é a extensão da frase. Hoje em dia, as frases curtas são as mais indicadas na maioria dos contextos comunicativos. Elas são as preferidas na comunicação empresarial, no jornalismo e na publicidade, por exemplo. Foi possível comprovar isso no teste: fosse qual fosse a forma de composição, as frases curtas predominavam em todos os textos, exceto no último (pertencente à esfera científica).

Não é difícil entender essa preferência. As frases curtas são as que mais combinam com os tempos velozes em que vivemos, quando todos querem o máximo de informação no menor tempo possível.

Os períodos longos e complexos não são as únicas "marcas registradas" do discurso científico. Na Terceira parte deste livro, examinaremos mais de perto as peculiaridades dessa esfera comunicativa.

Isso significa que podemos riscar as frases longas de nossa vida? Novamente a resposta é não. Um texto escrito exclusivamente com frases curtas tende a ficar próximo demais da linguagem oral e, por isso, deselegante. Veja um exemplo disso a seguir, no quadro da esquerda; depois, confira a versão editada — com frases mais longas — à direita:

Versão com fragmentação excessiva	Versão editada
A PNAD é realizada anualmente. Ela é a mais completa pesquisa do IBGE. Busca traçar um perfil socioeconômico da população brasileira. Inclui em seus critérios educação, trabalho e habitação, entre outros itens.	Realizada anualmente, a PNAD é a mais completa pesquisa do IBGE. Ela busca traçar um perfil socioeconômico da população brasileira, incluindo critérios como educação, trabalho e habitação, entre outros.

Por tudo que discutimos até agora, a "regra de ouro" para a composição de frases lembra um antigo conselho das avós — nada em exagero faz bem. E é isso mesmo: redatores habilidosos alternam frases de construção e extensão variadas, conforme seu estilo pessoal e as características do texto que estão produzindo. Um recurso muito eficiente é reservar as frases mais curtas e simples para os trechos aos quais se quer dar maior ênfase. Observe como o jornalista Luiz Garcia fez isso em uma de suas colunas:[1]

> Apresenta os fatos com frases longas.
> - Foi decisão apertada: por quatro votos contra três, o Tribunal Superior Eleitoral determinou que candidatos respondendo a processos criminais não perdem o direito de disputar cargos públicos.
> - Em tese, faz sentido. É o princípio da presunção de inocência até prova em contrário. Na prática, nem tanto. — Enfatiza suas opiniões com frases curtas.
> - Pelas leis brasileiras (diferentes das de muitos países igualmente democráticos) não basta a condenação em uma instância, nem mesmo em duas. É preciso que ela seja mantida pelo TSE e ainda confirmada pelo Superior Tribunal de Justiça.
> É presunção que não acaba mais.

Ordem e ênfase

Acabamos de ver como a alternância entre frases curtas e longas pode conferir maior ênfase a determinadas ideias de um texto. Outro aspecto da construção da frase diretamente ligado à ênfase é a ordem em que os termos aparecem.

Nesse sentido, os períodos compostos por subordinação mostram-se mais flexíveis que os compostos por coordenação. Afinal de contas, a coordenação une orações que ocupam o mesmo nível sintático. Em consequência, elas se organizam no período como os vagões de um trem — enfileiradas uma depois da outra:

> Encostou-se no balcão   +   e   +   pediu um misto quente.
> O café estava frio,   +   mas   +   ele não se importou.

Já nos períodos compostos por subordinação, como a oração subordinada representa um complemento da principal, ela pode ser colocada em diferentes posições dentro do período — e, em cada um desses arranjos, a ênfase recai sobre determinada ideia. Observe as construções a seguir e responda: qual informação recebe maior destaque em cada caso?

> Mara fez questão de me contar tudo assim que chegou da escola. → ORDEM "NATURAL": PRINCIPAL + SUBORDINADA

Assim que chegou da escola, Mara fez questão de me contar tudo. →	DESLOCAMENTO: SUBORDINADA + PRINCIPAL
Mara, assim que chegou da escola, fez questão de me contar tudo. →	INTERCALAÇÃO: PRINCIPAL + SUBORDINADA + PRINCIPAL

Como você deve ter percebido, a ordem "natural", em que a oração subordinada aparece no fim do período, é a que menos destaque lhe confere: a circunstância temporal em que se deu a ação ("assim que chegou da escola") entra como um mero detalhe do enunciado. Já nas outras construções, em que a oração subordinada é deslocada para outras posições, a informação por ela veiculada recebe maior ênfase.

Essa relação entre ordem e ênfase fica ainda mais clara quando comparamos as estruturas concessiva e adversativa. A oração subordinada concessiva é aquela iniciada pela conjunção *embora* (ou por *ainda que, mesmo que* e similares) e a oração coordenada adversativa é aquela que se liga à outra pela conjunção *mas* (ou por *contudo, todavia* e similares). Para entender melhor a diferença entre elas, em termos da ênfase conferida a cada ideia do período, vamos examinar um exemplo concreto. Leia o trecho inicial de um artigo publicado no caderno Folhateen, do jornal *Folha de S.Paulo*.[2]

Longboard renovado

Pranchões deixam de ser coisa de surfista coroa e fazem os pés e as cabeças de uma nova geração

Os pranchões estão de volta. Embora ainda não sejam tão populares entre os jovens quanto as pranchinhas, já deixaram de ser "coisa de velho". [...]

Preste atenção neste período iniciado por uma oração concessiva: "Embora ainda não sejam tão populares entre os jovens quanto as pranchinhas, já deixaram de ser 'coisa de velho'". Como o nome indica, esse tipo de oração faz uma *conces-*

são à ideia principal. Nesse caso, a ideia principal que a redatora quer transmitir é: as pranchas grandes voltaram à moda. Tudo aquilo que contraria essa ideia é uma concessão, uma exceção de menor importância.

Por isso, a jornalista escolheu uma oração *concessiva* para introduzir a ressalva de que as pranchonas ainda não são tão populares entre os jovens quanto as pranchinhas. Ao fazê-lo, ela diminuiu a importância do fato.

Imagine, agora, que a redatora fosse inexperiente e tivesse optado por outro tipo de construção:

> Os pranchões estão de volta. Já deixaram de ser "coisa de velho", mas ainda não são tão populares entre os jovens quanto as pranchinhas. [...]

Nessa nova construção, a ênfase passa a recair sobre a segunda oração (uma coordenada adversativa), introduzida pelo *mas*: "mas ainda não são tão populares entre os jovens quanto as pranchinhas", pois é ela que dá a "palavra final" sobre o assunto. Se a jornalista tivesse optado por tal redação, o período ficaria incoerente com o restante do artigo. Afinal, tanto o título e o subtítulo quanto o primeiro período do texto estão dizendo que as pranchonas voltaram à moda; não faria sentido enfatizar, em seguida, que na verdade elas não são tão populares assim entre os jovens.

••• Seção 2   O parágrafo

Se você estava em busca de uma fórmula padrão para compor frases, deve ter ficado decepcionado com a seção anterior. Afinal, insistimos em enfatizar que não existe uma construção frasal "ideal" ou mais adequada do que as outras. Em compensação, esta seção vai lhe trazer um alívio: para a composição dos parágrafos, existe, sim, uma fórmula "quase padrão".

"Quase padrão" porque, segundo Othon M. Garcia,[3] ela está presente não em todos, mas em mais de 60% dos parágrafos bem redigidos. Estamos falando desta conhecida fórmula:

> parágrafo-padrão = tópico frasal + desenvolvimento + (às vezes) conclusão

O **tópico frasal** compõe-se de um ou dois períodos que concentram a principal ideia do parágrafo. Tal ideia é ampliada e explanada no **desenvolvimento**, formado pelos períodos seguintes. O parágrafo-padrão pode conter, ainda, uma **conclusão**.

> O conceito de parágrafo-padrão está fortemente ligado aos textos expositivos (também chamados de dissertativos) e argumentativos. Como esses tipos textuais são o foco de nosso estudo, não falaremos aqui de parágrafos narrativos, descritivos ou dialogais — que podem apresentar estrutura bem distinta.

Antes de prosseguir no estudo dessa fórmula, precisamos fazer uma importante ressalva: o tópico frasal não é obrigatório. Como acabamos de dizer, ele não está presente em todos os parágrafos bem redigidos. Existem parágrafos claros e coerentes que não utilizam tópico frasal (aliás, existem parágrafos claros e coerentes dos mais diversos tipos e formatos).

Ao estudarmos o tópico frasal, o que devemos ter em mente é: ele está para a redação assim como o pedalar com as duas mãos no guidão está para o ciclismo — ou seja, é a maneira mais fácil e segura de começar. Quando alguém está aprendendo a andar de bicicleta, certamente vai começar com as duas mãos no guidão. Depois, à medida que a pessoa for adquirindo prática, poderá tirar uma das mãos ou até as duas. O mesmo raciocínio se aplica ao tópico frasal. Para o redator iniciante, ele é um guia seguro na construção de bons parágrafos. Com a prática, a pessoa vai se sentir à vontade para ousar outras construções. Pode até ser que ela continue seguindo a fórmula padrão, mas de modo automatizado, sem precisar parar para pensar nisso.

A grande vantagem do tópico frasal é que ele permite lidar mais facilmente com dois "ingredientes" indispensáveis à boa redação: as generalizações e as especificações. Esses dois conceitos têm importância tão grande no estudo do tema que vamos detalhá-los em um item à parte. Em seguida, voltaremos ao parágrafo-padrão.

- Saiba mais

> Grande parte do que apresentamos nesta seção reproduz as lições reunidas na obra *Comunicação em prosa moderna*, do crítico literário e filólogo Othon M. Garcia (1912--2002). Publicada pela primeira vez em 1967, a obra destacou-se por introduzir no Brasil métodos práticos de redação desenvolvidos pelos norte-americanos. Um deles foi o tópico frasal, traduzido do inglês *topic sentence*.

Generalização e especificação: o concreto e o abstrato

Na escola, você aprendeu a diferenciar substantivos concretos — como *lápis, homem, cachorro* — de abstratos — como *saudade, ilusão, permanência*. Contudo, a noção de concreto e abstrato que vamos lhe apresentar agora é outra.

As palavras podem ser consideradas **abstratas** quando se referem a entidades de sentido *geral* e **concretas** quando se referem a entidades de sentido *específico*. Esses conceitos, porém, não são absolutos: uma palavra é geral em relação a outra e, ao mesmo tempo, específica em relação a uma terceira. Devemos pensar, portanto, em um *continuum* de especificidade, indo das noções mais abstratas até as mais concretas, como se vê na Figura 5.2.

Redatores inexperientes costumam empregar muito mais palavras abstratas do que concretas. Em consequência, seus textos tornam-se fartos de **generalizações** — e, ao mesmo tempo, escassos de **especificações**.

Qual é o problema disso? Ora, o que torna um texto informativo e marcante são, justamente, as especificações (reveja o conceito de informatividade no Capítulo 1). De acordo com Garcia, "a linguagem é tanto mais clara, precisa e pitoresca quanto mais específica e concreta. Generalizações e abstrações tornam confusas as ideias, traduzem conceitos vagos e imprecisos".[4] Confira a diferença comparando os enunciados a seguir:

Abstrato (geral)	Concreto (específico)
A devastação dos nossos recursos naturais começou logo após o descobrimento. Caravelas deixavam nossa costa abarrotadas de materiais extraídos da floresta, tendo como destino os portos europeus.	No Brasil, o saque sistemático dos recursos naturais começou exatamente em 1500. Nesse ano, o capitão espanhol Vicente Yañez Pinzón carregou seus navios com 21 toneladas de pau-brasil, possivelmente recolhidos nas praias do Nordeste.

Observe como o texto da direita ficou mais informativo, na medida em que as generalizações foram trocadas por especificações — palavras e expressões concretas, como nomes, datas e quantidades:

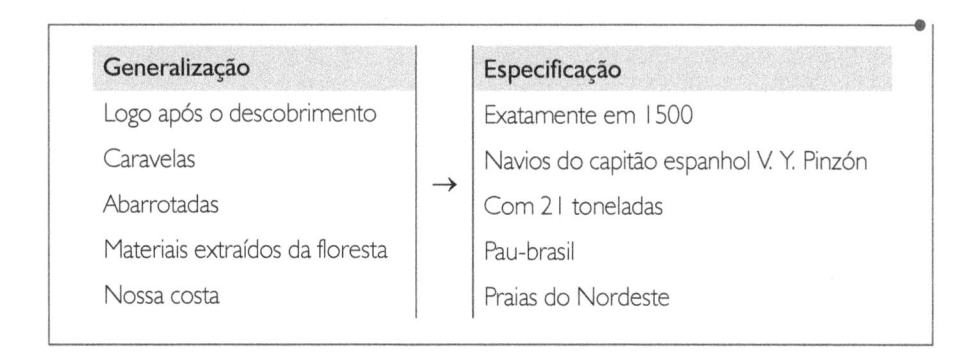

Generalização	Especificação
Logo após o descobrimento	Exatamente em 1500
Caravelas	Navios do capitão espanhol V. Y. Pinzón
Abarrotadas	Com 21 toneladas
Materiais extraídos da floresta	Pau-brasil
Nossa costa	Praias do Nordeste

Todo esse elogio à especificidade não significa, porém, que devemos abandonar as generalizações. Elas são indispensáveis à transmissão de determinadas ideias e à própria elegância do texto. Mais uma vez, o que vale é a dosagem: bons redatores sabem mesclar o geral e o específico. E é exatamente aí que entram em jogo o parágrafo-padrão e o tópico frasal — eles ajudam o redator iniciante a achar o ponto certo dessa mistura. Voltemos, pois, a seu estudo.

Parágrafo-padrão e tópico frasal

Como dissemos no início desta seção, a fórmula do parágrafo-padrão é: tópico frasal + desenvolvimento + (às vezes) conclusão. Na maioria das vezes, as generalizações são apresentadas no tópico frasal, enquanto as especificações ficam a cargo do desenvolvimento. Veja dois exemplos:

Figura 5.2 Palavras concretas e abstratas.

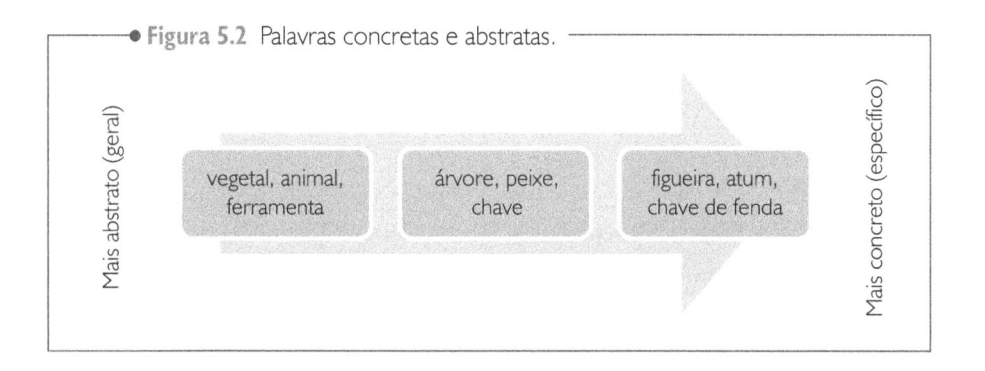

Mais abstrato (geral) → vegetal, animal, ferramenta → árvore, peixe, chave → figueira, atum, chave de fenda → Mais concreto (específico)

Exemplo 1

O pai do palito de dentes (e da necessidade de usá-lo)⁵

Tópico frasal (generalização) — Um dos mantras do capitalismo é "criar dificuldades para vender facilidades". Nem sempre é fácil. Pegue-se, por exemplo, a necessidade de manter os dentes livres de sujeira, fiapos e outros resíduos nojentos. *Desenvolvimento (especificações)* — Para resolver esse problema prosaico, a humanidade passou a maior parte de sua história se virando com gravetos, espinhos, ossos e lascas de bambu. Diante da oferta de gêneros tão variados — muitos até gratuitos —, como alguém nos convenceu de que precisávamos comprar um apetrecho específico para a higiene bucal?

Exemplo 2

O método comparativo⁶

Tópico frasal (generalização) — Comparar é uma tendência natural e uma importante fonte de intuições e de descobertas em todos os campos do conhecimento. *Desenvolvimento (especificações)* — Na análise das línguas, a comparação e o confronto levam às vezes ao estabelecimento de tipologias (como a que distinguia, tradicionalmente, entre línguas monossilábicas, aglutinantes e flexivas), outras vezes à busca de características supostamente inerentes a toda língua humana (como nos levantamentos acerca dos "universais da linguagem" realizados pela linguística estrutural americana nas décadas de 1950 e 1960). *Conclusão* — Nesses casos, a comparação nada tem a ver com a genealogia.

O Exemplo 1 comprova que o tópico frasal pode ser formado por dois períodos, como dito anteriormente. Esse exemplo também ilustra um caso frequente: muitos parágrafos-padrão não apresentam conclusão porque seu último período dá uma "deixa" para a introdução do parágrafo seguinte. Nesse caso, a "deixa" é a pergunta "como alguém nos convenceu de que precisávamos comprar um apetrecho específico para a higiene bucal?". Já no Exemplo 2 existe uma conclusão propriamente dita; observe, no entanto, que ela não tem um fim em si mesma — seu objetivo é acrescentar uma nova informação (a diferença entre comparação e genealogia), que será desenvolvida no parágrafo seguinte.

Segundo Garcia,[7] a preferência pelo parágrafo-padrão, não só no português como em muitas línguas modernas, deve-se ao fato de todos esses idiomas terem como berço a cultura greco-latina. Isso porque o parágrafo-padrão apóia-se no **raciocínio dedutivo** — aquele que parte do geral para o específico —, base da tradição filosófica ocidental.

O raciocínio que se opõe ao dedutivo é o **indutivo**, isto é, aquele que parte do específico para o geral. Embora mais raros, os parágrafos indutivos também são perfeitamente aceitáveis — e inclusive bem criativos. Veja um exemplo:[8]

Especificações | O motorista de táxi Adama Fofana, de 23 anos, está com menos dinheiro no bolso no fim do mês. Jerôme Desbos, alto funcionário de um banco na França, de 42 anos, também. O
Generalização | que há de comum entre esses dois franceses? Ambos dependem de carro para trabalhar e enfrentam a disparada do preço do petróleo. [...]

Nesse caso, não se pode falar em tópico frasal. Trata-se, portanto, de um parágrafo não padrão.

Vale ressaltar que essa escolha entre raciocínio dedutivo ou indutivo não se aplica apenas à construção do parágrafo, mas também ao texto como um todo: na maioria dos gêneros expositivos e argumentativos, o autor pode começar fazendo afirmações abstratas e genéricas para, em seguida, desenvolvê-las por meio de exemplos específicos (raciocínio dedutivo); ou, então, pode seguir o caminho contrário, começando o texto com fatos concretos e depois levando o leitor às conclusões gerais (raciocínio indutivo). Imagine, por exemplo, que você queira enviar uma contribuição para a seção de cartas do jornal de sua cidade; o objetivo é criticar os recentes investimentos da prefeitura em obras de utilidade discutível. Para preparar o texto, você tem basicamente duas opções: começar afirmando que o prefeito não tem tomado boas decisões quanto à aplicação do dinheiro público e, em seguida, enumerar as obras polêmicas que justificam sua afirmação (raciocínio dedutivo); ou, então, começar falando exatamente dessas obras, para só depois concluir que o prefeito não tem feito bons investimentos (raciocínio indutivo). Na seção "Atividades", você vai colocar em prática essas noções de dedução e indução.

• Saiba mais

Não há nenhuma regra para a extensão do parágrafo. Existem bons parágrafos com uma linha só e bons parágrafos com dezenas de linhas. Mas, se você está inseguro e sente falta de diretrizes, siga estas, do *Manual de redação e estilo de O Estado de S. Paulo*:[9] "Construa períodos com no máximo duas ou três linhas [...]. Os parágrafos, para facilitar a leitura, deverão ter cinco linhas cheias, em média, e no máximo oito". Em relação à apresentação gráfica, há duas opções: o **parágrafo tradicional**, que se inicia a cerca de 1,5 cm da margem (como neste livro), e o **americano**, que se inicia na margem. No estilo americano, para diferenciar um parágrafo do outro usa-se um espaço maior entre eles. Escolha o modelo de sua preferência — só não cometa a gafe de misturar os dois no mesmo documento.

Tipos de tópico frasal

Analisando centenas de parágrafos de inúmeros autores, Garcia[10] chegou à conclusão de que, na maioria dos casos, o tópico frasal encaixa-se em uma destas três categorias:

- **Declaração inicial** — é o tipo mais comum: o tópico frasal funciona como uma espécie de "título" do parágrafo; em seguida, são apresentados argumentos ou exemplos que justificam a afirmação inicial. Veja um exemplo:[11]

> Atravessamos um tempo curioso, tempo dos lamentos e das desculpas. A Igreja Católica pediu desculpas a Galileu e às vítimas da Inquisição. O Japão pediu desculpas pelos massacres contra os chineses numa das guerras mais estúpidas da humanidade. A Inglaterra também pediu desculpa à família do brasileiro assassinado por engano em Londres.

- **Definição** — neste caso, o autor define um conceito para em seguida explicá-lo melhor. É a construção mais comum em textos que pretendem esclarecer ou instruir, como manuais de instruções, livros didáticos, enciclopédias etc. Observe um exemplo:[12]

> Os substantivos são palavras que servem para designar os seres. Em todos os substantivos encontramos raízes significativas (às vezes difíceis de identificar por representarem o produto de longa evolução) e elementos que a elas se anexam, tais como prefixos, sufixos, vogais temáticas e de ligação, desinências.

- **Divisão** — neste caso, o redator divide as ideias do tópico frasal em duas ou mais, dando a entender que vai explicá-las separadamente em seguida. É a abordagem ideal quando se pretende tratar de vários assuntos, pois torna mais fácil para o leitor seguir a linha de raciocínio. Veja um exemplo:[13]

> Os objetivos podem ser gerais ou específicos. Objetivos gerais são elaborados para períodos maiores de aprendizagem, como o planejamento de um curso; os objetivos específicos, para períodos menores, envolvendo, por exemplo, uma aula ou atividade. Ambos devem começar com um verbo que descreva o comportamento final desejado para o aluno.

• • • Seção 3   Coesão e coerência

Na introdução deste capítulo, afirmamos que um bom texto era mais do que uma sequência de frases bem escritas — mas, também, que tudo começava com elas. De fato, pelo que estudamos até agora, ficou claro que tomar as decisões adequadas para a composição das frases e dos parágrafos já é meio caminho andado para compor um bom texto.

Contudo, ainda falta um ingrediente. O que torna um texto verdadeiramente bom é algo que não pode ser isolado; é uma espécie de "fluido" que banha todas as partes e forma um todo significativo. O nome desse fluido é coesão, e é ele que permite ao leitor reconstruir outro atributo fundamental do texto: a coerência.

Os conceitos de coesão e coerência são tão próximos que alguns autores o tratam como um elemento só.[14] Para os que os distinguem, a diferença seria a seguinte: a coesão está no texto, enquanto a coerência está na cabeça do leitor.

Vai ficar mais fácil entender isso com alguns exemplos, não é? Então, para começar, analise este enunciado:

> Fábio fala inglês fluentemente. Ele está desempregado há um ano e meio.

À primeira vista, a relação entre as ideias não está totalmente clara. Para reconstruir a coerência do enunciado, usamos nosso conhecimento de mundo:

pessoas com fluência em inglês têm, em geral, mais facilidade para conseguir emprego; logo, infere-se que há uma relação de oposição entre as ideias. Em nossa cabeça, cria-se um sentido que poderia ser expresso desta maneira: "Fábio fala inglês fluentemente. Mesmo assim, está desempregado há um ano e meio".

Imagine, porém, que Fábio viva em um hipotético país onde impera o antiamericanismo. Nesse lugar, qualquer um que tenha algum dia frequentado um curso de inglês sofre preconceito pesado. É malvisto pelos vizinhos e rejeitado pelos empregadores. Logo, para um leitor desse país não existe uma relação de oposição entre as ideias do enunciado, e sim de causa-consequência: "Fábio fala inglês fluentemente; por isso, está desempregado há um ano e meio".

> *O conhecimento de mundo é um dos componentes do conhecimento prévio do leitor. Como vimos no capítulo anterior, o autor deve considerar o volume de conhecimentos do leitor para realizar o balanceamento entre o que deve ficar explícito no texto e o que pode ser recuperado por inferência.*

Por outro lado, em qualquer um dos casos, se o redator tivesse *explicitado* a relação entre as ideias por meio de um **mecanismo coesivo** ("mesmo assim" ou "por isso"), a possibilidade de leitores diferentes estabelecerem coerências diferentes seria bem menor. A responsabilidade do leitor na reconstrução da coerência diminuiria, já que ele teria menos caminhos interpretativos para escolher.

Esse exemplo demonstra que a **coerência** é o sentido do texto estabelecido pelo leitor com base em seu conhecimento de mundo e nas pistas e sinalizações deixadas pelo autor. A **coesão**, por sua vez, é o próprio conjunto formado por essas pistas e sinalizações. Dito de outra maneira: reconstruir a coerência de um texto é responsabilidade do leitor; mas, para conseguir fazê-lo, ele precisa receber alguma ajuda do autor, e essa ajuda é dada por meio dos mecanismos coesivos. Percebeu como um elemento está intrinsecamente ligado ao outro?

Além disso, essa definição nos indica que, por mais que se esforce, o leitor pode falhar na tentativa de reconstruir a coerência por um motivo muito simples: o texto pode ser, de fato, incoerente. Não há como reconstruir algo que jamais foi construído. Em casos assim, mesmo que tenham sido usados vários mecanismos de coesão, eles não são capazes de produzir sozinhos a coerência. O enunciado a seguir é um exemplo disso — ele apresenta uma série de ideias aparentemente bem "costuradas", mas cujo sentido é impossível apreender:[15]

> João vai à padaria. A padaria é feita de tijolos. Os tijolos são caríssimos. Também os mísseis são caríssimos. Os mísseis são lançados no espaço. Segundo a Teoria da Relatividade, o espaço é curvo. A geometria rimaniana dá conta desse fenômeno.

Por outro lado, há enunciados sem qualquer mecanismo coesivo e ainda assim coerentes:[16]

> Mamãe comprou um frango; ela vai dar um churrasco amanhã.

Feita essa conceituação, vamos ao que mais nos interessa — os principais problemas de coerência e coesão observados em textos de redatores iniciantes. De maneira geral, podemos dividir esses problemas em quatro categorias: 1) falta de mecanismos coesivos; 2) excesso de mecanismos coesivos; 3) emprego inadequado dos mecanismos coesivos (o que gera incoerência); e 4) uso dos mecanismos coesivos para disfarçar a ausência de coerência.

Vamos examinar cada um desses casos a seguir. Mas, antes, é preciso definir com mais precisão o que são mecanismos coesivos. No exemplo inicial, vimos dois deles: *mesmo assim* e *por isso*. No entanto, marcadores lógicos como esses representam apenas uma pequena parcela dos mecanismos disponíveis para estabelecer a coesão em um texto. Eles fazem parte daqueles responsáveis por estabelecer a chamada **coesão sequencial**; além dela, há a **coesão referencial** e a **recorrencial**. Confira a definição desses três tipos de coesão e dos mecanismos que os promovem no Quadro 5.2.

> A remissão a algo que já foi mencionado no texto chama-se anáfora (do grego ana, para trás, + fora, levar). Menos comum, a remissão a algo que ainda será mencionado chama-se catáfora (do grego cata, para diante).

Quadro 5.2 Mecanismos de coesão.

Mecanismos de coesão referencial
Fazem referência a algo que já foi mencionado ou ainda será mencionado no texto.
Substituição — O termo citado antes é substituído por um pronome, numeral ou advérbio.
Adorei Fortaleza. Estive lá ano passado.
Vânia e Ana têm a mesma fraqueza: ambas são generosas demais.
Pedro entrou em contato com os escritores, mas eles não lhe responderam.

Reiteração — O termo citado antes é repetido ou retomado por meio de palavras de sentido semelhante.
Repetição: <u>Modo</u> normal — nesse <u>modo</u> o motor funciona a mil rotações por minuto. **Sinônimos:** Esse <u>cachorro</u> faz festa para todo mundo. É um <u>cão</u> muito simpático! **Palavras de sentido mais geral (hiperônimos):** Marcos comprou um <u>Porsche</u>. Ele adora <u>carros esportivos</u>. (específico > geral) **Palavras de sentido mais específico (hipônimos):** No Paraná, não faltam <u>opções de ecoturismo</u>. Uma boa pedida é <u>conhecer o Cânion Guartelá</u>. (geral > específico) **Expressões nominais definidas** (sua compreensão depende do conhecimento de mundo do leitor): <u>Mick Jagger</u> desembarca no Brasil hoje. O <u>vocalista dos Rolling Stones</u> pretende divulgar seu novo álbum. **Nomes genéricos** (gente, pessoa, coisa): Tenho <u>uma coisa</u> para lhe dizer: <u>é melhor pararmos de nos encontrar</u>.
Mecanismos de coesão recorrencial Servem para retomar elementos anteriores, mas, ao mesmo tempo, acrescentar novas informações.
Paralelismo — Repete-se a estrutura, mas com conteúdo diferente.
<u>Na teoria,</u> tudo funcionava às mil maravilhas. <u>Na prática,</u> era bem diferente.
Recorrência de termos — Assemelha-se ao paralelismo, mas um termo em especial é repetido.
<u>Jeremias</u> não ficou apenas alegre. <u>Jeremias</u> ficou exultante.
Paráfrase — É uma maneira diferente de dizer algo que já foi dito, geralmente acrescentando uma correção ou um novo detalhe. Costuma ser introduzida por expressões como *isto é, ou seja, ou melhor*.
Estou <u>aprendendo</u>, ou melhor, <u>tentando aprender</u> malabarismo.
Elipse — Um elemento já citado é omitido, mas o leitor consegue recuperá-lo facilmente por inferência.
A <u>venda</u> de carros novos cresceu ligeiramente no último mês. Já a de usados despencou. (= a <u>venda</u> de usados)
Ritmo e outros recursos fonológicos — Neste caso, a conexão entre as ideias é ativada pelo som e ritmo das palavras.
A menin<u>inha</u> empinou o nariz<u>inho</u> e pôs a mão na cintur<u>inha</u>.

Mecanismos de coesão sequencial
Assim como os de recorrência, esses mecanismos têm como objetivo "fazer progredir o texto, fazer caminhar o fluxo informacional".[17] A diferença é que na coesão sequencial não há retomada de itens já mencionados.
Sequenciação temporal — Indica a ordem temporal em que ocorrem os fatos do texto.
Ordenação linear: Levantou, tomou banho e saiu. **Marcadores (ou conectivos) temporais:** Coloque primeiro os ingredientes secos. Em seguida, aos poucos, acrescente o óleo e o leite. Por fim, mexa tudo vigorosamente. **Tempos verbais:** As árvores que plantara agora davam frutos.
Sequenciação lógica — Indica a conexão lógica entre as ideias do texto.
Ordenação linear: O aeroporto foi fechado para pousos e decolagens. Filas enormes formaram-se no portão de embarque. **Marcadores (ou conectivos) lógicos:** Queria lhe pedir um favor, mas não tenho coragem. Fábio fala inglês fluentemente; mesmo assim, está desempregado há um ano e meio. Além de bonitos, os descansos para panela são muito práticos.

Fonte: elaboração própria com dados de FÁVERO, 2002.

Principais problemas relacionados à coesão e à coerência

Ao analisar o enunciado "Mamãe comprou um frango; ela vai dar um churrasco amanhã", comprovamos que a ausência de mecanismos coesivos não necessariamente leva à falta de coerência. Há situações, como essa, em que a relação entre as ideias está tão clara que o emprego de conectivos torna-se dispensável. Em geral, isso ocorre em duas situações:

- *a segunda ideia explica a primeira* — o fato de que ocorrerá um churrasco amanhã explica por que o frango foi comprado;
- *a segunda ideia é uma consequência da primeira* — é o que ocorre neste outro exemplo, apresentado no Quadro 5.2: "O aeroporto foi fechado para pousos e decolagens. Filas enormes formaram-se no portão de embarque" (as filas são consequência do fechamento do aeroporto).

Contudo, quando a relação entre as ideias é de outra natureza, torna-se obrigatório explicitá-la. E é justamente a falta dessa explicitação um dos problemas coesivos mais comuns em textos de redatores iniciantes. Veja um exemplo:

> Proibir a venda de *games* considerados violentos fere a liberdade de escolha do consumidor. Não há pesquisas conclusivas que comprovem a influência negativa desses jogos sobre o comportamento das pessoas.

Ora, uma vez que ideias justapostas normalmente mantêm relação de explicação ou de causa-consequência, o leitor tende a estabelecer esse tipo de conexão quando depara com um par delas. Nesse enunciado, porém, nenhuma das hipóteses se aplica: o fato de não haver pesquisas conclusivas comprovando a influência negativa dos *games* não é uma *explicação* para o fato de que proibir sua venda fere a liberdade de escolha do consumidor; tampouco é uma *consequência* desse fato. Existe, sim, uma relação entre as ideias, mas ela é de outra natureza — trata-se de uma relação de adição, acréscimo:

> Proibir a venda de *games* considerados violentos fere a liberdade de escolha do consumidor. <u>Além do mais</u>, não há pesquisas conclusivas que comprovem a influência negativa desses jogos sobre o comportamento das pessoas.

Sem um marcador lógico, a clareza do enunciado ficaria prejudicada. Paradoxalmente, um segundo problema coesivo observado em textos de redatores iniciantes está relacionado não à falta, e sim ao excesso de marcadores. No afã de estabelecer ligações explícitas entre as ideias, esses autores usam e abusam dos conectivos; o resultado é um texto monótono, primário, com "cara de redação escolar". Se os conectivos forem colocados sempre na mesma posição dentro das orações, o efeito torna-se ainda pior. Veja um exemplo:

> A bicicleta e o carro compartilham as mesmas vias. <u>Logo</u>, um precisa respeitar o outro. <u>Sendo assim</u>, os motoristas devem manter a distância mínima de 1,5 metro do ciclista. <u>Do mesmo modo</u>, os ciclistas devem seguir as leis de trânsito. <u>Por conseguinte</u>, são obrigados a andar na mão correta e respeitar a faixa de pedestres. <u>Finalmente</u>, os ciclistas devem sinalizar com as mãos antes de trocar de faixa.

O terceiro problema mais comum relacionado à coesão é o emprego inadequado dos mecanismos coesivos — o que leva inevitavelmente à incoerência, já que o leitor é induzido a estabelecer uma falsa relação entre as ideias. Veja alguns exemplos, com as respectivas correções:

> Queria tanto falar com Débora, <u>até mesmo</u> porque não sei onde encontrá-la. (INCOERENTE)
> Não saber onde encontrar Débora <u>só aumenta</u> meu desejo de falar com ela. (COERENTE)
>
> É muito comum os jovens falarem sobre a conquista da liberdade,
> <u>sendo que</u> muitos deles não sabem o verdadeiro sentido dessa palavra. (INCOERENTE)
> É muito comum os jovens falarem sobre a conquista da liberdade,
> <u>porém</u> muitos deles não sabem o verdadeiro sentido dessa palavra. (COERENTE)
>
> A energia nuclear <u>não apenas</u> é eficiente e econômica: pode provocar
> terríveis acidentes, com consequências gravíssimas para toda a população
> do entorno. (INCOERENTE)
> <u>Embora seja eficiente e econômica</u>, a energia nuclear pode provocar terríveis
> acidentes, com consequências gravíssimas para toda a população do entorno. (COERENTE)

Por fim, o quarto — e talvez mais comum — dos principais problemas relacionados à coesão e à coerência diz respeito àquelas situações em que os mecanismos coesivos são usados apenas para disfarçar a falta de coerência do texto. Em outras palavras: o autor trabalha somente a "superfície" dos enunciados, organizando-os e relacionando-os de um modo aparentemente lógico; contudo, quando o leitor vai além da superfície, percebe que as ideias não formam um todo coerente. Já vimos

Saiba mais

A incoerência gerada pela má escolha de mecanismos coesivos é, na verdade, um subtipo de uma categoria maior: a incoerência gerada pela má escolha de palavras e expressões em geral. É comum, por exemplo, que redatores iniciantes empreguem termos de conotação positiva em contextos negativos, ou vice-versa — o que também provoca incoerência. Veja alguns exemplos:

- A inflação não é mais <u>privilégio</u> dos países pobres. (INCOERENTE)
  A inflação não é mais um <u>problema exclusivo</u> dos países pobres. (COERENTE)
- A contenção dessa encosta só foi feita <u>graças aos</u> deslizamentos de terra no verão passado. (INCOERENTE)
  A contenção dessa encosta só foi feita <u>depois dos</u> deslizamentos de terra no verão passado. (COERENTE)
- Fumando desse jeito, ele tem grandes <u>chances</u> de desenvolver um tumor. (INCOERENTE)
  Fumando desse jeito, ele tem grande <u>probabilidade</u> de desenvolver um tumor. (COERENTE)

um exemplo disso no início desta seção (o enunciado que começava com "João vai à padaria", encontrado na página 153). Tratava-se, porém, de um enunciado um tanto caricatural, produzido exatamente para demonstrar que a presença de conectivos não garante a coerência. Vejamos, agora, um exemplo mais "real", bem semelhante aos que encontramos em textos de redatores iniciantes:

> Com a substituição do contato pessoal pelo virtual, a nova geração está se tornando cada vez mais agressiva e intolerante. Para muitos jovens, a possibilidade de opinar anonimamente na Internet é um convite à ofensa gratuita. Há quem entre em páginas de artistas que não lhe agradam apenas para escrever comentários desrespeitosos, por exemplo.
> Mas a verdade é que sempre existiram adolescentes de mal com o mundo, prontos para descarregar sua metralhadora giratória contra tudo e contra todos. As "más--criações" e a rebeldia (ainda que sem causa) são uma maneira de o jovem afirmar sua identidade perante o mundo adulto. Em suma: ao contrário do que muitos dizem, a juventude de hoje não é pior que a de outras épocas.

Observe que, do primeiro para o segundo parágrafo, a linha de raciocínio muda: no primeiro, o autor afirma textualmente que "a nova geração está se tornando cada vez mais agressiva e intolerante", mas no segundo ele passa a defender que essa agressividade e intolerância sempre existiram e, portanto, não são exclusividade da geração atual. Na verdade, não é raro mudarmos de ideia enquanto estamos produzindo um texto. Isso é até um bom sinal: demonstra que somos pensadores flexíveis, capazes de ponderar os argumentos e chegar a uma nova conclusão.

No entanto, quando isso ocorre, precisamos revisar o texto como um todo e eliminar as frases ou palavras relacionadas à ideia antiga, senão ele se tornará incoerente. Foi exatamente o que ocorreu nesse enunciado: como não houve revisão após a "mudança de ideia", a conclusão ("a juventude de hoje não é pior que a de outras épocas") passou a contrariar frontalmente a afirmação inicial ("a nova geração está se tornando cada vez mais agressiva e intolerante"). Afinal de contas, tornar-se mais agressivo e intolerante *é* tornar-se pior.

Além de incoerências, enunciados aparentemente bem "costurados" podem esconder a falta de outra qualidade essencial a um texto: a **progressão temática**. Nesse caso, o redator usa os mecanismos coesivos apenas para retomar o que já foi dito, mas não para "fazer progredir o texto, fazer caminhar o fluxo informacional"[18] — outro importante papel que esses mecanismos devem desempenhar.

A falta de progressão pode nascer da preocupação excessiva com coesão e clareza: com medo de não estar sendo claro, o redator repete exageradamente as ideias. Mas, com mais frequência, o problema vem da própria escassez de ideias ou mesmo da baixa motivação para escrever. Falando em português claro: o redator que só quer "encher linguiça" acaba produzindo um texto sem progressão temática. Veja um exemplo:

> O grande problema da saúde pública brasileira é a falta de gerenciamento, e não de recursos. Se bem aplicadas, as verbas existentes resultariam em serviços de qualidade muito superior à atual.
> Ter os cofres abarrotados de dinheiro não adianta muito, quando não se sabe como usá-lo. É o caso do nosso sistema de saúde: falta know-how administrativo, falta capacidade de gestão, faltam controles.
> Muito se fala sobre a escassez de verbas ou sobre um suposto "buraco" nas contas da saúde, mas a verdade é que o orçamento corrente seria suficiente para uma revolução no atendimento. Bastaria, apenas, uma gestão mais eficiente. Portanto, investir na qualidade do gerenciamento dos recursos da saúde deve ser a prioridade de todos os governos.

Com esse texto sem erros gramaticais e de coesão aparentemente perfeita, é provável que o redator consiga "enganar" vários leitores distraídos. Mas, para quem prestar um pouco de atenção, seus truques ficarão evidentes: a única coisa que ele fez no texto inteiro foi repetir, com outras palavras, o tópico frasal do primeiro parágrafo.

É bem verdade que muitos de nós produzem textos como esse mais por descuido que por má-fé. Então, é bom ficar atento a estas dicas para evitar a falta de progressão temática:

- Antes de começar a escrever, defina de maneira clara e detalhada o que pretende comunicar. Não pense que, "começando a escrever, a inspiração virá".
- A cada frase e a cada parágrafo que acrescentar, certifique-se de que está mantendo a coesão (o elo com o que foi dito antes), mas, ao mesmo tempo, trazendo algo novo.

- Saiba mais

> Nesta seção e nas anteriores, vimos que a construção de um bom texto depende de uma série de decisões e cuidados tomados pelo redator. Porém, essas escolhas e verificações não são realizadas sempre do mesmo jeito, pois dependem do contexto comunicativo. As frases curtas, por exemplo, são preferíveis na comunicação empresarial, mas não necessariamente em textos científicos ou jurídicos.
>
> O modo mais fácil de tomar as decisões adequadas ao contexto é seguir as características do gênero textual — afinal, os gêneros representam, justamente, as maneiras de organizar o enunciado mais apropriadas a cada contexto. Para colocar isso em prática, primeiro você deve selecionar alguns bons exemplares do gênero (guiando-se pela qualificação do autor ou do veículo). Por exemplo, se você quer escrever a resenha crítica de um filme, procure resenhas feitas por críticos de cinema consagrados; se quer produzir um folheto para divulgar os serviços prestados por sua empresa, procure folhetos de empresas renomadas e assim por diante. Quando tiver selecionado os modelos, observe atentamente sua *estrutura*: qual é a quantidade de informação oferecida e como ela está organizada? Há títulos, subtítulos, destaques, boxes, gráficos, imagens, legendas, sumário, notas de rodapé? Que papel cada um desses elementos desempenha? O texto foi organizado em parágrafos? Longos ou curtos? Analise, também, a *linguagem*: ela segue um registro mais formal ou informal? Há fórmulas linguísticas típicas, tais como "Modo de preparo" ou "Atenciosamente"? Há um vocabulário ou jargão característico? Tente reproduzir todas essas peculiaridades em seu texto. Assim, usando os gêneros como modelo, você não precisa "reinventar a roda" a cada produção textual.

• • • Seção 4 Como melhorar o texto: técnicas de revisão

A comunicação não é um produto acabado, e sim um processo em construção, sempre passível de ser aprimorado, repensado, refeito. Preguiça de revisar é passaporte certo para textos confusos ou com constrangedores erros gramaticais.

A revisão ideal é aquela feita por outra pessoa, de preferência um redator mais experiente. Se isso não for possível, revise você mesmo seu texto. Tente, porém, distanciar-se o mais que puder dele. Antigamente se dizia que o melhor revisor é o fundo da gaveta; hoje podemos dizer que o melhor revisor é o computador desligado. Ou seja: deixe para rever seu texto no dia seguinte ou pelo menos algumas horas depois de tê-lo escrito. Só assim você conseguirá lê-lo com "outros olhos"— olhos de leitor, não de redator.

A seguir, apresentamos um roteiro prático para guiar sua revisão. Embora não haja uma ordem obrigatória, sugerimos que você inicie pelos aspectos mais visíveis e depois vá para os mais sutis ou abstratos.

1. *Estrutura* — a estrutura contém todos os elementos que normalmente aparecem no gênero textual em questão? As informações estão organizadas de maneira clara e coerente? Faça um teste: o leitor conseguiria realizar um *scanning*, ou seja, localizar rapidamente determinada informação? Ou será que é necessário aumentar a letra dos títulos, usar destaque nos dados mais importantes, acrescentar imagens que facilitem a identificação dos assuntos?
2. *Extensão dos parágrafos* — os parágrafos estão equilibrados, com extensão semelhante? Em caso negativo, isso contribui para acrescentar algum sentido especial ao texto ou se trata de mero descuido?
3. *Extensão e construção das frases* — verifique se elas não estão curtas nem longas demais e se há variação e ritmo na combinação das diferentes formas e extensões.
4. *Hierarquia das informações* — se o texto tiver títulos e subtítulos, verifique se há coerência na atribuição dos níveis, bem como paralelismo na construção das frases. Observe estes casos:

1. Principais características da pesca artesanal 1.2 Principais características da pesca industrial	INCOERENTE. OS DOIS TÍTULOS DEVERIAM ESTAR NO MESMO NÍVEL.
1.1 <u>Principais características</u> da pesca artesanal 1.2 <u>Características principais</u> da pesca industrial	FALTA PARALELISMO. A ORDEM DAS PALAVRAS DEVE SER IGUAL.
1.1 <u>Analisando</u> a concorrência 1.2 <u>Análise</u> do consumidor	FALTA PARALELISMO. OU SE USA VERBO, OU SE USA SUBSTANTIVO.

5. *Padronização* — um texto padronizado transmite uma imagem de profissionalismo e cuidado. Verifique:
    - se o uso de maiúsculas e minúsculas está uniforme ao longo do texto — ex.: não misture as formas *a Nota Fiscal, a nota fiscal, a Nota fiscal*;
    - se a tipologia está coerente — ex.: se você está usando negrito para títulos e itálico para subtítulos, isso deve ser mantido ao longo de todo o texto;
    - se houve consistência na escolha de determinadas regras opcionais da língua — ex.: se você está usando vírgula antes de *etc.*, faça desse modo em todo o texto;

- se não há mistura entre *tu* e *você* — ex.: *Ontem tentei te telefonar para saber o que você tinha achado do novo projeto.* (errado) *Ontem tentei lhe telefonar para saber o que você tinha achado do novo projeto.* (certo)
- se não há troca de denominações — ex.: em um contrato de empréstimo, se você começou chamando as partes de *prestamista* e *prestatário*, não pode passar a chamá-las de *credor* e *devedor*, *investidor* e *gestor* etc., senão o documento ficará confuso ou até mesmo juridicamente inválido.

6. *Obediência à norma padrão* — verifique cuidadosamente a ortografia, a pontuação, a concordância, a regência e a colocação dos pronomes oblíquos. Para tanto, tenha à mão seu kit básico de consulta linguística: um dicionário completo e um bom manual de redação (reveja o Capítulo 3). Se o texto é predominantemente formal, e você usou algumas gírias ou expressões coloquiais, coloque-as entre aspas.

7. *Coerência* — primeiro, verifique a coerência em nível local: observe se não foram usados conectivos ou outras palavras com sentido diferente do pretendido. Depois, avalie a coerência global — o texto acrescenta novas informações a cada trecho, porém sempre na mesma direção, ou há ideias que se contradizem?

8. *Coesão e clareza* — os mecanismos coesivos permitem ao leitor reconstruir o sentido do texto ou ele precisa fazer inferências demais?

9. *Concisão* — como dizia Carlos Drummond de Andrade, "escrever é cortar palavras".[19] Verifique se há palavras ou expressões que podem ser cortadas sem prejuízo ao entendimento. Veja algumas sugestões:
    - elimine os pleonasmos (redundâncias) — ex.: todos os países ~~do mundo~~, elo ~~de ligação~~, encarar/enfrentar ~~de frente~~, inaugurar uma ~~nova~~ filial, monopólio ~~exclusivo~~, surpresa ~~inesperada~~;
    - prefira o sinônimo mais simples e curto — ex.: entretanto → mas; consistir em ou constituir → ser; a fim de → para (deixe para usar os mais longos apenas quando já tiver usado bastante os outros);
    - elimine as perífrases — **perífrase** é uma "frase ou recurso verbal que exprime aquilo que poderia ser expresso por menor número de palavras";[20] transforme-a em uma palavra só:

chegar à conclusão		concluir
dar informação		informar
fazer a abertura		abrir
fazer o acompanhamento	→	acompanhar
fazer um depósito		depositar
ser resultado		resultar
ter um desejo		desejar
tornar simples		simplificar

Resumo

- Frase é um enunciado dotado de sentido completo. Na escrita, ela é encerrada por ponto (final, de interrogação ou de exclamação) ou por reticências. As frases que contêm verbo são chamadas de períodos. Cada segmento de um período organizado em torno de um verbo ou locução verbal chama-se oração.
- Existem quatro formas básicas de compor uma frase: a frase nominal (sem verbo); o período simples (uma única oração); o período composto por coordenação (duas ou mais orações sintaticamente independentes); e o período composto por subordinação (duas ou mais orações sintaticamente dependentes).
- A "regra de ouro" para a construção e a extensão das frases é o equilíbrio — não é adequado usar apenas uma forma de composição, nem apenas frases curtas ou longas. O ideal é mesclar frases de diferentes construções e extensões, a fim de quebrar a monotonia do texto e conferir-lhe certos efeitos estilísticos, como a ênfase a determinadas ideias.
- A "fórmula" do parágrafo-padrão é: parágrafo-padrão = tópico frasal + desenvolvimento + (às vezes) conclusão. O tópico frasal compõe-se de um ou dois períodos que concentram a principal ideia do parágrafo. Tal ideia é ampliada e explanada no desenvolvimento, formado pelos períodos seguintes.
- Generalizações são os enunciados em que predominam as palavras e expressões abstratas (de sentido geral) — por exemplo, *vegetal*, *animal*, *ferramenta*. Especificações, por sua vez, são os enunciados em que predominam as palavras e expressões concretas (de sentido específico) — por exemplo, *figueira*, *atum*, *chave de fenda*. No raciocínio dedutivo, parte-se das generalizações para as especificações, enquanto no indutivo segue-se o caminho inverso, partindo das especificações para as generalizações.
- A coerência é o sentido do texto estabelecido pelo leitor com base em seu conhecimento de mundo e nas pistas e sinalizações deixadas pelo autor. A coesão, por sua vez, é o próprio conjunto formado por essas pistas e sinalizações.

- Os principais problemas de coerência e coesão observados em textos de redatores iniciantes podem ser divididos em quatro categorias: 1) falta de mecanismos coesivos; 2) excesso de mecanismos coesivos; 3) emprego inadequado dos mecanismos coesivos (o que gera incoerência); e 4) uso dos mecanismos coesivos para disfarçar a ausência de coerência.

Atividades

1. Volte à Seção 1 e reveja a edição proposta para o enunciado que se inicia com a frase "A PNAD é realizada anualmente" (página 141). Observe como as ideias fragmentadas em frases curtas foram "costuradas" em períodos maiores, com o uso de marcadores lógicos. Agora é sua vez de fazer esse tipo de edição. "Costure" adequadamente as frases a seguir — você pode cortar palavras e fazer as adaptações que quiser.[21]
    a) A data era 18 de novembro de 1889. Fazia três dias que a República havia sido proclamada. A família real brasileira partiu da Ilha Grande rumo ao exílio. Ilha Grande fica no litoral do Rio de Janeiro.
    b) Dom Pedro II era o imperador deposto. Ele estava a bordo do navio junto com a mulher, Teresa Cristina. Também estavam lá a princesa Isabel, o marido e os filhos. O navio se chamava Alagoas.
    c) A família real levava um tesouro na bagagem. Esse tesouro eram centenas de fotografias. Elas retratavam fatos nacionais, cenas urbanas do Império e a vida da realeza.

2. Vamos comprovar se o cálculo feito por Othon M. Garcia em 1967 ainda vale nos dias de hoje? Junto com um colega, selecione cinco textos expositivos ou argumentativos. Podem ser editoriais ou artigos de jornais e revistas, ensaios, capítulos de livros. Analise-os e respondam a estas perguntas:
    a) Quantos parágrafos cada texto tem?
    b) Deles, quantos apresentam tópico frasal?
    c) Quantos tópicos se encaixam em cada uma destas categorias: declaração inicial, definição e divisão?
    d) Os parágrafos-padrão (ou seja, com tópico frasal) são mais frequentes no início, no meio ou no fim dos textos?
    e) Observem, agora, os parágrafos sem tópico frasal. Como eles foram iniciados? O redator utilizou especificações (raciocínio indutivo) ou alguma outra fórmula (uma pergunta, uma citação, uma referência histórica)?

3. Com base na classificação proposta no Quadro 5.2, indique os principais mecanismos de coesão que foram usados no enunciado a seguir.[22] Não se esqueça de separá-los nas três categorias mostradas no quadro — coesão referencial, recorrencial e sequencial.

> **O piso salarial é apenas o primeiro passo**
> A informação de que o piso salarial dos professores para 2011 foi fixado em 1.187 reais para uma jornada de 40 horas é dessas notícias do tipo copo meio cheio, meio vazio. Meio cheio porque o índice de reajuste, de 15,9%, foi bem superior à inflação do ano passado (5,9%). E porque até 2008 o Brasil não possuía nenhuma lei nacional que regulamentasse um vencimento mínimo aos docentes. Meio vazio porque... Bem, convenhamos, ainda não se trata de um vencimento compatível com a responsabilidade da tarefa de ensinar. Aliás, nem com a média do mercado, já que outras profissões que exigem formação semelhante pagam muito mais. E porque, num contexto em que as condições de trabalho são precárias, e a formação, deficiente, não parece realista acreditar que aumentos salariais levarão, sozinhos, à recuperação do prestígio e da atratividade da carreira docente. [...]

4. **Chegou, finalmente, o momento de escrever um texto e colocar em prática tudo que foi aprendido neste capítulo. Siga estas instruções:**
   a) Imagine que o jornal de sua cidade vá lançar um suplemento semanal dirigido a jovens entre 15 e 25 anos. Você foi convidado para escrever um artigo na edição de lançamento. O tema são os principais desafios enfrentados pelos graduandos e as possíveis soluções para enfrentá-los. Seu texto deve ter obrigatoriamente três parágrafos, e eles devem totalizar no máximo 20 linhas.
   b) Antes de mais nada, realize um *brainstorming* ("tempestade de ideias") — deixe o pensamento fluir e liste todas as ideias que lhe ocorrerem, sem se preocupar com sua pertinência ou adequação.
   c) Em seguida, agrupe as ideias por afinidade (por exemplo, junte de um lado todas as relativas ao ingresso no mercado de trabalho, depois todas as relativas às despesas com os estudos e assim por diante). Aproveite para eliminar as menos importantes ou as que não se encaixam em nenhum dos grupos.
   d) Levando em conta os grupos de ideias, planeje seus três parágrafos: em uma palavra ou duas, resuma qual aspecto do tema você exporá em cada um deles.
   e) A partir desse planejamento, desenvolva o texto. No primeiro parágrafo, utilize a estrutura padrão (com tópico frasal). Nos dois seguintes, você pode repetir a fórmula ou, então, usar como modelo algum dos parágrafos não padrão que analisou na Atividade 2.
   f) Revise cuidadosamente seu texto, de acordo com o roteiro proposto na Seção 4, e faça as correções necessárias.
   g) Prepare, agora, uma nova versão do texto: em vez de começá-lo com um parágrafo-padrão, você vai abri-lo com especificações e depois fazer as generalizações — ou seja, vai utilizar um raciocínio indutivo. Quando terminar essa versão, submeta-a também à revisão.

h) Feitas as correções, passe as duas versões finais de seu artigo a um colega. Dessa vez, ele é que vai revisar seu texto de acordo com o roteiro e sugerir alterações. Você deve fazer o mesmo no texto dele. Quando receber suas sugestões, execute as que julgar convenientes, mas não se desfaça da versão anterior.

i) Finalmente, entregue ao professor as quatro versões de seu artigo — a versão original e a corrigida com parágrafo-padrão, e a versão original e a corrigida com pensamento indutivo. Para que seu professor localize mais facilmente o que foi alterado de uma versão para a outra, não se esqueça de destacar as correções.

Notas

1 GARCIA, Luiz. Tentação de maculação. *O Globo*, Rio de Janeiro, 13 jun. 2008.
2 CALDERARI, Juliana. *Folha de S.Paulo*, São Paulo, 16 jun. 2008.
3 GARCIA, Othon M. *Comunicação em prosa moderna*. 11. ed. Rio de Janeiro: Ed. FGV, 1983. p. 207.
4 GARCIA, op. cit. p. 169.
5 MUGNAINI JR., Ayrton. *Superinteressante*, mar. 2008.
6 ILARI, Rodolfo. *Linguística românica*. São Paulo: Ática, 1992. p. 20.
7 GARCIA, op. cit.
8 BERLINCK, Deborah. Dói mais no bolso do trabalhador. *O Globo*, 16 jun. 2008.
9 MARTINS FILHO, Eduardo Lopes. *Manual de redação e estilo de O Estado de S. Paulo*. 3. ed. São Paulo: OESP, 1997. p. 15.
10 GARCIA, op. cit.
11 CONY, Carlos Heitor. Desculpas e lamentos. *Folha de S.Paulo*, 06 set. 2005.
12 CARDOSO, Zélia de Almeida. *Iniciação ao latim*. São Paulo: Ática, 1989. p. 19.
13 LEFFA, Vilson J. Como produzir materiais para o ensino de línguas. In: LEFFA, Vilson J. (Org.). *Produção de materiais de ensino*: teoria e prática. Pelotas: Educat, 2003.
14 MARCUSCHI, Luiz Antônio. *Produção textual, análise de gêneros e compreensão*. São Paulo: Parábola, 2008.
15 Exemplo apresentado em: MARCUSCHI, op. cit. p. 107.
16 Exemplo apresentado em: PERINI, Mário A. *Sofrendo a gramática*: ensaios sobre a linguagem. 3. ed. São Paulo: Ática, 2002. p. 62.
17 FÁVERO, Leonor Lopes. *Coesão e coerência textuais*. 9. ed. São Paulo: Ática, 2002. p. 33.
18 FÁVERO, op. cit. p. 33.
19 MORAES NETO, Geneton. *O dossiê Drummond*. São Paulo: Globo, 1994. p. 207.
20 *Dicionário eletrônico Houaiss da língua portuguesa*, 2009.
21 Frases adaptadas de: MARTHE, Marcelo. Álbum de família. *Veja*, 23 fev. 2011. p. 122.
22 MONROE, Camila; RATIER, Rodrigo. *Nova Escola*, abr. 2011. p. 36.

Parte 3
O TEXTO NA ACADEMIA

Capítulo 6   Leitura para fins de estudo
Capítulo 7   A redação acadêmica

Capítulo 6
LEITURA PARA FINS DE ESTUDO

Objetivos de aprendizagem

Quando terminar o estudo deste capítulo, você deverá ser capaz de:
- Explicar o que é alfabetização informacional.
- Distinguir fontes primárias de secundárias.
- Explicar o papel da mediação editorial para a validação de fontes de consulta.
- Indicar os principais tipos de resumo.
- Mencionar as quatro regras que devemos aplicar para resumir um texto-fonte.

Introdução

No Capítulo 4, vimos que toda atividade de leitura tem um objetivo: quem lê uma história em quadrinhos está em busca de diversão, quem lê a bula de um remédio quer informar-se sobre ele e assim por diante. Neste capítulo, vamos estudar as práticas de leitura que têm como finalidade específica o estudo, a construção de conhecimentos.

Elas podem acontecer em um ambiente educacional convencional, como a escola ou a faculdade, ou em outros contextos, como o trabalho e a preparação para concursos públicos. Às vezes, o texto é indicado em uma bibliografia; outras, é a própria pessoa quem deve decidir o que ler. Mas, mesmo no primeiro caso, não é aconselhável ficar limitado àquela fonte predeterminada. O leitor precisa aprender a localizar e selecionar fontes de consulta por conta própria — ou, para usar um termo em voga atualmente, ele precisa "aprender a aprender" sozinho.

Tendo isso em mente, preparamos neste capítulo um guia que vai ajudá-lo a tornar-se um leitor-aprendiz autônomo. Você vai conhecer as principais estratégias para localizar as fontes de consulta mais adequadas a cada situação, selecioná-las de maneira criteriosa, identificar os pontos-chave do texto lido e, finalmente, utilizá-los para seu estudo ou como subsídio para a produção de outros textos.

Conteúdo do capítulo

Seção 1 Busca de informações
Seção 2 Leitura com fins de resumo

••• Seção 1   Busca de informações

No dia a dia, muitas vezes ouvimos comentários como este:

> Meu professor pediu um trabalho sobre lesões por esforço repetitivo. Fiz uma pesquisa na Internet, mas ainda não encontrei o que queria. Agora vou à biblioteca... Quem sabe lá consigo terminar a pesquisa.

Na linguagem coloquial, não há problema algum em usar a palavra *pesquisa* com este significado — ir à biblioteca ou acessar a Internet em busca de textos para consulta. Contudo, em termos técnicos, essa atividade não é uma pesquisa propriamente dita, e sim uma **busca de informações**. No linguajar acadêmico ou científico, o verbo *pesquisar* tem uma conotação muito específica: conforme veremos no próximo capítulo, ele pressupõe a aplicação de uma *metodologia científica*. Em outras palavras, no ensino superior ou na pós-graduação, "fazer uma pesquisa" sobre lesões por esforço repetitivo (LER) seria, por exemplo, aplicar questionários a um grupo de operadores de telemarketing para descobrir se eles já tiveram algum afastamento por LER, qual foi o diagnóstico, quanto tempo ficaram afastados etc., depois analisar todos esses dados segundo um método preestabelecido e, por fim, extrair conclusões.

Comparada a essa pesquisa propriamente dita, a busca de informações é um conceito muito mais amplo. Aliás, obviamente ela não ocorre apenas no meio acadêmico. Todos os dias, pessoas das mais diferentes idades e formações, com as mais variadas finalidades, buscam informações em meios impressos e — principalmente — na Internet. Descobrir qual o horário do próximo ônibus para outra cidade, em qual cinema está passando um filme que se deseja ver, qual o salário médio de um gerente de compras ou quanto custa uma câmera digital — tudo isso envolve busca de informações.

Há décadas, a biblioteconomia e a ciência da informação estudam como as pessoas buscam informações e como esse processo pode ser melhorado. Com base em tais estudos, os pesquisadores dessas áreas desenvolveram o conceito de **letramento** ou **alfabetização informacional**. Como mostra a Figura 6.1, ser alfabetizado do ponto de vista informacional significa ser capaz de:[1]

- *localizar* informações com eficiência;
- *selecionar* essas informações de maneira criteriosa;
- *utilizar* as informações selecionadas com precisão e criatividade.

Nesta seção, você conhecerá as principais estratégias que podem ajudá-lo a elevar seu nível de alfabetização informacional. Elas se aplicam às necessidades de informação típicas tanto de um estudante como de profissionais e outros que buscam expandir seus conhecimentos por meio da leitura.

Localização das informações

Assim como ocorre na atividade de leitura (Capítulo 4), o primeiro passo da busca de informações é o estabelecimento de objetivos. A melhor maneira de cumprir essa etapa é listar as principais perguntas cuja resposta se pretende obter com a busca. Por exemplo, se o tema é "lesões por esforço repetitivo", a lista de perguntas poderia ser esta:

a) O que são lesões por esforço repetitivo?
b) Quais são suas principais causas?
c) Quais são seus principais sintomas?
d) Qual é o tratamento mais adequado?
e) Existe um tratamento preventivo? Em caso positivo, qual é ele?
f) Como a legislação trabalhista brasileira aborda o problema?

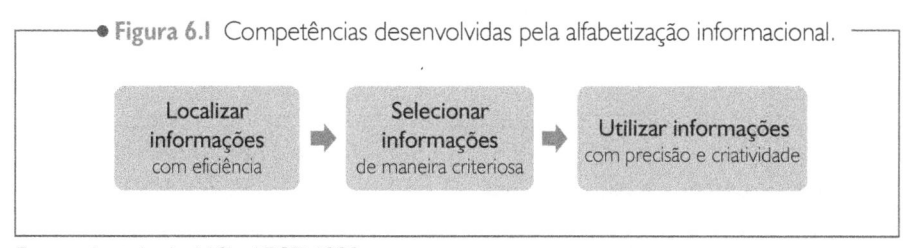

Figura 6.1 Competências desenvolvidas pela alfabetização informacional.

Localizar informações com eficiência ➡ Selecionar informações de maneira criteriosa ➡ Utilizar informações com precisão e criatividade

Fonte: adaptado de AASL; AECT, 1998.

Hoje em dia, o conceito de biblioteca inclui não apenas o modelo tradicional, mas também o virtual. Muitas instituições de ensino proporcionam a seus alunos acesso a acervos digitalizados. Além disso, existem acervos de acesso público — como o Google livros® — em que é possível visualizar parcialmente inúmeros livros. Ainda que se trate de uma consulta limitada (já que o número de páginas disponíveis em cada livro é pequeno), pode ser o primeiro passo para uma busca mais detalhada na biblioteca física ou em outra fonte.

Com base nessa lista de perguntas, o consulente pode imaginar quais seriam as fontes de consulta mais adequadas. Em uma biblioteca, seria interessante um livro específico sobre esse tipo de lesão ou, na falta deste, um manual de medicina do trabalho ou de fisioterapia. Na Internet, os *sites* mais indicados seriam os oficiais, como o do Ministério da Saúde e do Trabalho, ou os ligados a instituições confiáveis, como faculdades renomadas de medicina e fisioterapia.

Contudo, ao fazer uma busca na Internet, muitas pessoas preferem iniciar por uma ferramenta de busca (como o Google®), e não por um *site* específico. Nesse caso, é importante pensar em palavras-chave adequadas para filtrar os resultados — senão, a quantidade de *links* recebidos será grande demais e a próxima etapa da busca, a seleção, levará um tempo excessivo. No Quadro 6.1, você encontra algumas dicas para filtrar com mais eficiência as buscas on-line.

Quadro 6.1   Dicas para otimizar o uso de uma ferramenta de busca on-line.

Tipo de busca	Exemplo	Descrição
Busca básica	programa metas base	Serão buscadas páginas em que apareçam todas as palavras listadas, juntas ou separadas e em qualquer ordem.
Busca por expressão exata (com aspas)	"programa de metas e base de ação"	Serão buscadas páginas em que apareça a expressão exata.
Busca básica combinada à busca por expressão exata	"plano de metas" Kubitschek Cepal	Serão buscadas páginas em que apareça a expressão exata e, além dela, os outros termos listados.

Busca com exclusão (sinal de menos)	Sócrates −futebol	Serão buscadas páginas em que aparece a palavra *Sócrates*, mas não a palavra *futebol*. Isso é útil, por exemplo, se você quer pesquisar sobre o filósofo Sócrates, e não sobre o jogador Sócrates.
Busca sem um ou mais termos (asterisco)	"programa * ação"	Serão buscadas páginas em que apareça a expressão entre aspas e, no lugar do asterisco, uma ou mais palavras. Os resultados podem incluir, por exemplo, "programa <u>de metas e bases de</u> ação", "programa <u>de bases de</u> ação", "programa <u>de</u> ação" e "programa <u>Brasil em</u> ação".
Busca dentro de um *site*	lesões esforço repetitivo site: saude.gov.br	Serão buscadas páginas com as palavras-chave apenas dentro do *site* indicado. Neste exemplo, o *site* é o do Ministério da Saúde.
Busca direcionada	books.google.com.br (livros) scholar.google.com.br (artigos acadêmicos) images.google.com.br (imagens) news.google.com.br (notícias)	Esta é uma das ferramentas mais úteis, pois permite filtrar a busca pelo tipo de veículo em que o texto foi publicado. Se você entrar na página books.google.com.br (Google Livros®), suas palavras-chave serão buscadas *apenas* em livros; no scholar.google.com.br (Google Acadêmico®), *apenas* em artigos acadêmicos e assim por diante.
Busca avançada	Filtros por idioma, data, autor etc.	É possível tornar a busca direcionada ainda mais precisa por meio das opções avançadas. Ao buscar a expressão *market share* no Google Livros®, por exemplo, você pode optar por receber apenas livros em português e apenas aqueles publicados após o ano 2000.

Seleção das informações

Quando tiver reunido um bom número de resultados em sua busca, o passo seguinte é selecioná-los. Para começar o estudo dessa etapa, abordaremos uma distinção essencial: aquela existente entre fontes primárias e secundárias. Em seguida, examinaremos o papel que a mediação editorial exerce na validação de uma fonte de consulta.

Fontes primárias e secundárias

Fontes primárias, ou **fontes de primeira mão**, são os textos diretamente relacionados ao tema que você quer examinar ou que oferecem informações inéditas sobre ele. Já as **fontes secundárias**, ou **fontes de segunda mão**, são os textos produzidos por pessoas que comentam as fontes primárias.

Vai ficar mais fácil entender a diferença analisando um exemplo. Leia este fragmento de uma reportagem publicada no jornal *Folha de S.Paulo*:[2]

> **Redução da desigualdade ainda é frágil, diz Ipea**
> *Estudo aponta uma concentração de novos empregos em faixa de baixa remuneração*
> A redução da pobreza e da desigualdade no Brasil ainda se assenta sobre bases frágeis, pois foi puxada pela oferta de empregos de baixa remuneração no setor de serviços e comércio, aponta estudo divulgado ontem pelo Ipea (Instituto de Pesquisa Econômica Aplicada).
> Segundo o estudo do órgão federal, dos 2,1 milhões de novos postos de trabalho criados por ano na década de 2000, 95% pagavam até 1,5 salário mínimo (R$ 817,50). Enquanto isso, a cada ano foram eliminadas 397 mil vagas com salário de três mínimos ou mais.
> [...]

A fonte primária, neste caso, é o estudo divulgado no dia anterior pelo Ipea, e a fonte secundária é justamente a reportagem da *Folha de S.Paulo*.

Essa diferença não existe apenas quando estamos falando de dados e estatísticas, como nesse exemplo. Mesmo no caso de elementos mais abstratos, como teorias e conceitos, também é necessário distinguir entre fontes primárias e secundárias.

Pense, por exemplo, no *balanced scorecard*, uma metodologia para avaliação de empresas bastante conhecida por estudantes e profissionais de administração. Ela foi desenvolvida por David Norton e Robert Kaplan em uma série de artigos publicados na *Harvard Business Review* (um periódico ligado à prestigiosa Universidade de Harvard) entre 1992 e 1996. Portanto, se você estiver atrás de informações sobre o *balanced scorecard*, sua fonte primária serão os artigos de Norton e Kaplan, e suas fontes secundárias serão todos os textos de outros autores, brasileiros ou estrangeiros, que comentam essa metodologia.

Vale lembrar que o conceito de fonte primária não é absoluto, pois depende do ângulo da investigação. Se você quer saber, por exemplo, como as grandes empresas nacionais utilizam o *balanced scorecard* em seus relatórios financeiros, suas fontes primárias serão esses relatórios, ao passo que os artigos de Norton e Kaplan fornecerão apenas informações subsidiárias.

Agora que você entendeu bem a diferença entre fontes primárias e secundárias, vamos à questão mais importante: qual dos dois tipos de fonte devemos escolher? Na verdade, não se trata de abrir mão totalmente de um tipo em favor do outro. Podemos dizer que, se pretendemos formar uma opinião abalizada sobre determinado tema — e, principalmente, escrever sobre ele —, a leitura das fontes primárias é indispensável. Em outras palavras: é impossível escrever uma monografia sobre *balanced scorecard* sem ter lido os artigos de Norton e Kaplan, assim como é impossível preparar um parecer sobre o estudo do Ipea sem lê-lo, baseando-se apenas na reportagem da *Folha de S.Paulo*.

Por outro lado, as fontes secundárias também são importantes, pois contribuem para ampliar e atualizar a leitura das primárias. Afinal, não basta saber o que Norton e Kaplan disseram nos anos 1990; é preciso entender como suas ideias foram recebidas na época, como são vistas hoje em dia, quais aperfeiçoamentos ou atualizações outros autores propuseram à metodologia original e assim por diante. Enfim: as fontes secundárias ajudam-nos a traçar o *contexto* de produção e repercussão das fontes primárias.

Além disso, as fontes secundárias muitas vezes são a porta de entrada para as primárias. Imagine, por exemplo, que você esteja pesquisando sobre a redução da desigualdade no Brasil. Se começar sua busca no *site* do Ipea, terá acesso apenas a estudos conduzidos por esse instituto. Mas, se começar sua busca no *site* de um veículo da grande imprensa, como a *Folha de S.Paulo*, terá acesso a inúmeros estudos e análises sobre o tema, produzidos pelos mais diversos órgãos e pesquisadores. Depois, é só selecionar quais deles mais lhe interessam e ir atrás dos originais. Outra vantagem dos textos publicados nos veículos de imprensa é que, em geral, eles são mais fáceis de consultar e compreender do que as fontes primárias, uma vez que se dirigem a um público não especializado.

Por fim, as fontes secundárias são de imensa utilidade quando começamos a lidar com uma área ou um tema novo para nós. Você faz ideia do porquê? Ora, é simples. Imagine que você nunca tenha ouvido falar em *balanced scorecard*, mas, de repente, um compromisso no trabalho ou na faculdade o obrigue a preparar uma apresentação a respeito. Sua busca de informações começará, portanto, do zero.

Se você digitar *balanced scorecard* na ferramenta de busca, certamente receberá uma longa lista de textos sobre a metodologia — quase todos eles fontes secundárias (isto é, outros textos que não os artigos publicados por Norton e Kaplan na *Harvard Business Review*). Ao examiná-los, você perceberá que praticamente todos citam os trabalhos de Norton e Kaplan. Desse modo, mesmo sendo um novato em *balanced scorecard*, você já terá feito uma descoberta importante: Norton e Kaplan são os "papas" desse assunto, as fontes mais "quentes" a respeito. Logo, sua apresentação não pode deixar de citá-los! E para fazer isso você terá, é claro, de recorrer à fonte primária (aos artigos da *Harvard Business Review*).

Apud: *citação de citação*

Por falar em citações, há uma palavrinha latina relacionada a isso que todos nós precisamos conhecer: *apud*, que poderia ser traduzida por "está em". Veja como essa expressão foi empregada no parágrafo a seguir, extraído de uma tese de doutorado.[3]

> A representação social foi introduzida na psicologia social em 1961, por Serge Moscovici, quando da publicação de sua pesquisa *Representação social na psicanálise*. Segundo o autor, "por representações sociais queremos indicar um conjunto de conceitos, explicações e afirmações que se originam na vida diária, no curso de comunicações interindividuais. Poder-se-ia dizer que são a versão contemporânea do senso comum" (MOSCOVICI *apud* SILVA LEME, 1993, p. 47).

Por que o trecho que começa em "por representações sociais" e termina em "senso comum" está entre aspas? Porque se trata de uma **citação direta** ou **literal**, ou seja, uma reprodução exata do que disse outra pessoa — no caso, a frase é do psicólogo Serge Moscovici. E o que significa a indicação "(MOSCOVICI *apud* SILVA LEME, 1993, p. 47)" no fim do fragmento? Significa que a autora da tese copiou essa frase de Moscovici não de um texto assinado por ele mesmo, mas de um texto de Silva Leme. Em outras palavras: a fonte primária dessa citação é o texto de Moscovici, mas a autora da tese, por um motivo ou por outro, não pôde consultá-lo; então, ela recorreu a uma fonte secundária — o texto de Silva Leme —

e dela transcreveu a frase de Moscovici. Logo, a indicação no fim do fragmento poderia ser lida do seguinte modo:

MOSCOVICI *apud* SILVA LEME, 1993, p. 47

Esta frase de MOSCOVICI está em SILVA LEME, 1993, p. 47.

O que o uso do *apud* tem a ver com o que acabamos de discutir sobre fontes primárias e secundárias? Tem tudo a ver. Para entender a relação, recorde o que afirmamos alguns parágrafos atrás: se você quer formar uma opinião abalizada sobre determinado tema e, principalmente, escrever sobre ele, é indispensável ler as fontes primárias. De acordo com esse raciocínio, o *apud* não deveria sequer ser usado — na hora de citar determinado autor, deveríamos obrigatoriamente consultar a fonte primária, ou seja, o texto em que o autor expôs aquele pensamento, certo?

No entanto, existem situações em que a citação via fonte secundária (ou seja, o *apud*) é admissível ou até mesmo recomendável. Veja alguns casos:

- a fonte primária está em um idioma que você não entende e não há tradução disponível em português;
- a fonte primária é de difícil acesso (por exemplo, um livro antigo e raro);
- o tema tem pouca relevância no contexto geral de sua pesquisa — por exemplo, se você está preparando uma monografia sobre o *balanced scorecard*, é indispensável ler os artigos de Norton e Kaplan, porque eles dizem respeito ao tema central de seu trabalho; no entanto, se no meio do texto você abordar um tópico secundário, de menor relevância, não é tão importante assim recorrer às fontes primárias.

Em resumo: o *apud* pode ser usado, desde que sem exageros. A única coisa que você não pode fazer, nunca, "é citar uma fonte de segunda mão fingindo ter visto o original".[4] No exemplo da tese de doutorado que estamos acompanhando, isso teria acontecido se a autora, mesmo tendo visto a frase de Moscovici em Silva Leme, tivesse "fingido" tê-la visto no original. Desse modo, a referência ficaria assim: MOSCOVICI, 1981, p. 181 (sem menção a Silva Leme).

Além de ser antiético, esse comportamento pode colocar o "espertinho" em apuros. Imagine, por exemplo, que a fonte secundária contenha alguma incorreção. No caso que estamos acompanhando, o livro de Silva Leme poderia conter um erro de digitação — uma palavra trocada, por exemplo. Esse tipo de problema é ainda mais comum quando estão envolvidos números e equações: no caso do estudo do Ipea, poderia ter acontecido de o jornalista da *Folha* ter digitado incorretamente alguma estatística.

Ao transcrever os dados da fonte secundária fingindo tê-los transcrito da primária, o consulente assume a responsabilidade por todos esses possíveis erros. Afinal, ele "jura" que viu aquilo no original. E o vexame maior pode acontecer: o "espertinho" pode ser desmascarado. Imagine, por exemplo, que um estudante de economia tenha consultado apenas reportagens da *Folha de S.Paulo* para preparar uma monografia sobre redução da desigualdade no Brasil; apesar disso, suponha que ele tenha (de maneira nada ética) feito todas as referências como se tivesse consultado diretamente os relatórios do Ipea, do IBGE e de outros institutos. Imagine, agora, que as reportagens do jornal contivessem vários erros, como números trocados. Suponha, ainda, que o professor da disciplina faça uma busca no *site* da *Folha* e perceba que todos os erros que aparecem no texto do aluno também aparecem, "misteriosamente", nas matérias do jornal. O que você acha que vai acontecer? No mínimo, o trabalho do estudante perderá boa parte de sua credibilidade — afinal, se ele não foi ético em relação a isso, provavelmente não o foi também em outros aspectos da pesquisa. O professor pode ficar desconfiado quanto a plágio ou fraudes nos dados, por exemplo. Portanto, fica a lição: tente recorrer sempre às fontes primárias, mas, quando isso não for possível, pelo menos seja ético e use o *apud*. Voltaremos a falar sobre citações no Capítulo 7.

Mediação editorial

Você sabe como se produz um livro? Os processos editoriais podem variar quanto ao grau de complexidade, mas, em geral, envolvem as seguintes etapas:

- Primeiro, os originais são analisados pela editora. Como produzir um livro custa dinheiro, a editora não investirá no lançamento de uma obra se não tiver a expectativa de que ela será bem recebida pelo público.

> Estamos usando os livros como exemplo, mas, na verdade, tudo que se diz aqui sobre a mediação editorial vale também para revistas, jornais e outras publicações.

- Caso os originais sejam aprovados, seguem para as mãos de um editor. Ele analisará aspectos macroestruturais da obra, tais como a adequação ao público-alvo, a distribuição do conteúdo pelos capítulos, a eventual ausência de tópicos importantes (cuja inclusão será solicitada ao autor) ou a presença de tópicos dispensáveis (que podem ser eliminados), entre outros itens.
- Depois dessas transformações de maior porte, o material segue para um preparador ou copidesque. Essa pessoa melhorará as construções frasais, esclarecerá trechos obscuros, zelará pela padronização — enfim, cuidará de todos os detalhes para que o material chegue com a maior qualidade possível às mãos do leitor.
- Finalmente, depois de diagramado, o livro vai para um revisor, que fará uma verificação final, a fim de pegar erros (inclusive gramaticais ou de digitação) que tenham passado pelas outras etapas.

Observando esse processo, fica fácil entender por que Roger Chartier,[5] historiador do livro e da leitura, afirma que o ideal de um livro "original", saído diretamente da cabeça do autor para as mãos do leitor, simplesmente não existe. A produção de um livro é, por definição, um trabalho coletivo. Entre o autor e o leitor, existe toda uma camada de agentes que executam a denominada **mediação editorial**.

Segundo Chartier, uma das principais ações realizadas por esses mediadores é a censura. Como assim? Os editores são censores? É mais ou menos isso. De acordo com o raciocínio desenvolvido por esse historiador, desde que o processo de produção de um livro tornou-se relativamente fácil (ou seja, desde a introdução da imprensa na Europa por Johannes Gutenberg, em meados do século XV), os editores e livreiros têm desempenhado um papel ambivalente na circulação dos textos escritos. Por um lado, são eles que possibilitam essa circulação, porque se responsabilizam pela tarefa de levar os livros até o leitor. Imagine o trabalho que um escritor como Paulo Coelho teria se tivesse de vender seus livros de porta em porta, pelo mundo afora. Seria impossível, não é?

Além disso, ao transformar o livro em um negócio capaz de gerar lucros, editores e livreiros estimulam a própria atividade da escrita. Podemos supor que, se os livros não rendessem dinheiro algum, poucas pessoas se animariam a escrevê-los.

Por outro lado, adverte Chartier, editores e livreiros também *restringem* a circulação dos textos escritos. Afinal, existem muitos e muitos originais que jamais serão aceitos pelas editoras. E, mesmo que um autor rejeitado resolva bancar a edição de seu livro do próprio bolso, dificilmente conseguirá expô-lo nas livrarias dos *shoppings* e aeroportos — isso porque o mercado editorial (assim como a maioria dos outros mercados) é "fechado a forasteiros".

A essa altura da discussão, você deve estar pensando que tudo isso valia *antes* da era da Internet, mas agora as coisas estão mudadas: hoje em dia, qualquer um pode publicar seu livro on-line, editado na forma de um *e-book* ou simplesmente na forma de *posts* em um *blog*, por exemplo. E é bem possível que algumas dessas "produções independentes" tenham um alto nível de qualidade, ainda que tenham sido rejeitadas anteriormente por editoras convencionais.

No entanto, será que textos assim, que não passaram pela mediação editorial, são boas fontes de consulta para estudo ou para as informações e citações necessárias à preparação de outros textos? Essa pergunta nos leva de volta ao assunto central do presente tópico: a seleção das informações.

Os textos que não passaram por uma mediação editorial (como artigos publicados em *blogs* e páginas pessoais) não são "proibidos" — eles podem ser consultados livremente e, com frequência, trazem informações relevantes e originais. No entanto, não é recomendável usá-los como única fonte de consulta, muito menos citá-los em um texto acadêmico, como uma monografia. Por quê? Porque, justamente por não terem passado por uma mediação, essas fontes não foram validadas.

Mesmo com todas as suas falhas, o processo editorial continua sendo a melhor maneira de garantir a qualidade de um texto escrito. Afinal, como vimos, participa desse processo uma série de profissionais especializados, que empregam suas diversas *expertises* para corrigir e aprimorar os originais. Se, mesmo com essa intermediação, os livros impressos pelos meios convencionais já saem com erros, imagine *sem ela*!

• Saiba mais

A validação de uma fonte de consulta pela mediação editorial não é uma regra absoluta. Existem, é claro, muitos autores que já chegaram a tal nível de reconhecimento em sua área que dispensam a chancela de uma editora e até mesmo a revisão dos pares. Apenas para dar alguns exemplos brasileiros, poderíamos mencionar Antônio Cândido (literatura), Marilena Chauí (filosofia), Aziz Ab'Saber (geografia) e Ives Gandra da Silva Martins (direito), entre tantos outros. Se pessoas desse gabarito publicarem textos em um *blog*, não há problema algum em citá-los porque a própria autoria já é uma garantia de confiabilidade — desde que, é óbvio, você tenha certeza de que não se trata de um texto apócrifo (reveja o conceito no Capítulo 4).

Revisão dos pares

Quando falamos de textos científicos (monografias, dissertações, teses, resenhas, artigos acadêmicos), o papel da mediação é ainda mais decisivo. O motivo disso é que o discurso acadêmico ou científico segue certos "rituais " — e um deles consiste, precisamente, em aceitar como válidos apenas os textos que já passaram pelo crivo de outros cientistas. É o critério denominado **revisão dos pares**.

Para entender melhor essa ideia, pense em um estudante de mestrado. Ele só terá o resultado de sua pesquisa validado (ou seja, sua dissertação aprovada) se conseguir provar a seus futuros "pares" — os acadêmicos membros da banca examinadora — que seguiu os métodos adequados para analisar os dados e extrair conclusões. Se conseguir fazê-lo, ganhará o título de mestre e, assim, "carimbará seu passaporte" para o universo acadêmico. Daí em diante, sua dissertação poderá ser citada em outros textos acadêmicos — inclusive no trabalho de conclusão de curso de um estudante da graduação, por exemplo.

O mesmo raciocínio se aplica a artigos publicados em periódicos acadêmicos, como a *Harvard Business Review* (eles foram aprovados pelos membros do conselho editorial, que também são acadêmicos), apresentados em congressos (foram aprovados pelos organizadores do congresso) e assim por diante. Enfim, independentemente de considerarmos esses trabalhos bons ou ruins, eles já receberam o "carimbo" de aprovação de outros acadêmicos; portanto, são fontes válidas para consulta e citação.

- Saiba mais

Periódicos acadêmicos são, como o nome indica, publicações periódicas de caráter acadêmico ou científico. Eles podem ser impressos ou eletrônicos e, geralmente, estão ligados a um departamento ou a um programa de pós-graduação dentro de uma faculdade. Alguns periódicos só aceitam contribuições de doutores, mas há outros de alcance mais modesto, que recebem textos de graduandos e/ou alunos de iniciação científica. Isso também significa que o nível de reconhecimento dos periódicos não é igual: alguns são mais respeitados do que outros. Para orientar os pesquisadores brasileiros quanto ao nível de qualidade dos periódicos, a Capes (Coordenação de Aperfeiçoamento de Pessoal de Nível Superior) publica um índice chamado Qualis. Nele, as publicações são classificadas em oito categorias: A1 (a melhor), A2, B1, B2, B3, B4, B5 e, finalmente, C (periódicos com peso zero). Saiba mais sobre o Qualis no portal da Capes: http://www.capes.gov.br/avaliacao/qualis.

Utilização das informações

Chegamos à última etapa do processo de busca — a utilização das informações selecionadas, que, como vimos no início desta seção, deve ser feita com precisão e criatividade. O que indicam esses dois critérios?

O critério da precisão, nesse caso, está relacionado com a fidelidade ao original. Utilizar informações com precisão significa não distorcer as ideias do original, não "colocar palavras na boca" de um autor citado, nem omitir aspectos essenciais de seu pensamento. Imagine, por exemplo, que você esteja buscando textos sobre alimentos transgênicos e tenha encontrado um artigo favorável a eles. Em determinado trecho, porém, o autor admite que o consumo desses produtos pode ter efeitos colaterais desconhecidos. Se você extrair apenas essa frase do artigo e citá-la em seu texto como um argumento *contra* os transgênicos, sem indicar que ela foi retirada de um texto que os defende, não estará sendo fiel ao original. Em situações como essa, vale aquele velho provérbio: "Não faças aos outros o que não gostaria que fizessem a ti". Você gostaria de ver seus argumentos descontextualizados e usados com um sentido oposto às ideias que defende? Certamente não.

O critério da criatividade, por sua vez, está relacionado ao grau em que o leitor é capaz de reelaborar de maneira crítica as informações que encontra. Se, ao ler estas palavras, você se lembrou da famigerada prática do "copia e cola", acertou em cheio: o nefasto hábito de copiar e colar textos da Internet sem nem sequer lê-los é o extremo oposto do que se considera como utilização criativa de informações.

Por outro lado, até que ponto se pode esperar que um estudante de graduação, por exemplo, seja capaz de reelaborar criticamente textos de autores muito mais experientes do que ele? Para responder a essa pergunta, o educador Pedro Demo[6] propôs a escala de níveis de reconstrução crítica em relação às fontes de consulta que mostramos na Figura 6.2. Como se vê, há cinco níveis:

1. **Interpretação reprodutiva** — quase todo grande criador começou fazendo cópias. Mas não estamos falando de uma cópia qualquer; a interpretação reprodutiva exige uma cópia benfeita, fiel ao original, com uso de aspas e indicação da fonte. Pode haver também um trabalho de síntese, no qual o estudante revelará um pouco de sua criatividade.
2. **Interpretação própria** — nesse nível o estudante substitui a cópia pela **paráfrase**, ou seja, torna-se capaz de reescrever os textos lidos com suas palavras. Se ele conseguir estabelecer alguma articulação entre os diferentes textos, será um diferencial importante.

Figura 6.2 Níveis de reconstrução dos textos lidos.

- Interpretação reprodutiva — cópia benfeita
- Interpretação própria — paráfrase
- Reconstrução — mestrado e doutorado
- Construção — criação de vanguarda
- Criação/descoberta — quebra de paradigma

Fonte: elaboração própria com dados de DEMO, 1997, p. 40-42.

3. **Reconstrução** — nesse nível, mais do que parafrasear, o acadêmico é capaz de dialogar com as teorias de vários autores, reorganizando-as e reinterpretando-as de modo pessoal. Na grande maioria das vezes, esse nível só é atingido no mestrado ou doutorado.
4. **Construção** — esse quarto nível é alcançado apenas por pesquisadores mais maduros e experientes. Nele estão "os autores que apresentam referencial teórico próprio, construído no debate com outros, superando-os, burilando-os, revendo-os, sempre no sentido de emergir da cena como fazedor de vanguarda."[7]
5. **Criação/descoberta** — os poucos pesquisadores que chegam a esse patamar introduzem paradigmas metodológicos, teóricos ou práticos verdadeiramente novos, revolucionários.

Como se vê, o gesto de "copiar e colar" textos da Internet, sem nem sequer lê-los, simplesmente não aparece na escala de Demo — afinal, essa prática não envolve reconstrução alguma. E, se ela já não faz sentido no ensino básico, fará ainda menos no ensino superior ou na vida profissional, quando a pessoa tem maturidade o suficiente para perceber que a maior prejudicada pelo falso "aprendizado" é ela mesma.

• Saiba mais

Com base na escala proposta por Demo, podemos concluir que, quanto à utilização criativa das informações encontradas, espera-se que um estudante de graduação seja capaz:
- no mínimo, de copiar cuidadosamente os textos consultados, usando aspas e indicando a fonte;
- se possível, resumi-los (atividade que estudaremos na próxima seção); e
- em um nível mais avançado, parafraseá-los, ou seja, reescrevê-los com suas palavras.

• • • Seção 2   Leitura com fins de resumo

No ambiente educacional, o resumo tem basicamente três finalidades:[8]
- ele serve como instrumento de aprendizagem, pois permite ao aluno organizar e fixar as informações de um texto lido;
- serve como subsídio para a produção de um texto próprio (uma resenha ou o trabalho de conclusão de curso, por exemplo);
- serve, para os professores, como instrumento de avaliação da aprendizagem dos alunos — ao solicitar que eles preparem um resumo de determinado texto, o professor pode verificar se o compreenderam e se são capazes de reproduzir os pontos-chave de maneira coerente e coesa.

Reunindo as definições da Associação Brasileira de Normas Técnicas (ABNT)[9] e as lições de diversos autores,[10] podemos dividir os resumos em dois grandes grupos: de um lado, os **resumos descritivos**, que se limitam a apresentar os pontos-chave de um texto-fonte, sem lhe dirigir comentários críticos explícitos; de outro, os **resumos críticos**, também conhecidos como **resenhas críticas**, que, além de uma sinopse do texto-fonte, trazem uma avaliação argumentativa a respeito dele.

Conforme mostra a Figura 6.3, o primeiro grupo — dos resumos descritivos — pode ser novamente dividido em duas grandes categorias: de um lado, os **resumos esquemáticos**, compostos por tópicos hierarquizados; de outro, os **resumos lineares**, isto é, organizados em um texto linear, com frases e parágrafos unidos pelos mecanismos coesivos tradicionais.

[anotação manuscrita: Essa divisão não se aplica aos resumos críticos, pois eles nunca são esquemáticos.]

Figura 6.3 Classificação dos resumos.

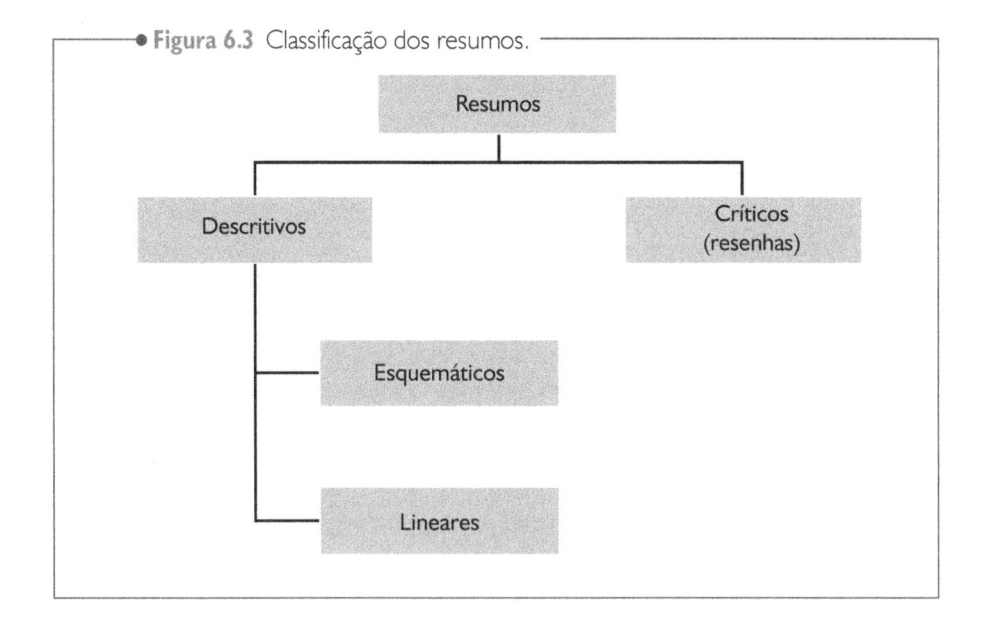

```
                    Resumos
                   /       \
            Descritivos    Críticos
              |            (resenhas)
              |
          Esquemáticos
              |
           Lineares
```

Como preparar um resumo esquemático

Na maioria das vezes, o destinatário de um resumo esquemático é seu próprio criador, que o emprega para fins de estudo ou revisão. Esse tipo de resumo também é utilizado em apresentações eletrônicas (como veremos no Capítulo 8) ou em figuras a serem inseridas em um texto linear maior (como ocorre neste livro).

A preparação de um resumo esquemático segue duas diretrizes básicas: a nominalização e o estabelecimento de relações lógicas entre os tópicos.

Nominalização

Nominalizar um enunciado complexo significa reduzi-lo a um **sintagma nominal**, isto é, uma unidade linguística organizada em torno de um nome (substantivo ou adjetivo). Os sintagmas nominais presentes nos resumos esquemáticos correspondem, justamente, aos pontos-chave do texto-fonte.

Para entender isso melhor, basta observar as figuras presentes neste capítulo — todas elas são compostas por nominalizações: "Interpretação reprodutiva — cópia benfeita", "Interpretação própria — paráfrase" (Figura 6.2), "Resumos", "Descritivos", "Esquemáticos", "Lineares" (Figura 6.3). Mesmo no caso da Figura 6.1, em que aparecem verbos ("*Localizar* informações com eficiência"), eles estão em uma forma nominal (o infinitivo), portanto também podem ser considerados parte de um sintagma nominal.

Para realizar a nominalização, é preciso identificar as ideias mais importantes do texto-fonte. A tarefa fica fácil quando elas estão destacadas em negrito ou itálico — aliás, muitos autores e editores fazem isso justamente para facilitar as operações de *scanning* e síntese feitas pelos leitores. Além dos termos destacados, é bom observar as definições típicas, formadas por enunciados do tipo "A é B"; por exemplo: "Barreiras tarifárias são aquelas que envolvem a cobrança de tributos".

Eventualmente, as nominalizações podem estar acompanhadas por frases curtas, que as esclarecem ou complementam. Na Figura 4.3 do Capítulo 4, por exemplo, usamos essa combinação. No centro do diagrama, colocamos uma oração: "Gêneros textuais: 'modelos' de enunciados que apresentam relativa estabilidade em termos de..."; e, ao redor dele, colocamos nominalizações ("objetivo", "tema", "estrutura", "linguagem", "esfera de circulação", "veículo").

Estabelecimento de relações lógicas entre os tópicos

Um resumo esquemático não é simplesmente uma lista de tópicos; é necessário indicar a relação lógica entre eles. De modo geral, recomenda-se seguir a hierarquia de informações presente no texto-fonte. Você pode visualizá-la examinando o sumário; veja um exemplo:

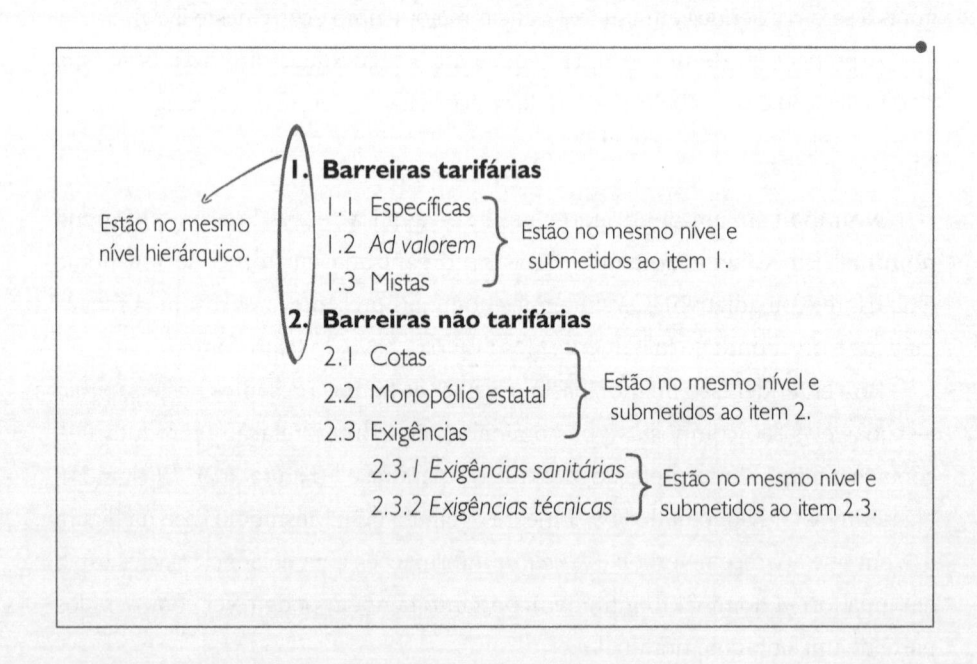

```
                    1. Barreiras tarifárias
                       1.1 Específicas    ⎫
Estão no mesmo         1.2 Ad valorem     ⎬ Estão no mesmo nível e
nível hierárquico.     1.3 Mistas         ⎭ submetidos ao item 1.
                    2. Barreiras não tarifárias
                       2.1 Cotas                    ⎫
                       2.2 Monopólio estatal        ⎬ Estão no mesmo nível e
                       2.3 Exigências               ⎭ submetidos ao item 2.
                           2.3.1 Exigências sanitárias ⎫ Estão no mesmo nível e
                           2.3.2 Exigências técnicas   ⎭ submetidos ao item 2.3.
```

Com base nessa análise, é possível identificar as duas relações básicas entre os conceitos-chave do texto-fonte: a **coordenação** (mesmo nível hierárquico) e a **subordinação** (submissão a outro nível). Na Figura 6.4, veja como os conceitos do sumário que acabamos de ver poderiam ser transformados em um resumo esquemático, respeitando-se as relações de coordenação e subordinação do original.

No entanto, seu resumo ficará muito mais informativo e original se, além desses vínculos básicos, você indicar outras relações lógicas entre as ideias. Por exemplo: gradação, convergência, pertencimento, oposição, intersecção. A Figura 6.5 traz algumas sugestões para inspirá-lo.

> Qualquer semelhança com as relações de coordenação e subordinação que estudamos no Capítulo 5 não é mera coincidência. A diferença é que, lá, falávamos das relações entre orações e, aqui, estamos falando das relações entre ideias-chave.
>
> Uma dica: ferramentas como o SmartArt, do Microsoft Office®, permitem estabelecer essas relações com muita praticidade, diretamente no editor de textos ou de apresentações eletrônicas.

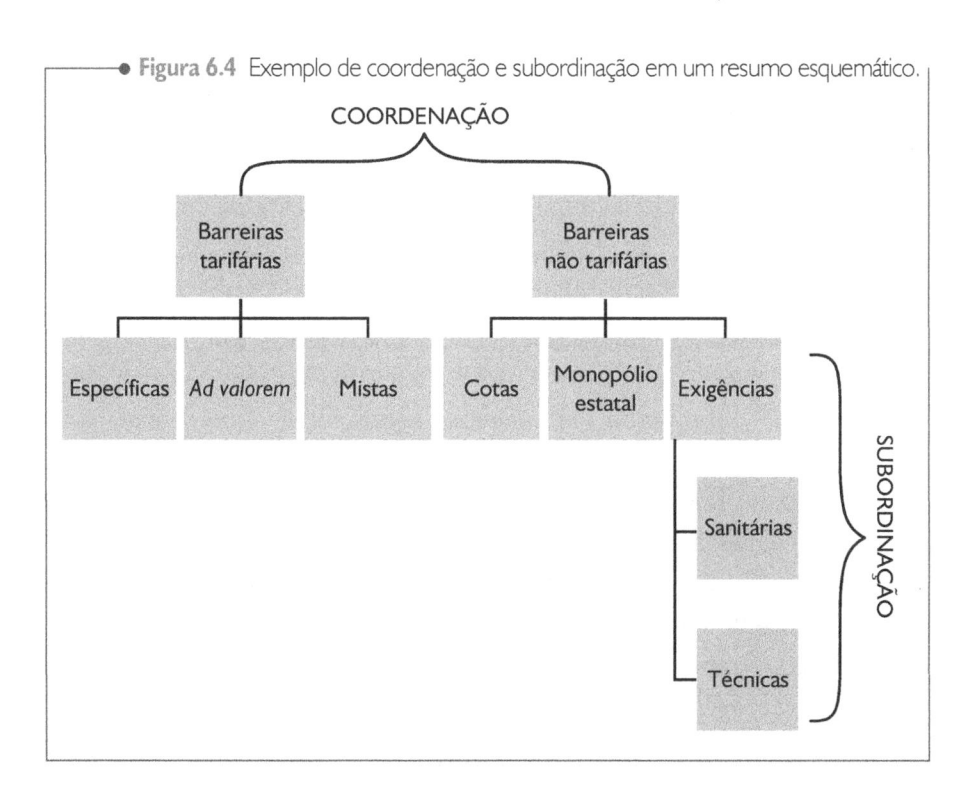

Figura 6.4 Exemplo de coordenação e subordinação em um resumo esquemático.

Figura 6.5 Exemplos de relações que se podem estabelecer entre os tópicos de um resumo esquemático.

Gradação Convergência Pertencimento

Comparação Oposição Intersecção

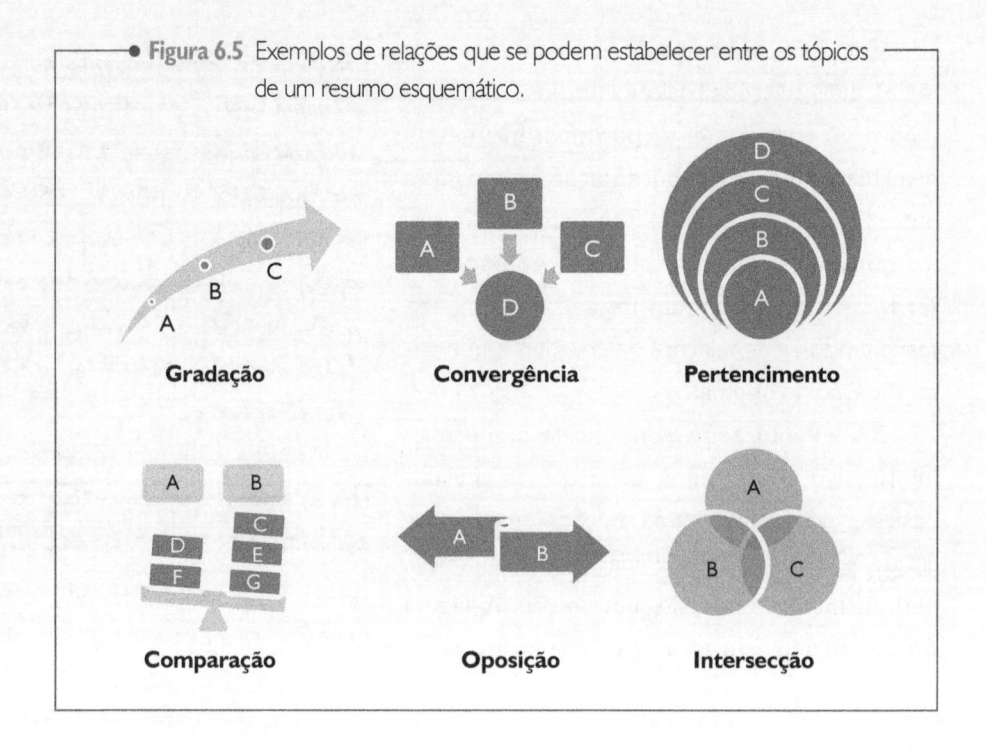

Como preparar um resumo linear

No fim da década de 1970, o linguista Teun A. van Dijk juntou-se ao psicólogo Walter Kintsch para propor um modelo capaz de descrever como compreendemos um texto. De acordo com os dois autores, o que fazemos é captar as informações presentes nas microestruturas textuais (palavras, frases, parágrafos) e integrá-las em uma macroestrutura maior. Para entender isso melhor, pense em um livro que tenha lido recentemente. Ele com certeza tinha inúmeros detalhes: narração de ações, descrição de cenários e personagens, diálogos, reflexões etc. No entanto, se alguém lhe perguntar sobre o que era o livro, você será capaz de condensar tudo isso em meia dúzia de frases. Enfim, você é capaz de integrar as pequenas partes de um livro em um todo coerente.

Segundo van Dijk,[11] para realizar essa espécie de "resumo mental", as pessoas aplicam quatro regras de redução: o cancelamento, a seleção, a generalização, a seleção e a construção. Assim como ocorre com as estratégias de leitura (Capítulo 4), a aplicação dessas regras é inconsciente — mas, se formos capazes de estudá-las e refletir sobre elas, conseguiremos preparar resumos com mais eficiência. É exatamente o que faremos a seguir.

Regra do cancelamento

Aplicar a **regra do cancelamento** significa excluir todas as informações de menor relevância para a compreensão geral do texto. Veja um exemplo:[12]

Original	Aplicação da regra do cancelamento
Aristóteles (384-322 a. C.), filho de um médico, nasceu em Estagira, no norte da Grécia. Com 17 anos, foi para Atenas estudar na Academia de Platão, aí permanecendo por quase 20 anos, onde se destacou a ponto de ser chamado por Platão de "a inteligência da escola". Depois de abandonar a cidade após a morte de Platão, retornou a Atenas aos 49 anos, quando fundou sua própria escola filosófica, o Liceu (335 a. C.). Seus ensinamentos eram transmitidos caminhando, por isso seu método é chamado de peripatético (*peripatos* significava caminho, local do passeio). No final da vida, acusado de impiedade, opta pelo autoexílio, falecendo em Cálcis.	Aristóteles (384-322 a. C.) nasceu em Estagira, na Grécia. Com 17 anos, foi para Atenas estudar na Academia de Platão, aí permanecendo por quase 20 anos. Depois de abandonar a cidade após a morte de Platão, retornou a Atenas aos 49 anos, quando fundou sua própria escola filosófica, o Liceu (335 a. C.). No final da vida, acusado de impiedade, opta pelo autoexílio, falecendo em Cálcis.

Ao aplicar a regra do cancelamento, é importante tomar cuidado para não eliminar uma informação necessária à compreensão de outra afirmação do texto. No exemplo visto, se eliminássemos o trecho "Depois de abandonar a cidade após a morte de Platão", o trecho seguinte, "retornou a Atenas aos 49 anos", ficaria sem sentido — o leitor perguntaria "por que Aristóteles *retornou* a Atenas, se ele não saiu de lá?".

Por sua vez, as decisões relativas ao cancelamento de informações inteiras (como a de que o método de Aristóteles é chamado de peripatético) dependem do foco que se pretende dar ao resumo. Nesse caso, entram em jogo considerações sobre o objetivo do resumo, o contexto e todos aqueles elementos que precisamos levar em conta em qualquer produção textual, como vimos no Capítulo 5.

Regra da seleção

A **regra da seleção** é muito semelhante à do cancelamento: a única diferença é que as informações eliminadas pelo cancelamento estão "perdidas para sempre" — ou seja, não podem ser inferidas a partir de outras pistas deixadas no texto —, ao passo que as informações eliminadas pela seleção podem, sim, ser recuperadas por inferência. Você vai entender isso melhor examinando este exemplo:[13]

Original	Aplicação da regra da seleção
Ficou para trás aquela história de que só as mulheres têm seu ritual de beleza diário. Como os homens estão cada vez mais preocupados com a aparência, investem tanto quanto elas em tratamentos estéticos e produtos que melhoram a apresentação pessoal.	Ficou para trás aquela história de que só as mulheres têm seu ritual de beleza diário. Hoje, os homens investem tanto quanto elas em tratamentos estéticos e produtos que melhoram a apresentação pessoal.

Por que alguém investiria em tratamentos estéticos e produtos que melhoram a apresentação pessoal? Obviamente, porque está preocupado com a aparência. Logo, a informação destacada no original pode ser inferida por outras afirmações feitas no texto. Ao eliminá-la, o autor do resumo realiza uma operação de seleção.

Regra da generalização

Se você leu com atenção o Capítulo 5, deve estar lembrado da diferença entre generalizações e especificações. Ora, aplicar a **regra da generalização** significa justamente transformar palavras e expressões específicas (concretas) do texto em palavras e expressões gerais (abstratas). Veja um exemplo:

Original	Aplicação da regra da generalização
O bar do hotel oferece vodca, uísque, rum e as mais refinadas cachaças.	O bar do hotel oferece bebidas destiladas.

Regra da construção

Por fim, a **regra da construção** consiste em substituir um grupo de informações do texto por uma informação genérica que as inclui — e que não está no texto. É semelhante à regra da generalização, mas se distingue desta por envolver a substituição de frases ou mesmo parágrafos inteiros, e não apenas de palavras e expressões. É uma das regras mais aplicadas em resumos de livros e filmes. Veja um exemplo:[14]

Original	Aplicação da regra da construção
Ela o encontrou pensativo em frente aos vinhos importados. Quis virar, mas era tarde, o carrinho dela parou junto ao pé dele. Ele a encarou, primeiro sem expressão, depois com surpresa, depois com embaraço, e no fim os dois sorriram. Tinham estado casados seis anos e separados um, e aquela era a primeira vez que se encontravam depois da separação.	Separado há um ano, o casal encontrou-se por acaso no corredor de um supermercado.

Como organizar e finalizar um resumo linear

Nos exemplos anteriores, talvez você tenha percebido que não apenas aplicamos as regras de redução, mas também fizemos pequenas adaptações no texto resultante. Por exemplo: após extrair o trecho "Como os homens estão cada vez mais preocupados com a aparência" pela aplicação da regra da seleção, inserimos no lugar o advérbio "Hoje", a fim de manter o contraste com a época antiga (quando apenas as mulheres tinham um ritual de beleza).

Além desses ajustes pontuais, quem prepara um resumo linear deve certificar-se de que o resultado forma um todo coerente e coeso. Afinal, o resumo deve ser entendido como um enunciado autônomo, independente do texto-fonte. Por isso, antes de prepará-lo vale a pena rever o que estudamos no capítulo anterior sobre coesão e coerência (Seção 3) e sobre técnicas de revisão de texto (Seção 4).

Resumo

- Ser alfabetizado do ponto de vista informacional significa ser capaz de localizar informações com eficiência; selecionar essas informações de maneira criteriosa; e usar as informações selecionadas com precisão e criatividade.

- Fontes primárias, ou fontes de primeira mão, são os textos diretamente relacionados ao tema que se quer examinar ou que oferecem informações inéditas sobre ele. Já as fontes secundárias, ou fontes de segunda mão, são os textos produzidos por pessoas que comentam as fontes primárias.
- Embora sujeita a falhas, a mediação editorial ainda é a melhor maneira de validar uma fonte de consulta. Em outras palavras: os textos que foram aprovados por uma editora (seja de livros, revistas ou jornais) e submetidos a um processo editorial convencional tendem a conter menos incorreções do que aqueles que passaram diretamente das mãos do autor para as do leitor. No meio acadêmico, a mediação é ainda mais importante, porque implica a revisão dos pares — uma exigência para a validação de trabalhos científicos.
- Existem basicamente dois tipos de resumo: os descritivos e os críticos (também chamados de resenhas críticas). O primeiro grupo divide-se, ainda, em resumos esquemáticos e lineares.
- As quatro regras de redução que devemos seguir para resumir um texto-fonte são a de cancelamento, a de seleção, a de generalização e a de construção.

Atividades

1. Indique as prováveis fontes primárias dos trabalhos acadêmicos a seguir. Observe o modelo e, se tiver dúvidas quanto a algum conceito, busque informações:
Perfil da família brasileira: transformações observadas entre os censos de 2000 e 2010.
Fontes primárias: censos de 2000 e 2010, realizados pelo IBGE.
a) A releitura do Manifesto Antropofágico por Caetano e Gil.
b) Visão de microempresários de Olinda sobre a formação de preços.
c) A exclusão de sócios na sociedade limitada de acordo com o Código Civil de 2002.
d) A representação social do artista em entrevistas publicadas na revista *Veja*.
e) Estudo comparativo entre três traduções brasileiras de *Hamlet*.

2. Ordene as fontes a seguir, da mais para a menos apropriada à consulta e à citação no ambiente acadêmico. Algumas delas podem ficar "empatadas".
    - Uma reportagem publicada em um jornal de bairro.
    - Uma reportagem publicada em uma revista de circulação nacional.
    - Um *post* anônimo em um *blog*.
    - Um *e-book* produzido de maneira independente pelo próprio autor.
    - Um artigo publicado por um professor de uma renomada universidade brasileira em sua página pessoal.
    - Um artigo muito semelhante ao anterior, do mesmo autor, porém publicado em um periódico acadêmico.
    - Um *e-book* produzido por uma editora convencional.

3. Volte ao Quadro 5.2, do capítulo anterior, em que foram apresentados os mecanismos coesivos. Faça um resumo esquemático desse quadro. Depois, troque seu trabalho com um colega e verifiquem as semelhanças e diferenças entre os resultados.

4. Prepare resumos esquemáticos dos enunciados a seguir.[15] Se possível, estabeleça outras relações entre as ideias, além das de coordenação e subordinação.

a) A rede é a mensagem
No final do século XX, três processos independentes se uniram, inaugurando uma nova estrutura social predominantemente baseada em redes: as exigências da economia por flexibilidade administrativa e por globalização do capital, da produção e do comércio; as demandas da sociedade, em que os valores da liberdade individual e da comunicação aberta tornaram-se supremos; e os avanços extraordinários na computação e nas telecomunicações possibilitados pela revolução microeletrônica. Sob essas condições, a Internet, uma tecnologia obscura sem muita aplicação além dos mundos isolados dos cientistas computacionais, dos *hackers* e das comunidades contraculturais, tornou-se a alavanca na transição para uma nova forma de sociedade — a sociedade em rede —, e com ela para uma nova economia.

b) O cérebro humano: uma visita guiada
O cérebro tem a consistência de um ovo mole, com um planejamento geral que é sempre o mesmo. Há metades bem distintas, chamadas hemisférios, que parecem estar dispostas em torno de uma espécie de haste grossa (o tronco encefálico). Este tronco encefálico vai ficando mais fino até a medula espinhal. Na parte de trás há uma extrusão em forma de couve-flor, um "pequeno cérebro" (cerebelo) que se projeta por trás do cérebro principal (*cerebrum*).
Se você examinasse o cerebelo, o tronco encefálico e a superfície desses hemisférios, veria que eles são todos diferentes em textura superficial, assim como variam ligeiramente de cor, passando pelo marrom, rosa e creme. E, se você virasse o cérebro de cabeça para baixo e examinasse a parte inferior, seria fácil ver mais regiões diferentes também distinguíveis pela cor, textura e forma. Em grande parte, cada região é duplicada nos dois lados do cérebro, de modo que você poderia traçar uma linha no meio desenhando um eixo em torno do qual o cérebro seria simétrico.

5. Volte aos enunciados da questão anterior e resuma-os de modo linear.

6. Identifique quais operações de cancelamento, seleção, generalização e construção você executou para preparar os resumos lineares da atividade anterior.

Notas

1 American Association of School Librarians (AASL); Association for Educational Communications and Technology (AECT). *Information power*: building partnerships for learning. 2. ed. Chicago: ALA Editions, 1998.
2 Claudia Antunes. *Folha de S.Paulo*, 5 ago. 2011.
3 ROTTA, Carmen S. G. *Utilização de indicadores de desempenho hospitalar como instrumento gerencial*. Tese (Doutorado em Administração Hospitalar) — Faculdade de Saúde Pública, Universidade de São Paulo, São Paulo, 2004. p. 44.
4 ECO, Umberto. *Como se faz uma tese*. 21. ed. São Paulo: Perspectiva, 2007. p. 40.
5 CHARTIER, Roger. *Os desafios da escrita*. Tradução de Fulvia M. L. Moretto. São Paulo: Ed. Unesp, 2002.
6 DEMO, Pedro. *Pesquisa e construção de conhecimento*: metodologia científica no caminho de Habermas. 3. ed. Rio de Janeiro: Tempo Brasileiro, 1997. p. 40-42.
7 DEMO, *op. cit.* p. 42.
8 LIMA, Renira Lisboa de Moura. *O ensino da redação*: como se faz um resumo. 3. ed. Maceió: Ed. Ufal, 2004.
9 ASSOCIAÇÃO BRASILEIRA DE NORMAS TÉCNICAS. *NBR 6028*: Informação e documentação: resumo: apresentação. Rio de Janeiro, 2003.
10 SILVA, Jane Q. G.; MATA, Maria Aparecida da. Proposta tipológica de resumos: um estudo exploratório das práticas de ensino da leitura e da produção de textos acadêmicos. *Scripta*, Belo Horizonte, v. 6, n. 11, p. 123-133, 2º sem. 2002. Ver também LIMA, *op. cit.*
11 VAN DIJK, Teun A. *Macrostructures*: an interdisciplinary study of global structures in discourse, interaction, and cognition. Hillsdale (NJ): Lawrence Erlbaum, 1980.
12 Original: MATTAR, João. *Introdução à filosofia*. São Paulo: Pearson Prentice Hall, 2010. p. 55.
13 Original adaptado de: www.oxcosmeticos.com.br. Acesso em: 11 ago. 2011.
14 VERISSIMO, Luis Fernando. O encontro. In: _____. *Comédias da vida privada*: 101 crônicas escolhidas. Porto Alegre: L&PM, 1994. p. 55.
15 a) CASTELLS, Manuel. *A galáxia da Internet*: reflexões sobre a Internet, os negócios e a sociedade. Tradução de Maria Luiza X. de A. Borges. Rio de Janeiro: Jorge Zahar, 2003. p. 8. b) GREENFIELD, Susan A. *O cérebro humano*: uma visita guiada. Rio de Janeiro: Rocco, 2000. p. 17.

Capítulo 7
A REDAÇÃO ACADÊMICA

Objetivos de aprendizagem

Quando terminar o estudo deste capítulo, você deverá ser capaz de:
- Identificar as principais características do discurso acadêmico.
- Mencionar os principais tipos de argumento.
- Explicar as funções do argumento de autoridade citada na redação acadêmica.
- Indicar os principais passos a serem tomados na fase de planejamento de uma pesquisa acadêmica.
- Mencionar os elementos pré-textuais, textuais e pós-textuais obrigatórios em uma monografia (trabalho de conclusão de curso).

Introdução

Os termos *acadêmico* e *científico* têm usos um pouco diferentes — o primeiro é preferido nas ciências humanas, enquanto o segundo aparece mais nas exatas. No entanto, para simplificar, aqui vamos tratá-los como sinônimos.

Assim, neste capítulo, a redação acadêmica será entendida como aquela presente em monografias, dissertações, teses, resenhas críticas e outros gêneros que circulam em ambientes ligados ao ensino superior e à pesquisa. Além das características gerais desse tipo de redação, estudaremos com mais detalhe um dos gêneros citados: as monografias.

O motivo dessa escolha é que as monografias são exigidas na maioria dos cursos de graduação. Ademais, sua estrutura pode servir de base para o desenvolvimento de trabalhos mais complexos, como dissertações e teses, ou mais simples, como artigos. Antes da monografia, porém, veremos como se faz a pesquisa acadêmica em si — afinal, ela é, em última instância, a razão de ser dos gêneros acadêmicos, já que eles normalmente servem para apresentar seus resultados.

Comunicação e linguagem

Conteúdo do capítulo

Seção 1 O discurso acadêmico
Seção 2 O passo a passo da pesquisa acadêmica
Seção 3 A monografia (trabalho de conclusão de curso)

••• Seção 1   O discurso acadêmico

Este capítulo sobre redação começará, paradoxalmente, com uma atividade de leitura. A ideia é que você comece a deduzir por conta própria as principais características do discurso acadêmico. Para tanto, leia com atenção os três textos a seguir. Todos tratam do mesmo assunto — a devastação da Mata Atlântica —, no entanto apenas um deles pertence ao universo acadêmico. Você seria capaz de descobrir qual é?

Texto 1[1]
Mata Atlântica — ontem e hoje
A exploração do pau-brasil foi o primeiro passo para o processo de desmatamento da Mata Atlântica, que no litoral do Brasil ia do atual Estado do Rio Grande do Norte até o Rio Grande do Sul. Apesar de ficarem deslumbrados com a beleza e a riqueza da natureza brasileira, os europeus começaram a destruí-la de forma sistemática. Não apenas pau-brasil foi explorado, mas diversos outros tipos de árvores. Quando começou a produção de açúcar, o desmatamento foi acelerado, e não havia nenhuma ideia de preservação. Esse processo continuou nos séculos seguintes, se intensificando no século XX. Atualmente, a Mata Atlântica está quase em extinção, pois 93% da área original já não existe.

Texto 2[2]
A mata pede trégua
O passado foi de glória. Imagine 1,3 milhão de quilômetros quadrados de massa verde, o equivalente a 15% do atual território brasileiro, numa faixa que atravessava o país. Paisagens alternavam-se de forma surpreendente e contínua: manguezais intactos, árvores enormes enfeitadas com bromélias e orquídeas, vegetação baixa no topo das serras, araucárias nas regiões mais frias. Os primeiros europeus que a conheceram

ficaram boquiabertos. A muitos faltaram as palavras certas para descrevê-la. Era majestosa. Um pedacinho do Éden. Abrigava uma diversidade incalculável de animais, insetos e plantas. Durante os séculos iniciais da colonização portuguesa, ocupou o primeiríssimo lugar nas paradas de sucesso da terra do pau-brasil.

Mas 500 anos se passaram e os áureos tempos ficaram para trás. Aquela que era a segunda maior floresta brasileira, nos idos de 1500, conheceu o purgatório. A duras penas sobreviveu aos ciclos econômicos que se sucederam — a exploração do pau--brasil, as monoculturas da cana-de-açúcar e do café — e ao estabelecimento de polos industriais. Hoje, restam pouco mais de 7% de Mata Atlântica — a exuberante cobertura verde descrita no parágrafo anterior. [...]

"Apesar de bastante degradada, a Mata Atlântica continua sendo uma das regiões mais ricas em biodiversidade do planeta", diz o biólogo Luiz Paulo Pinto, diretor de programa da ONG Conservation International. Trata-se de um *hotspot*, como dizem os ambientalistas — ou seja, de uma área com uma riqueza biológica extraordinária, reduzida a 25% ou menos da sua cobertura original. [...]

Texto 3[3]
Utilização de índice de vegetação na classificação integrada de fragmentos florestais em Mata Atlântica de Tabuleiros no município de Sooretama, ES
[...]
Introdução
A Mata Atlântica outrora íntegra ocupava cerca de 15% do atual território brasileiro, ao longo da costa, constituindo um dos mais ricos biomas brasileiros. Todavia, através de cinco séculos, em épocas e intensidade distintas, sempre crescentemente, foi submetida a diversos processos de antropização, acarretando significativa redução de oferta de serviços ecológicos, com sérias implicações para a sustentabilidade ambiental em algumas regiões. Uma das causas mais significativas da redução e modificação da diversidade biológica no planeta é o fenômeno da fragmentação dos ecossistemas, cuja conservação é uma questão global. A fragmentação da Floresta Atlântica iniciou-se no século XVI e foi acelerada, ao longo do tempo, pela fixação do homem na zona costeira, bem como pela expansão da fronteira agrícola, destacando-se na história econômica os ciclos da cana-de-açúcar e café. Consequentemente, originaram-se fragmentos florestais de diferentes tipos.

O Estado do Espírito Santo [...], que na década de 50 exibia aproximadamente 30% de sua área florestada, hoje possui apenas 9% (Fundação Mata Atlântica, 2000), sendo que em relação à Floresta Atlântica de Tabuleiros, dos 30% que existiam no final da década de 50, hoje restam apenas 2% (Jesus, 1987). [...]

Conseguiu identificar qual dos textos pertence à esfera acadêmica (ou científica)? Se ainda não conseguiu, a Figura 7.1 vai ajudá-lo: leia a descrição dos tipos de discurso representados pelos três textos e preencha as lacunas com os números corretos.

Por meio da comparação entre os três textos, fica mais fácil compreender as principais características do discurso acadêmico, descritas nos tópicos a seguir. São elas: busca do ideal de neutralidade; foco restrito; construções complexas e vocabulário técnico; e argumentação com base na autoridade citada. Se ainda tiver dúvidas quanto ao preenchimento das lacunas na Figura 7.1, não se preocupe, pois ao longo das explicações indicaremos a classificação de cada texto lido.

Figura 7.1 As três esferas discursivas em que circulam os conhecimentos científicos.

Discurso acadêmico (ou científico)

- É produzido por e para cientistas.
- Constitui as fontes primárias da ciência, já que tem como objetivo apresentar resultados de pesquisas.
- Exemplos de onde aparece: periódicos e congressos científicos, dissertações, teses.

Aqui, é representado pelo texto ____.

Nesta esfera, os conhecimentos científicos são produzidos.

Discurso de divulgação científica

- Destina-se a leitores leigos (não cientistas).
- Em geral, é produzido por jornalistas especializados em jornalismo científico.
- Exemplos de onde aparece: revistas *Superinteressante* e *Galileu*; seções de ciência em revistas semanais, como *Veja* e *IstoÉ*, e em jornais dirigidos ao grande público, como *O Globo* e *O Estado de S. Paulo*.

Aqui, é representado pelo texto ____.

Discurso didático

- Destina-se a estudantes.
- Mais que divulgar os resultados de uma nova pesquisa ou descoberta, seu objetivo é ensinar os conhecimentos científicos gerais e consolidados.
- Em geral, é produzido por professores.
- Exemplos de onde aparece: enciclopédias, livros-textos, livros didáticos e apostilas.

Aqui, é representado pelo texto ____.

Nestas esferas, os conhecimentos científicos são transmitidos ao grande público.

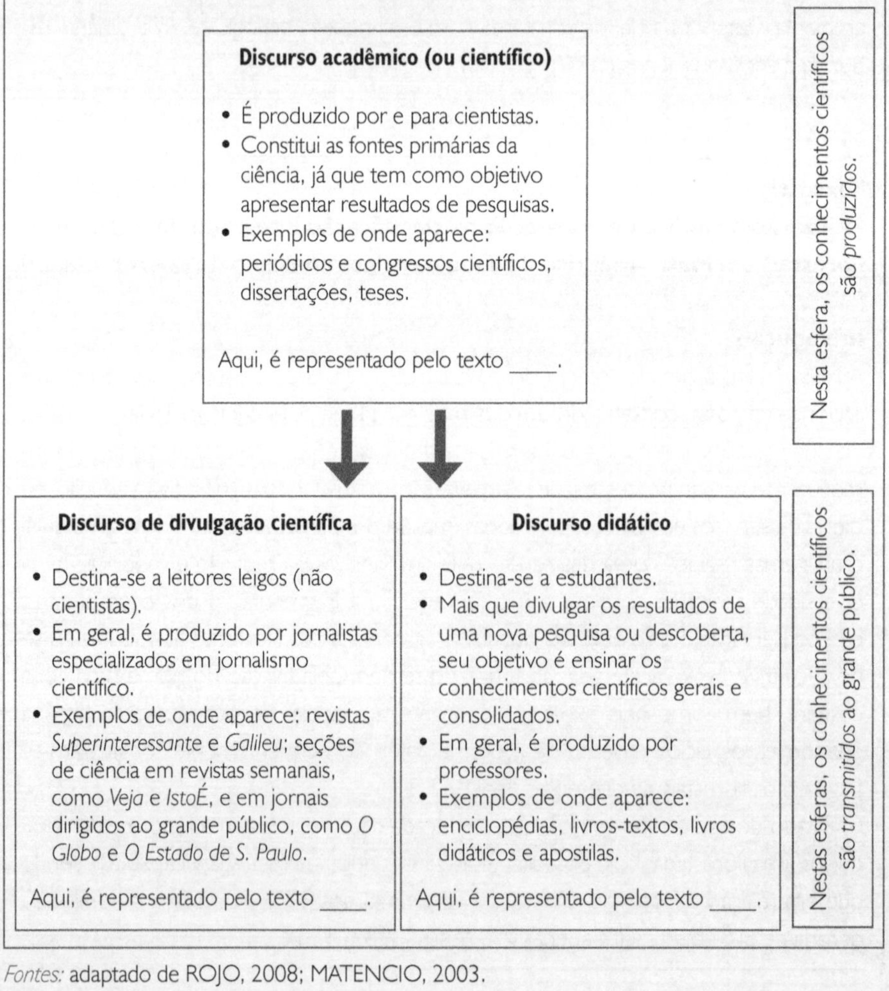

Fontes: adaptado de ROJO, 2008; MATENCIO, 2003.

Busca do ideal de neutralidade

Desde o primeiro capítulo deste livro, temos comprovado que a comunicação humana nunca é neutra. Não somos máquinas, e sim seres que inevitavelmente desenvolvem pontos de vista, intuições, antipatias e simpatias diante de cada tema sobre o qual falamos ou escrevemos. Com os cientistas não é diferente.

No entanto, em seus primórdios, quando precisava conquistar credibilidade e diferenciar-se do senso comum, a ciência moderna foi obrigada a criar para si um ideal de neutralidade. Os textos científicos começaram, então, a ser escritos em 3ª pessoa, como se o cientista não existisse — ou melhor, como se ele fosse apenas um instrumento entre o leitor e a verdade dos fatos. A ciência queria demonstrar que suas conclusões não eram reflexos da percepção pessoal de um indivíduo, mas sim verdades universais e atemporais, às quais qualquer um poderia chegar se refizesse a trajetória do cientista.

Para conseguir esse efeito, os textos científicos passaram a valer-se de quatro expedientes de **apagamento do sujeito:**

> *Usando a nomenclatura das funções da linguagem (Capítulo 1), o apagamento do sujeito equivaleria ao emprego da função referencial, com eliminação de qualquer marca ligada à função emotiva.*

- *Transferência da ação para os objetos* — em vez de *concluí* ou *deduzi*, o autor do texto acadêmico usa expressões como "Os dados revelam..." ou "A análise permite concluir...". Assim, ele sugere que a verdade "emergiu" sozinha dos próprios dados, sem sua interferência.

Saiba mais

Considera-se marco inicial da ciência moderna o desenvolvimento do **método cartesiano** — aquele proposto pelo filósofo francês René Descartes (1596-1650). Até então, não havia um caminho definido para conduzir uma pesquisa científica. Os cientistas (que muitas vezes também se envolviam em práticas esotéricas, como a astrologia) podiam atribuir suas descobertas à intuição, ao acaso, ao senso comum ou até a revelações divinas. Descartes traçou um divisor de águas nessa tradição ao defender que uma conclusão só poderia ser considerada científica se tivesse sido obtida por meio de um questionamento sistemático e racional. Sua obra mais conhecida é *Discurso do método*, de 1637.

- *Utilização da voz passiva* — em vez de "Realizei dois experimentos", o acadêmico diz:"Realizaram-se dois experimentos" (voz passiva sintética) ou "Dois experimentos foram realizados" (voz passiva analítica). Trata-se, na verdade, do mesmo expediente de transferir a ação para os objetos, mas, neste caso, eles sofrem a ação (são sujeitos pacientes do verbo na voz passiva).
- *Utilização do plural de modéstia* — em vez da 1ª pessoa do singular (*realizei, observei*), o acadêmico emprega a 1ª pessoa do plural (*realizamos, observamos*) com referência a si mesmo, em uma tentativa de impessoalizar sua participação no processo.
- *Suavização das modalizações (marcas de subjetividade)* — palavras e expressões de forte carga subjetiva são substituídas por outras mais neutras, que supostamente se limitam a descrever os dados estudados. Metáforas e comparações são pouco utilizadas; em vez disso, preferem-se as descrições objetivas, concretas.

Esse último expediente (suavização das modalizações) fica claro se compararmos o Texto 2 — que foi publicado na revista *Superinteressante* e, portanto, pertence à esfera da divulgação científica — com o Texto 3 — que foi apresentado em um congresso científico e, portanto, pertence à esfera científica propriamente dita. Antes de mais nada, vale lembrar que o discurso jornalístico (em que se insere a divulgação científica) *também* busca o ideal de neutralidade. Contudo, os propósitos de um jornal ou revista são bem diferentes dos de um periódico ou congresso acadêmico: jornais e revistas visam, em última instância, ao lucro, portanto precisam conquistar o cliente para vender exemplares e assinaturas.

Consequentemente, o discurso de divulgação científica não pode ser tão neutro e "seco" quanto o científico. Os jornalistas precisam "temperar" a linguagem objetiva com trechos narrativos, expressões coloquiais e elementos que aproximam o tema do universo do leitor, tais como metáforas, comparações e expressões modalizadoras;[4] com isso, o discurso científico torna-se não apenas acessível, mas também leve e agradável.

Para entender melhor a diferença entre a intensa modalização do discurso de divulgação científica e a modalização sutil, contida, do discurso científico, basta observar o Quadro 7.1, em que se comparam algumas construções dos textos 2 e 3.

Quadro 7.1 A intensa modalização do discurso de divulgação científica, em contraste com a modalização contida do discurso científico.

Texto 2 — Discurso de divulgação científica *Adjetivos e advérbios com forte carga subjetiva. Emprego de metáforas e expressões coloquiais, na tentativa de aproximar o tema do universo do leitor.*	**Texto 3 — Discurso científico** *Adjetivos e advérbios "neutros", que meramente descrevem os fatos. Comparações objetivas. Ausência de metáforas e expressões coloquiais.*
• O passado foi de glória. • Os primeiros europeus que a conheceram ficaram boquiabertos. • Um pedacinho do Éden. • [...] ocupou o primeiríssimo lugar nas paradas de sucesso da terra do pau-brasil. • [...] os áureos tempos ficaram para trás. • Aquela que era a segunda maior floresta brasileira [...] conheceu o purgatório.	• [...] um dos mais ricos biomas brasileiros. • [...] em épocas e intensidade distintas, sempre crescentemente [...] • [...] acarretando significativa redução de oferta de serviços ecológicos, com sérias implicações [...] • O Estado do Espírito Santo [...] hoje possui apenas 9% [...]

• Saiba mais

O ideal de neutralidade não é perseguido da mesma maneira em todas as áreas da ciência. Existem alguns campos das ciências humanas e sociais em que é admissível — e até mesmo desejável — utilizar a 1ª pessoa do singular: *investiguei, analisei, concluí, deduzi* etc. A melhor maneira de conhecer a "etiqueta" de cada área e, assim, evitar gafes é consultar um pesquisador experiente ligado a ela.

Foco restrito

Conforme veremos na próxima seção, todo trabalho acadêmico começa com um recorte do tema. Afinal, seu objetivo é acrescentar algum tipo de novidade — uma nova perspectiva, uma nova hipótese, uma nova maneira de organizar os saberes — a um campo previamente estudado. Se o recorte não for feito, o pesquisador não conseguirá inovar, pois se limitará a tentar resumir (sem sucesso) tudo que outros já falaram a respeito.

A comparação entre os três textos lidos deixa evidente a diferença de escopo. O primeiro deles, que pertence à esfera didática, é o mais geral de todos — o que não é de estranhar, já que, conforme vimos na Figura 7.1, os textos didáticos não pretendem comunicar descobertas pontuais da ciência, e sim ensinar os postulados mais gerais e consolidados de cada campo.

Embora também tenha um componente didático (uma vez que se destina ao grande público), a divulgação científica é um pouco mais específica. Normalmente, ela pretende apresentar os resultados de uma pesquisa recente, a entrevista com certo pesquisador, uma notícia do mundo científico ou uma reportagem com foco definido. O Texto 2, por exemplo, é o trecho inicial de uma reportagem sobre iniciativas que tentam salvar os fragmentos remanescentes da Mata Atlântica.

Quando se chega ao Texto 3, porém, nota-se um estreitamento muito mais intenso do foco. Os pesquisadores ativeram-se a uma pequena área da Mata Atlântica: o município de Sooretama, no Espírito Santo, onde predomina um tipo de formação vegetal denominada floresta de tabuleiro. Além disso, utilizaram uma técnica específica (o índice de vegetação) para classificar os fragmentos florestais do lugar. Graças a esses dois recortes, eles conseguiram trazer algo de *novo* para o campo em que atuam.

Mesmo assim, observe que o Texto 3 não começa diretamente com a especificidade da pesquisa. Em vez disso, os autores prepararam um parágrafo introdutório que oferece ao leitor um panorama geral e histórico sobre a Mata Atlântica. Essa maneira de dispor as ideias no texto nada mais é do que a estrutura que parte do geral e vai para o específico (raciocínio dedutivo), estudada no Capítulo 5.

Construções complexas e vocabulário técnico

Os textos acadêmicos dirigem-se a um público bem particular: pessoas de alta escolaridade e familiarizadas com o tema em análise. Portanto, seus autores não precisam se preocupar em simplificar a linguagem. Como prova disso, note que o Texto 3 usou certas palavras e expressões difíceis de imaginar nos textos 1 e 2: *outrora, íntegra, antropização, serviços ecológicos.*

Além disso, os períodos dos textos acadêmicos costumam ser longos e compostos por subordinação (como já vimos no Capítulo 5). Isso se explica, por um lado, pela necessidade de estabelecer relações complexas entre as ideias e, por outro, justamente pela falta de preocupação em simplificar a linguagem.

> *[nota manuscrita:]* Vale lembrar, contudo, que autores de textos acadêmicos também podem lançar mão da alternância entre frases curtas e longas para enfatizar determinadas ideias — um recurso que estudamos no Capítulo 5.

Isso não significa, porém, que a redação acadêmica não precisa ser clara. Pelo contrário: problemas de lógica na construção das frases e no emprego dos mecanismos coesivos podem até mesmo comprometer a eficácia da argumentação.

Argumentação

Por falar em argumentação, chegamos à última das mais importantes características do discurso acadêmico: a argumentação com base na autoridade citada. Contudo, antes de examinar esse item, precisamos definir alguns aspectos relacionados à argumentação de maneira geral.

Como você sabe, textos argumentativos são aqueles que defendem uma **tese** (um ponto de vista) com base em **argumentos**. Para certificar-se de que recorda bem a diferença entre esses dois conceitos, confira os exemplos apresentados na Figura 7.2.

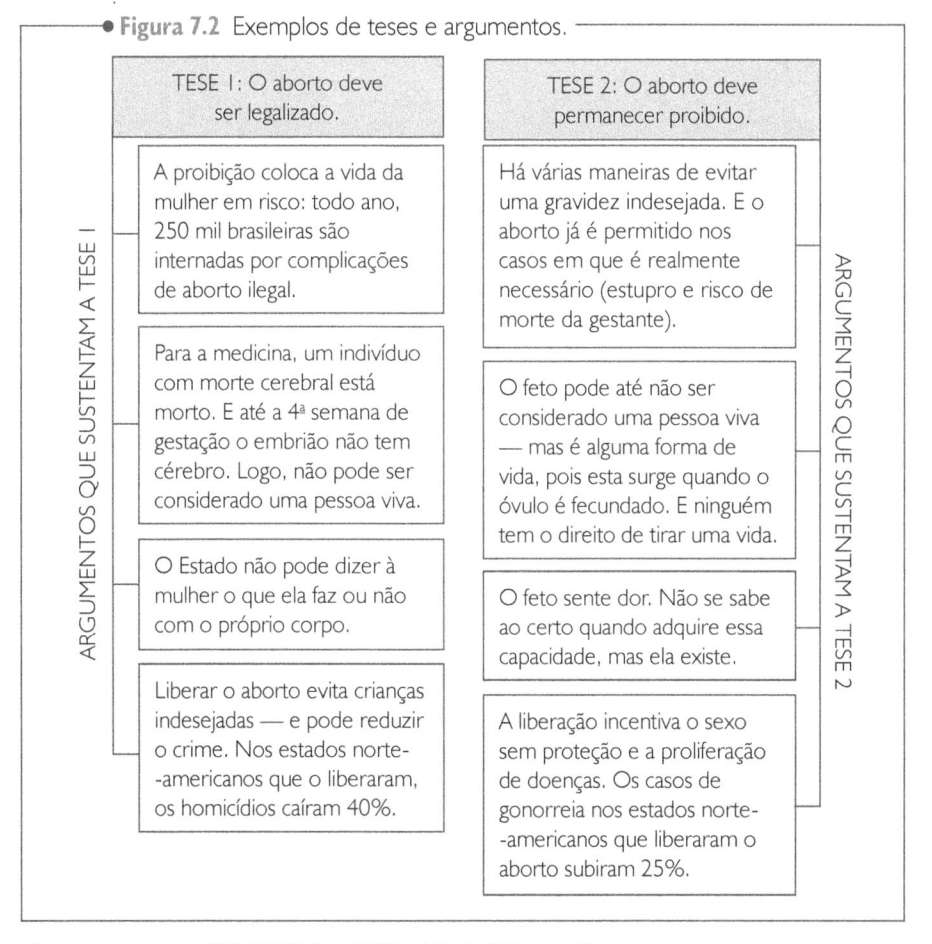

Figura 7.2 Exemplos de teses e argumentos.

ARGUMENTOS QUE SUSTENTAM A TESE 1	TESE 1: O aborto deve ser legalizado.	TESE 2: O aborto deve permanecer proibido.	ARGUMENTOS QUE SUSTENTAM A TESE 2
	A proibição coloca a vida da mulher em risco: todo ano, 250 mil brasileiras são internadas por complicações de aborto ilegal.	Há várias maneiras de evitar uma gravidez indesejada. E o aborto já é permitido nos casos em que é realmente necessário (estupro e risco de morte da gestante).	
	Para a medicina, um indivíduo com morte cerebral está morto. E até a 4ª semana de gestação o embrião não tem cérebro. Logo, não pode ser considerado uma pessoa viva.	O feto pode até não ser considerado uma pessoa viva — mas é alguma forma de vida, pois esta surge quando o óvulo é fecundado. E ninguém tem o direito de tirar uma vida.	
	O Estado não pode dizer à mulher o que ela faz ou não com o próprio corpo.	O feto sente dor. Não se sabe ao certo quando adquire essa capacidade, mas ela existe.	
	Liberar o aborto evita crianças indesejadas — e pode reduzir o crime. Nos estados norte-americanos que o liberaram, os homicídios caíram 40%.	A liberação incentiva o sexo sem proteção e a proliferação de doenças. Os casos de gonorreia nos estados norte-americanos que liberaram o aborto subiram 25%.	

Fonte: adaptado de GARATTONI; HORTA; MIWA, 2011, p. 43.

Os exemplos da Figura 7.2 também nos permitem reconhecer os cinco principais tipos de argumento de que podemos lançar mão, não apenas nos gêneros acadêmicos, como em qualquer texto argumentativo:[5] os argumentos pragmáticos ou evidências; os argumentos de consenso; os argumentos por comparação (analogia); os argumentos por exemplificação; e, finalmente, os argumentos de autoridade citada.

Argumentos pragmáticos ou evidências

A categoria dos argumentos pragmáticos ou evidências inclui os dados (fatos, números, estatísticas) coletados pelo próprio pesquisador ou por uma fonte respeitável. Na Figura 7.2, a menção ao fato de que "todo ano, 250 mil brasileiras são internadas por complicações de aborto ilegal" é um exemplo de argumento pragmático. Também estão nessa categoria os índices referentes à queda de 40% nos homicídios e ao aumento de 25% nos casos de gonorreia.

Argumentos de consenso

Os argumentos de consenso fundamentam-se em verdades supostamente universais, indiscutíveis. Na Figura 7.2, temos um exemplo disso no argumento de que "o Estado não pode dizer à mulher o que ela faz ou não com o próprio corpo": ele se fundamenta no princípio universal de que o Estado não pode ferir direitos individuais. Outro exemplo é o argumento de que "o feto sente dor"— é pouco provável que alguém conteste a ideia de que é errado infligir dor ao próximo.

Embora esse tipo de argumento possa ter um forte efeito persuasivo, é preciso cuidado, pois o consenso nem sempre é tão unânime assim. A defesa da não intervenção do Estado na vida privada, por exemplo, é válida em determinadas realidades político-culturais, mas não em outras. Além disso, os argumentos de consenso costumam apresentar "brechas"— pode-se afirmar, por exemplo, que o Estado pode, sim, ferir direitos individuais quando as atitudes do indivíduo contrariam o bem comum.

Argumentos por comparação (analogia)

O argumentador também pode comparar a questão que está sendo discutida com outra similar. O objetivo, nesse caso, é tecer um raciocínio com a seguinte estrutura:

> As situações *x* e *y* são similares.
> Logo, se a conclusão *z* vale para *x*, vale para *y* também.

Temos um exemplo disso na Figura 7.2: quem é a favor da liberação do aborto argumenta que a situação de um indivíduo que sofreu morte cerebral é similar à situação do feto até a 4ª semana de gestação (porque em nenhum dos casos o cérebro está em funcionamento) — logo, se a pessoa é considerada como "não viva"na primeira situação, também deve ser considerada assim na segunda.

• Saiba mais

> Quando usamos um argumento por comparação, a similaridade entre as situações deve ser clara e válida, senão a analogia se torna uma **falácia** (isto é, um argumento falso). Para entender isso melhor, vamos recuperar um exemplo histórico: no século XIX, vários teóricos das recém-formadas ciências sociais argumentavam que a lei da evolução das espécies valia também para as sociedades humanas. De acordo com esse pensamento, todas as sociedades seguiriam o mesmo processo de "evolução" observado na Europa: começariam tribais, depois se tornariam rurais, depois mercantis e, por fim, industriais. Mais tarde, porém, demonstrou-se que as sociedades humanas não obedecem às leis do mundo natural porque são de natureza diversa: são estruturas abertas e complexas, sujeitas a fenômenos imprevisíveis. Uma sociedade pode passar diretamente do estágio rural ao industrial, por exemplo, sem atravessar a fase mercantil. Portanto, a analogia que dava origem ao *evolucionismo social* não era válida, porque os dois objetos comparados — as espécies biológicas e as sociedades humanas — não apresentavam o grau de similitude necessário.

Argumentos por exemplificação

Mencionar exemplos do que se afirma é uma excelente estratégia de argumentação. Na Figura 7.2, ambos os lados valem-se desse recurso: os defensores do aborto mencionam os estados norte-americanos que liberaram a prática e, supostamente graças a isso, viram cair o índice de homicídios; já os contrários ao aborto, curiosamente, usam o mesmo exemplo para provar que a liberação aumentou a incidência de doenças venéreas.

Além de representarem evidências importantes para comprovar a tese, os exemplos tornam o texto mais informativo. Afinal, eles correspondem às especificações — que, como vimos no Capítulo 5, são essenciais à originalidade e à clareza.

Argumentos de autoridade citada

Chegamos, por fim, ao tipo de argumento que é a marca registrada do discurso acadêmico: a **autoridade citada**. Seu objetivo é legitimar uma tese com base na citação de argumentos proferidos por pessoas consideradas autoridades no tema em questão. Em outras palavras, é como se o argumentador dissesse: "O que afirmo é verdadeiro porque está de acordo com o que afirma X, autoridade nesse assunto".

Longe de ser uma exclusividade do discurso acadêmico, a autoridade citada aparece em inúmeros contextos comunicativos — por exemplo: um *site* de vendas pode apresentar depoimentos de clientes satisfeitos a fim de inspirar confiança nos visitantes; um indivíduo pode mencionar um provérbio para justificar por que tomou determinada decisão. Contudo, é no discurso acadêmico que essa estratégia argumentativa assume importância central.

Embora todos os outros tipos de argumento possam (e devam) ser usados na redação acadêmica, a preocupação em validar as teses pela autoridade citada deve estar presente ao longo de todo o texto — especialmente se o autor for um acadêmico iniciante. A razão para isso é que a argumentação com base na autoridade citada cumpre duas funções essenciais na comunicação científica.

Em primeiro lugar, ela demonstra que o autor do texto compreende bem a própria concepção da ciência: é capaz de vê-la como uma gigantesca construção na qual cada pesquisador coloca um pequeno tijolo. Ninguém faz ciência sozinho. Se hoje um estudante pode desenvolver uma monografia sobre física quântica, deve isso ao trabalho de Max Planck, considerado o fundador desse campo. Mas Planck também se baseou nos estudos de cientistas que vieram antes dele, estes nos de outros cientistas e assim por diante.

Portanto, se um professor receber uma monografia sem citações, não vai achar que o estudante é um gênio e tirou tudo aquilo "da própria cabeça". Pelo contrário: só duas hipóteses surgirão, nenhuma delas favorável ao aluno — ou ele não consultou fonte alguma e se limitou a reproduzir aquilo que "ouviu dizer" sobre o tema; ou ele leu, sim, textos alheios e baseou seu trabalho neles, mas não foi ético o suficiente para dar crédito aos autores. Em qualquer das hipóteses, o aluno terá demonstrado que não está apto a ingressar na comunidade acadêmica.

Além de manter a tradição da construção colaborativa dos saberes, a autoridade citada exerce uma segunda função essencial na ciência: ela permite que a pesquisa cumpra um dos principais critérios de cientificidade — a **falseabilidade**. De acordo com esse critério, uma proposição só pode ser considerada científica quando puder ser falseada, ou seja, quando alguém puder provar que ela (pelo menos em parte) é falsa.

A característica da falseabilidade distingue a ciência da superstição e da fé em geral, pois estas são absolutas, imutáveis. Os saberes científicos, ao contrário, precisam estar sempre abertos a questionamentos; uma proposição que se considere acabada e definitiva não é científica.

Todos os tipos de argumento comentados aqui se prestam à falseabilidade: o leitor de um texto acadêmico pode, por exemplo, questionar as comparações e os exemplos apresentados pelo autor e, a partir disso, provar que a tese construída com base neles é falsa. Mas há dois tipos de argumento que se destacam nesse processo — os argumentos pragmáticos (evidências) e os argumentos de autoridade citada. No caso dos argumentos pragmáticos, a razão é óbvia: o leitor precisa conhecer as evidências coletadas para decidir se permitem, de fato, chegar às conclusões apresentadas. Ora, mal comparando, poderíamos dizer que os argumentos de autoridade citada são as "evidências" que embasam o raciocínio do autor. O leitor também precisa saber quais fontes o autor consultou para decidir se elas permitem construir esse raciocínio.

Em outras palavras: se utilizo, como base de sustentação de minha tese, afirmações feitas pelos autores A, B e C, preciso proporcionar aos leitores informações suficientes para que localizem as fontes de onde extraí essas citações e verifiquem, por conta própria, se elas são bons argumentos para a tese defendida. Daí a importância de citar cuidadosamente as fontes consultadas — e de acordo com uma padronização conhecida por todos. No próximo item, comentaremos brevemente esse aspecto.

Como fazer citações em textos acadêmicos

Em geral, as instituições de ensino superior e os periódicos acadêmicos têm seus próprios manuais de normalização, que dispõem, entre outros itens, sobre a apresentação das citações e referências. Esses manuais costumam seguir normas de maior alcance, estabelecidas por organismos nacionais ou internacionais. No Brasil, a entidade encarregada de ditar normas para a redação dos textos científicos é a Associação Brasileira de Normas Técnicas (ABNT).

De acordo com a ABNT,[6] as principais diretrizes para apresentação de citações e referências são as seguintes:

- Existem três tipos de citação: a **citação direta**, que corresponde à reprodução literal de trechos de um texto alheio; a **citação indireta**, que equivale à paráfrase ou à síntese de um texto alheio; e a **citação de citação** (*apud*), que, conforme vimos no Capítulo 6, é a citação direta ou indireta de um texto a cujo original não se teve acesso.

- A citação direta curta (com até três linhas) deve ser inserida no texto, entre aspas. Por exemplo:

> Ao realizar suas pesquisas escolares, os alunos voltam-se primariamente à Internet, cuja "interconexão favorece os processos de inteligência coletiva" (LÉVY, 2000, p. 167).

- A citação direta longa (com mais de três linhas) deve formar um parágrafo independente, sem aspas, e recuado a quatro centímetros da margem esquerda. Deve, ainda, ser apresentada em letra menor do que a utilizada no texto e com espaço 1 entre as linhas. Por exemplo:

> Castells (2003, p. 212) resume bem essa ideia no seguinte trecho:
>
> > [...] um novo tipo de educação é exigido tanto para se trabalhar com a Internet quanto para se desenvolver capacidade de aprendizado numa economia e numa sociedade baseadas nela. A questão crítica é mudar do aprendizado para o aprendizado-de-aprender, uma vez que a maior parte da informação está on-line e o que é realmente necessário é a habilidade para decidir o que procurar, como obter isso, como processá-lo e como usá-lo para a tarefa específica que provocou a busca da informação.

- A referência da citação (ou seja, a indicação de onde ela foi extraída) pode ser apresentada no próprio texto ou em nota de rodapé. Em ambos os casos, ela deve trazer o sobrenome do autor e a data de publicação da obra. Na citação direta, é obrigatório acrescentar o número da página da qual foi copiado o trecho; na indireta, a indicação da página é opcional. Veja um exemplo de cada caso:

> Nas palavras de Lévy (2002, p. 6), "se alguma coisa é escrita, ela já não faz parte da minha memória pessoal, mas faz parte da memória da comunidade à qual pertenço". Chartier (2002) também reconhece essa promissora possibilidade.

- Quanto ao uso de maiúsculas e minúsculas, a regra é simples — se o sobrenome do autor estiver entre parênteses, grafe-o totalmente em maiúsculas; se estiver fora dos parênteses, grafe-o apenas com a inicial maiúscula. Por exemplo:

> Possenti (2004) discorda daqueles autores para quem o ciberespaço democratiza o acesso à ordem dos discursos. Em suas palavras, "estamos confundindo a queda de um tipo de barreira com sua ausência pura e simples" (POSSENTI, 2004, p. 215).

- Quando a referência é apresentada na nota de rodapé, o sobrenome do autor deve aparecer sempre em maiúsculas.
- Quando há mais de um autor, os sobrenomes são separados por ponto e vírgula: "BLOOD; HENDERSON; RODSTITS, 1998". Quando há mais de três, indica-se apenas o sobrenome do primeiro, seguido da expressão latina *et al.* (= e outros): "BURNER *et al.*, 2005".

As referências de que falamos até agora são as que acompanham as citações no momento em que elas aparecem no texto. No fim do trabalho o acadêmico deve, ainda, apresentar uma listagem completa das referências utilizadas contendo todos os dados que permitam sua localização pelo leitor. Nessa listagem completa, use os formatos recomendados no Quadro 7.2.

Atenção: só devem entrar na lista as referências efetivamente utilizadas, ou seja, as que foram alvo de citações diretas ou indiretas.

Quadro 7.2 Apresentação das referências completas em um trabalho acadêmico (principais casos).

Tipo de publicação	Formato da referência	Exemplo
Livro	AUTOR. Título: subtítulo. Edição. Local (cidade) de publicação: Editora, data.	DEMO, Pedro. Pesquisa e construção de conhecimento: metodologia científica no caminho de Habermas. 3. ed. Rio de Janeiro: Tempo Brasileiro, 1997.

O destaque pode ser feito em itálico ou negrito.

Observe que apenas a primeira palavra do título é grafada com a inicial maiúscula. Perceba, ainda, que o destaque é usado apenas no título, e não nos dois-pontos nem no subtítulo. Em relação à indicação da edição, note que se usa um ponto (e não ª) após o número.

Monografia, dissertação, tese	AUTOR. *Título*: subtítulo. Ano de apresentação. Categoria (Grau e área de concentração) — Nome da Faculdade, Nome da Universidade, cidade, ano da defesa.	RIOLFI, Claudia Rosa. *O discurso que sustenta a prática pedagógica*: formação de professor de língua materna. 1999. Tese (Doutorado em Linguística) — Instituto de Estudos da Linguagem, Universidade de Campinas, Campinas, 1999.
Capítulo de livro	AUTOR DO CAPÍTULO. Título do capítulo. In: AUTOR DO LIVRO. *Título*: subtítulo do livro. Edição. Local (cidade) de publicação: Editora, data. volume (se houver mais de um), capítulo, páginas inicial-final.	LEMOS, Cláudia T. G. de. Sobre a aquisição da escrita: algumas questões. In: ROJO, Roxane (Org.). *Alfabetização e letramento*. Campinas: Mercado de Letras, 1998. cap. 2, p. 13-32.
Trabalhos apresentados em congressos	AUTOR DO TRABALHO. Título: subtítulo. In: NOME DO EVENTO, número, ano, local de realização. *Título da publicação*... subtítulo. Local de publicação (cidade). Editora, data. Páginas inicial-final do trabalho.	SILVA, Andréa Jane da. Ensino de gramática através da reescrita: um estudo colaborativo. In: CONGRESSO INTERNACIONAL DA ABRALIN, 2, 2001, Fortaleza. *Anais*... Associação Brasileira de Linguística, 2001. p. 25-32.
Artigos de periódicos científicos	AUTOR. Título do artigo. *Título do periódico*, Local de publicação (cidade), número do volume, número do fascículo, páginas inicial-final, mês e ano.	ALVES-MAZZOTTI, Alda Judith. Representações da identidade docente: uma contribuição para a formulação de políticas. *Ensaio: Avaliação e Políticas Públicas em Educação*, Rio de Janeiro, v. 15, n. 57, p. 579-594, out.-dez. 2007.

No caso dos periódicos, todas as palavras (exceto preposições, conjunções e artigos) devem ser grafadas com inicial maiúscula. Além disso, o título inteiro deve ser destacado, inclusive o subtítulo, se houver.

	Referência conforme indicado antes. Disponível em: <endereço eletrônico>. Acesso em: dia mês e ano.	VIGANÒ, Dario Edoardo. A publicidade social: reflexões sócio-semióticas. *Alceu*, São Paulo, v. 11, n. 22, p. 26-42, jan./jul. 2011. Disponível em: <http://publique.rdc.puc-rio.br/revistaalceu/media/Artigo2%20Dario%20Edoardo%20Vigano%20-%20pp26-42.pdf>. Acesso em: 31 out. 2011.
Todos os tipos, quando consultados no formato eletrônico		
Documentos de acesso exclusivo em meio eletrônico (*sites*, listas de discussão etc.)	AUTORIA. Título do serviço ou produto. Informações complementares (Coordenado ou desenvolvido por, apresenta... etc.) Disponível em: <endereço eletrônico>. Acesso em: dia mês e ano.	SERVIÇO BRASILEIRO DE APOIO ÀS MICRO E PEQUENAS EMPRESAS. Casos de sucesso. Apresenta casos de empreendedorismo de todo o Brasil. Disponível em: <www.casosdesucesso.sebrae.com.br>. Acesso em: 31 out. 2011.

Fonte: FRANÇA, 2003.

• Saiba mais

Além das apresentadas aqui, existem inúmeras outras normas para a padronização de um texto acadêmico. Se você procura um manual completo e de fácil consulta, sugerimos a seguinte obra: FRANÇA, Júnia Lessa. *Manual para normalização de publicações técnico-científicas*. 6. ed. rev. e ampl. Belo Horizonte: Ed. UFMG, 2003.

• • • **Seção 2** O passo a passo da pesquisa acadêmica

Toda pesquisa acadêmica atravessa quatro fases: planejamento, coleta de dados, análise de dados e apresentação dos resultados — na forma de uma monografia, relatório, dissertação etc. Tendo em vista os objetivos deste livro, vamos nos ater apenas à primeira e à última dessas fases.

Na fase do planejamento (tema desta seção), é preciso dar os seguintes passos, que serão detalhados a seguir: definição e recorte do tema; formulação das questões de pesquisa; estabelecimento de hipóteses; escolha do método de pesquisa e dos instrumentos de coleta de dados.

Definição e recorte do tema

Recomenda-se que a pessoa escolha um tema com o qual tenha afinidade e, de preferência, familiaridade. Se você estuda administração e trabalha em um hospital, por exemplo, seria uma boa ideia escolher a gestão hospitalar como tema de seu trabalho de conclusão de curso.

Definido o tema geral, o passo seguinte é realizar aquilo que Goldstein, Louzada e Ivamoto[7] chamam de *leitura exploratória*. Isso significa proceder a uma ampla busca de informações sobre o tema, a fim de descobrir as principais linhas de pesquisa que ele abriga, quais resultados já foram obtidos, o que ainda falta esclarecer e assim por diante.

Digamos que, após essa exploração, você tenha decidido centrar sua pesquisa nos indicadores de desempenho hospitalar. Esse é um primeiro recorte, mas não o suficiente, já que, conforme vimos na primeira seção, o foco da pesquisa acadêmica deve ser bastante restrito. Para recortar o tema adequadamente, o estudante deve levar em conta:

- *O grau de ineditismo que o recorte pode proporcionar* — é claro que não se espera de um pesquisador (muito menos se ele for iniciante) um trabalho revolucionário, diferente de tudo que já foi feito. No entanto, toda pesquisa deve ter como ambição trazer algum tipo de novidade ao tema. Por exemplo: já se fizeram muitas pesquisas sobre indicadores de desempenho na gestão hospitalar, mas talvez nenhuma delas tenha sido feita nos hospitais de sua cidade. Recortar o tema pelo *corpus* — isto é, o conjunto de entidades, pessoas, objetos ou documentos dos quais se extrairão os dados — é apenas uma das possibilidades. Também é possível recortá-lo por uma especificidade do próprio tema (por exemplo, em vez de indicadores de desempenho hospitalar em geral, poderíamos focalizar apenas a taxa de infecção) ou pela metodologia de pesquisa (se já existem muitas pesquisas baseadas no estudo de caso, você pode propor outro método).
- *A viabilidade do recorte* — levantar os indicadores de desempenho utilizados em todos os hospitais de sua cidade pode ser uma proposta ótima, porém impossível de executar. O melhor, nesse caso, é recortar ainda mais o tema (por exemplo, ater-se apenas ao hospital onde você trabalha) até encontrar o escopo do qual é possível "dar conta".

Formulação das questões de pesquisa

A definição do recorte deve conduzir à identificação do problema ou dos problemas para os quais a pesquisa buscará oferecer uma solução. Afinal de contas, a pesquisa acadêmica não deve ser apenas inovadora, mas também útil. Para entender essa ideia melhor, imagine, por exemplo, que um estudante resolva entrevistar os fazendeiros de certa região a fim de descobrir se algum deles utiliza determinada técnica de plantio. Acontece que tal técnica é considerada obsoleta e está praticamente extinta. A pesquisa do estudante pode até ser inédita, mas terá pouquíssima utilidade, a não ser apontar a "excentricidade" das poucas fazendas que ainda empregam a velha técnica.

Para ser útil, uma pesquisa deve ser capaz de oferecer algum subsídio (ainda que modesto) à melhoria de uma situação real. Suponha que você decida investigar como a taxa de infecção no hospital onde trabalha se comportou depois que os funcionários participaram de um treinamento para prevenção de infecções. Os resultados certamente serão úteis aos gestores do hospital, que poderão verificar a eficiência do programa.

Os problemas aos quais a pesquisa pretende oferecer soluções devem ser elaborados na forma das chamadas **questões** ou **perguntas de pesquisa**. Essas perguntas devem ser claras, curtas e em pequeno número. No exemplo que acabamos de mencionar, poderia ser uma única questão:

> Como se comportou a taxa de infecção no hospital analisado após a implementação de um treinamento preventivo?

Se você quisesse (e pudesse) aprofundar a pesquisa, poderia acrescentar outra questão:

> Quais outros fatores podem ter influenciado o comportamento da taxa de infecção?

Veja mais alguns exemplos de perguntas de pesquisa no Quadro 7.3.

Quadro 7.3 Exemplos de perguntas de pesquisa.

• De que maneira se deu e, fundamentalmente, se dá o relacionamento entre poder público e escolas de samba na organização do carnaval paulistano?[8]
1. Como o professor utilizou as ferramentas disponíveis na plataforma Moodle?[9] 2. Como foi a utilização do ambiente virtual de aprendizagem (AVA) na disciplina Princípios da Ciência dos Materiais na percepção do professor? 3. Como foi a utilização do ambiente virtual de aprendizagem (AVA) na disciplina Princípios da Ciência dos Materiais na percepção dos alunos?
1. Quais são as características das revistas nacionais de administração?[10] 2. Como deve ser o modelo de negócio das revistas nacionais de administração? 3. Quais são as barreiras que devem ser superadas para viabilizar o modelo proposto?

Estabelecimento de hipóteses

O pesquisador deve, ainda, levantar algumas hipóteses de resposta para as perguntas de pesquisa. Essas hipóteses serão testadas ao longo do estudo e, no fim (se tudo correr como planejado), uma delas se mostrará verdadeira e, assim, passará de *hipótese* a *tese*. Para a pergunta de pesquisa que demos como exemplo, as hipóteses poderiam ser três:

> Hipótese 1: A taxa de infecção subiu após a implementação do programa.
> Hipótese 2: A taxa de infecção diminuiu após a implementação do programa.
> Hipótese 3: A taxa de infecção não se alterou após a implementação do programa.

Vale ressaltar que o estabelecimento de hipóteses é bem mais comum nas **pesquisas quantitativas** — aquelas que trabalham com dados quantificáveis e os analisam estatisticamente — do que nas **pesquisas qualitativas** — aquelas que trabalham com dados não quantificáveis e os analisam atribuindo-lhes significados. Isso se explica porque as pesquisas qualitativas geralmente seguem um raciocínio indutivo: elas primeiro observam os detalhes específicos da realidade para depois extrair conclusões gerais. Logo, sair a campo com hipóteses predefinidas não é adequado nesse tipo de pesquisa.

Saiba mais

A diferença entre pesquisas quantitativas e qualitativas diz respeito à maneira como abordam o tema. As pesquisas distinguem-se, ainda, em relação aos objetivos. Nesse caso, elas podem ser classificadas, de acordo com Goldstein, Louzada e Ivamoto,[11] em: *exploratórias*, quando buscam ampliar e acumular conhecimento sobre a área pesquisada; *descritivas*, quando expõem as características de um fenômeno ou fato, servindo de base para sua explicação posterior; *explicativas*, quando buscam identificar as causas de determinado fenômeno; *aplicadas*, quando têm finalidade prática, procurando apresentar soluções para problemas reais; *intervencionistas*, quando visam interferir na realidade; e *metodológicas*, quando estudam os métodos de estudo e os instrumentos de coleta de dados.

Escolha do método de pesquisa e dos instrumentos de coleta de dados

A escolha do método de pesquisa depende de vários fatores, como a tradição da área, o recorte do tema e as possibilidades do pesquisador, em termos de tempo e recursos. Entre os principais métodos disponíveis, destacamos cinco:

- **Pesquisa experimental** — nesse método, o pesquisador separa o *corpus* em dois grupos: o experimental e o de controle. Esses grupos devem ter características bem semelhantes, de modo que se possa testar sobre um deles (o experimental) o efeito de determinada variável independente. Por exemplo, para investigar os efeitos de um medicamento contra a hipertensão, o pesquisador poderia trabalhar com dois grupos de 50 indivíduos hipertensos, com estilo de vida semelhante, a mesma faixa etária e a mesma proporção de homens e mulheres. Apenas o grupo experimental receberia o medicamento (essa seria a variável independente), enquanto o grupo de controle tomaria um placebo. No fim, o pesquisador poderia verificar, isoladamente, o efeito do remédio sobre a saúde do grupo experimental.

- **Pesquisa documental ou bibliográfica** — nesse método, o trabalho de campo resume-se ao exame de documentos, livros, artigos, jornais, revistas etc. É muito utilizado em estudos históricos e também nas chamadas **revisões de literatura** — um tipo de pesquisa que examina boa parte do que já se pesquisou em determinado campo e colige os principais resultados e proposições obtidos.
- **Etnografia** — a essência do método etnográfico é a observação participante: o pesquisador tem contato direto com a situação ou comunidade estudada, pois participa dela. É bastante comum nas ciências humanas e sociais.
- **Estudo de caso** — esse método consiste em examinar detalhadamente um único objeto ou fato para, por fim, "apresentar resultados que possam ser aplicados a outras situações semelhantes"[12]. Por exemplo: os resultados da pesquisa sobre a taxa de infecção feita em seu hospital poderiam ser extrapolados para outros hospitais, desde que houvesse semelhança suficiente entre eles.
- **Pesquisa-ação** — como o nome sugere, nesse método o pesquisador não se limita a observar uma situação, mas, sim, atua diretamente sobre ela. Um professor de ciências, por exemplo, pode usar a pesquisa-ação para investigar se seus alunos aprendem melhor após cultivarem uma horta no quintal da escola. Ele deve participar de todo o processo: primeiro, orienta os alunos no cultivo da horta, depois ministra as aulas e, por fim, avalia-os por meio de exames ou outros métodos.

Selecionado o método de pesquisa, o passo seguinte é escolher e preparar os **instrumentos de coleta de dados**. Existem quatro instrumentos básicos: observação, entrevista, questionário e análise de documentos. Ao preparar os questionários e os roteiros das entrevistas, é preciso máximo cuidado: se as perguntas estiverem mal redigidas ou incompletas, não será possível levantar dados adequados para responder às perguntas de pesquisa. Antes de aplicar os instrumentos, recomenda-se que o pesquisador teste-os em uma pequena amostra dos participantes.

O planejamento da pesquisa também inclui a definição sobre como os dados coletados serão analisados. Isso é especialmente importante no caso das pesquisas quantitativas, que geralmente usam métodos estatísticos de análise.

• • • Seção 3   A monografia (trabalho de conclusão de curso)

Se na seção anterior vimos um resumo sobre como conduzir a pesquisa acadêmica, veremos agora como apresentar seus resultados na forma de uma monografia. Antes, porém, vamos definir o que é **monografia**.

É curioso notar que essa palavra traz em sua origem a ideia de um escrito (*grafia*) sobre um único assunto (*mono*). De fato, o conceito de monografia é este mesmo: "[...] um relatório de uma pesquisa desenvolvida sobre um determinado tema, delimitado no tempo por um objeto de estudo"[13]. De acordo com essa definição, dissertações e teses também seriam trabalhos monográficos; contudo, vamos seguir aqui a tradição do ensino superior brasileiro e considerar como monografia apenas o relatório de pesquisa apresentado na graduação. Uma vez que, em geral, ele deve ser apresentado ao fim do curso, como uma das exigências para a obtenção do grau, acaba sendo chamado também de **trabalho de conclusão de curso** (TCC).

Segundo a ABNT,[14] uma monografia deve conter os elementos estruturais elencados no Quadro 7.4. Os itens destacados são obrigatórios; os demais, opcionais.

Quadro 7.4 Estrutura da monografia.

Pré-textuais	• Capa • Lombada • Folha de rosto • Errata • Dedicatória • Agradecimentos • Epígrafe • Resumo na língua do texto • Resumo em língua estrangeira • Listas (de ilustrações, tabelas, siglas, símbolos) • Sumário
Textuais	• Introdução • Desenvolvimento • Conclusão
Pós-textuais	• Referências • Glossário • Apêndice(s) • Anexo(s) • Índice(s) remissivo(s)

A folha de rosto a que se refere o Quadro 7.4 deve ter as informações e o formato apresentados na Figura 7.3. Já o resumo (*abstract*) deve ter de 150 a 500 palavras e conter as seguintes informações, exemplificadas a seguir: 1) o objetivo do trabalho; 2) o método adotado; 3) os resultados e as conclusões. As palavras--chave, utilizadas para catalogação do trabalho, "devem figurar logo abaixo do resumo, antecedidas da expressão *Palavras-chave:*, separadas entre si por ponto e finalizadas também por ponto".[15] Isso fica claro no seguinte exemplo:[16]

Figura 7.3 Modelo de folha de rosto.

João Alves da Cruz

**NOVAS TECNOLOGIAS
NO ENSINO DE LÍNGUA ESTRANGEIRA:**

ENTRE *BLOGS* E TORPEDOS

Trabalho de Conclusão de Curso apresentado ao Instituto de Filosofia e Ciências Humanas da Universidade de Passo Fundo, como requisito parcial à obtenção do título de licenciado em Letras.
Orientadora: Prof[a]. Virgínia Possa

Passo Fundo
Instituto de Filosofia e Ciências Humanas da UFP
2012

> **RESUMO**
>
> ① O objetivo deste trabalho foi analisar a história da disciplina Língua Inglesa no ensino secundário brasileiro nas décadas de 1930 a 1950. Para tanto, foram analisadas as reformas educacionais, os programas de ensino do Colégio Pedro II, localizado na cidade do Rio de Janeiro, e os livros didáticos elaborados pelos catedráticos desse mesmo colégio, no período de 1930 a 1958. ② Os resultados permitem concluir que tanto as reformas como os livros trazem embutido o ③ discurso do *método direto*, cujos princípios são recomendados até hoje para o ensino de inglês.
>
> **Palavras-chave:** Língua inglesa. Disciplinas escolares. Livro didático. Método direto.

Em geral, os elementos textuais — introdução, desenvolvimento e conclusão — são organizados na forma de capítulos. Embora não exista uma regra para o número de capítulos, nem para os assuntos que cada um deve abordar, podemos sugerir a seguinte configuração:

- **Capítulo 1: Introdução** — aqui o estudante deve, em primeiro lugar, oferecer um panorama de sua pesquisa: qual o recorte do tema, como e por que ele foi escolhido e em que contexto se deu a pesquisa (data, lugar, pessoas envolvidas). Em seguida, ele deve descrever:
  - os *objetivos*, ou seja, os problemas aos quais a pesquisa buscou oferecer soluções;
  - as *justificativas* da pesquisa, isto é, quais contribuições ela pode trazer.

  [anotação manuscrita: Se a quantidade de informações for muito grande, pode-se dividir o capítulo inicial em dois. Nesse caso, os objetivos e as justificativas são apresentados no Capítulo 2, o referencial teórico no Capítulo 3 e assim por diante.]

- **Capítulo 2: Referencial teórico** — este capítulo deve apresentar os resultados de todo o levantamento bibliográfico feito pelo estudante ao longo do trabalho, a começar por aquela leitura exploratória inicial. Ele deve conter as teorias e conceitos mais importantes da área, os quais serão utilizados para explicar a análise dos dados e embasar as conclusões extraídas. Nem é preciso dizer que os argumentos de autoridade citada são a "alma" deste capítulo.

- **Capítulo 3: Metodologia da pesquisa** — aqui se identifica o perfil da pesquisa (se é qualitativa, quantitativa, descritiva, exploratória etc.) e o

> **Saiba mais**
>
> Em algumas monografias, em vez das questões de pesquisa, apresentam-se objetivos propriamente ditos, introduzidos por verbos no infinitivo. Eles podem ser divididos em objetivos gerais e específicos. Veja um exemplo:[17]
>
>> O objetivo principal desta pesquisa consiste em elaborar uma proposta de um programa de estágio, por meio do conceito de gestão por competências, para uma empresa pertencente à indústria de eletroeletrônicos. Dentre os objetivos específicos busca-se (1) difundir o conceito de competências como modelo de gestão capaz de integrar os processos de desenvolvimento, avaliação e remuneração; e (2) demonstrar as vantagens e os benefícios de um programa de estágio bem estruturado em termos de desenvolvimento de futuros talentos para as organizações.

método empregado. Também se descrevem os instrumentos de coleta de dados e se explica como foram escolhidos e desenhados. Todo esse detalhamento deve estar relacionado aos objetivos ou às perguntas de pesquisa; afinal, o método e os instrumentos têm como função responder às perguntas propostas.

- **Capítulo 4: Apresentação e análise dos dados coletados** — aqui se apresentam e analisam as evidências da pesquisa (os dados coletados).
- **Capítulo 5: Conclusões (ou Considerações finais)** — neste último capítulo, o estudante deve demonstrar que foi capaz de fazer uma reflexão crítica ao longo da pesquisa. Enquanto os capítulos 3 e 4 são mais descritivos, este é marcadamente argumentativo, pois o acadêmico deve não apenas mencionar a quais conclusões chegou, mas também provar que elas são, de fato, uma decorrência lógica da análise dos dados. Por fim, ele deve explicar como os resultados podem contribuir para a solução do problema estudado.

Resumo

- As principais características do discurso acadêmico são: busca do ideal de neutralidade; foco restrito; construções complexas e vocabulário técnico; e argumentação com base na autoridade citada.
- Os principais tipos de argumento de que podemos lançar mão, não apenas nos gêneros acadêmicos, como em qualquer texto argumentativo, são: os argumentos pragmáticos ou evidências; os argumentos de consenso; os argumentos por

- comparação (analogia); os argumentos por exemplificação; e, finalmente, os argumentos de autoridade citada.
- O argumento de autoridade citada cumpre duas funções essenciais na redação acadêmica. Em primeiro lugar, ele dá continuidade à tradição de construção colaborativa dos saberes, que constitui a própria essência da prática científica. Em segundo lugar, ele ajuda a conferir falseabilidade à pesquisa, na medida em que possibilita, ao leitor, localizar as fontes consultadas pelo autor e verificar por si mesmo se elas são realmente bons argumentos para a tese defendida.
- Os principais passos a serem tomados na fase de planejamento de uma pesquisa acadêmica são: definição e recorte do tema; formulação das questões de pesquisa; estabelecimento de hipóteses; escolha do método de pesquisa e dos instrumentos de coleta de dados.
- Os elementos obrigatórios em uma monografia são: capa, folha de rosto, resumo na língua do texto, resumo em língua estrangeira e sumário (pré-textuais); introdução, desenvolvimento e conclusão (textuais); e referências (pós-textuais).

Atividades

1. Há outra diferença entre o discurso de divulgação científica e o discurso científico, além das já comentadas neste capítulo: eles apresentam as autoridades citadas de maneira distinta. Explique essa afirmação, tomando como base os textos 2 e 3 transcritos no início deste capítulo.

2. Aplique, ao trecho a seguir, as estratégias de apagamento do sujeito estudadas neste capítulo.

> Segundo Geraldi (2001, p. 17), os estudos sobre ensino de língua portuguesa das últimas décadas podem ser agrupados em duas vertentes: as pesquisas descritivas, que identificam a escola como ela é, e as propostas de ensino, que tentam "interferir na realidade e construir alternativas pedagógicas — a escola como poderia ser". Desde que comecei a alimentar o sonho do mestrado, decidi que minha pesquisa acadêmica pertenceria ao segundo grupo — isto é, em vez de descrever um problema, sugeriria meios de solucioná-lo.
> A opção pela reescrita veio de experiências com meus alunos — às vezes bem-sucedidas, outras nem tanto. Conforme eu e alguns colegas intuíamos, a reescrita era uma maneira de evitar que o texto do aluno terminasse em um de seus paradeiros habituais: ou o cesto de lixo, ou o fundo de alguma gaveta.

3. Escolha um tema polêmico (por exemplo, os rodeios), informe-se sobre ele e defina uma tese a respeito. Depois, elabore cinco argumentos para sustentar sua tese, cada um correspondendo a um dos tipos estudados aqui.

4. Identifique as falhas na apresentação destas citações e referências:
   a) LEFF (2001) salienta que o ambientalismo como movimento social teve início nos anos 1960.
   b) Segundo Backtin (1979), "o índice substancial (constitutivo) do enunciado é o fato de dirigir-se a alguém, de estar voltado para o destinatário".
   c) Modenesi, André de Melo. Regimes Monetários: teoria e experiência do real. Barueri, Manole, 2005.
   d) José Pedro Macarini. "A política econômica do governo Médici: 1970-1973". In: *Nova Economia*, v. 15, n. 3, set.-dez. 2005, p. 53-92.

5. Selecione três trabalhos que apresentem os resultados de uma pesquisa em sua área de interesse. Podem ser monografias, dissertações ou teses. Em seguida:
   a) Identifique, em cada um deles:
      - o recorte do tema;
      - os objetivos ou perguntas de pesquisa;
      - o *corpus*;
      - o perfil da pesquisa (qualitativa, quantitativa, descritiva, exploratória etc.);
      - o método empregado;
      - os instrumentos de coleta de dados;
      - as conclusões.
   b) Redija uma breve análise crítica de cada trabalho, levando em conta aspectos como: a facilidade de localizar os elementos do item anterior; a coerência entre eles; pontos que poderiam ser melhorados ou sobre os quais você teve dúvida.
   c) Os capítulos do trabalho foram organizados conforme sugerido aqui? Explique.

Notas

1 XAVIER, Edson; PRESTES FILHO, Ubirajara F. *História interativa*: 7º ano. Tatuí (SP): Casa Publicadora Brasileira, 2009. p. 207.

2 VOMERO, Maria Fernanda. A mata pede trégua. *Superinteressante*, dez. 2001. Disponível em: <http://super.abril.com.br>. Acesso em: 15 ago. 2011.

3 AGAREZ, Fernando Vieira *et al*. Utilização de índice de vegetação na classificação integrada de fragmentos florestais em Mata Atlântica de Tabuleiros no Município de Sooretama, ES. In: SIMPÓSIO BRASILEIRO DE SENSORIAMENTO REMOTO, 10, 2001, Foz do Iguaçu. *Anais...* Inpe, 2001. p. 1499-1508.

4 LEIBRUDER, Ana Paula. O discurso de divulgação científica. In: BRANDÃO, Helena Nagamine (Coord.). *Gêneros*

do discurso na escola: mito, conto, cordel, discurso político, divulgação científica. São Paulo: Cortez, 2000.

5   VIANA, Antonio Carlos. *Roteiro de redação*: lendo e argumentando. São Paulo: Scipione, 1998. GOLDSTEIN, Norma; LOUZADA, Maria Silvia; IVAMOTO, Regina. *O texto sem mistério*: leitura e escrita na universidade. São Paulo: Ática, 2009.

6   ASSOCIAÇÃO BRASILEIRA DE NORMAS TÉCNICAS. *NBR 10520*: Informação e documentação: citações em documentos: apresentação. Rio de Janeiro, 2002. ABNT. *NBR 6023*: Informação e documentação: referências: elaboração. Rio de Janeiro, 2002. Ver também: FRANÇA, Júnia Lessa. *Manual para normalização de publicações técnico-científicas*. 6. ed. rev. e ampl. Belo Horizonte: Ed. UFMG, 2003.

7   GOLDSTEIN; LOUZADA; IVAMOTO, *op. cit.* p. 144.

8   AZEVEDO, Clara de Assunção. *Fantasias negociadas*: políticas do carnaval paulistano na virada do século XX. 2010. Dissertação (Mestrado em Antropologia Social) — Faculdade de Filosofia, Letras e Ciências Humanas, Universidade de São Paulo, São Paulo, 2010.

9   DELGADO, Laura M. M. *Uso da plataforma Moodle como apoio ao ensino presencial*: um estudo de caso. 2009. Dissertação (Mestrado em Linguística Aplicada) — Faculdade de Letras, Universidade Federal do Rio de Janeiro, 2009.

10 Adaptado de: ALMEIDA, Francisco Ribeiro de. *Revistas acadêmicas de administração*: proposição de ampliação de escopo. 2010. Tese (Doutorado em Administração) — Faculdade de Economia, Administração e Contabilidade, Universidade de São Paulo, São Paulo, 2010.

11 GOLDSTEIN; LOUZADA; IVAMOTO, *op. cit.* p. 147.

12 GOLDSTEIN; LOUZADA; IVAMOTO, *op. cit.* p. 147.

13 REIS, Linda G. *Produção de monografia*: da teoria à prática: o método educar pela pesquisa (MEP). 2. ed. Brasília: Ed. Senac-DF, 2008. p. 29.

14 ABNT. *NBR 14724*: Informação e documentação: trabalhos acadêmicos: apresentação. 2. ed. Rio de Janeiro, 2005.

15 ABNT. *NBR 6028*: Informação e documentação: resumo: apresentação. Rio de Janeiro, 2003. p. 2.

16 Adaptado de: CASIMIRO, Glauce Soares. *Da proposta das "elites" ao método direto*: uma história da disciplina Língua Inglesa no Colégio Pedro II (1930-1958). 2003. Dissertação (Mestrado em Educação) — Centro de Ciências Humanas e Sociais, Universidade Federal do Mato Grosso do Sul, Campo Grande, 2003.

17 ALMEIDA, Cristiane Stanzel de. *Ações de desenvolvimento baseadas em competências*: proposta de um programa de estágio para uma organização da indústria eletroeletrônica. 2010. Monografia (Bacharelado em Administração) — Faculdade de Economia, Administração e Contabilidade, Universidade de São Paulo, São Paulo, 2010. p. 15.

Parte 4
COMUNICAÇÃO ORAL

Capítulo 8 **Palestra, debate e diálogo formal**

Capítulo 8
PALESTRA, DEBATE E DIÁLOGO FORMAL

Objetivos de aprendizagem

Quando terminar o estudo deste capítulo, você deverá ser capaz de:
- Diferenciar exposição oral e debate.
- Identificar as etapas de uma exposição oral.
- Mencionar as particularidades da preparação para um debate.
- Explicar as duas "lições de casa" que o candidato deve fazer antes de uma entrevista de emprego.

Introdução

"Detesto falar em público." Esse tipo de desabafo é muito comum — e, para sermos francos, bastante compreensível. Falar em público significa expor-se ao julgamento alheio: há uma multidão de olhos e ouvidos atentos a cada uma de nossas palavras e gestos, prontos para avaliá-los nos mínimos detalhes.

Sentir-se frágil e inseguro nessas circunstâncias é perfeitamente natural. Contra tal sensação, só existe um "antídoto": o preparo. Neste último capítulo, você vai aprender detalhadamente como se preparar para eventos que envolvem a habilidade de expor ideias e argumentos em público, tais como seminários, palestras e debates. Além disso, vai aprender como se comportar em uma entrevista de emprego e outras situações de diálogo formal.

Conteúdo do capítulo

Seção 1 Exposição oral
Seção 2 Debate
Seção 3 Diálogo formal: entrevista de emprego

••• Seção I   Exposição oral

Os termos **palestra** e **conferência** são muitas vezes usados um pelo outro. Apesar disso, pode-se dizer que o primeiro está mais relacionado ao âmbito profissional, e o segundo, ao acadêmico ou científico. Outra diferença é que as palestras tendem a ser menos formais que as conferências.

Também ligado à comunicação oral, o termo **seminário** tem significados distintos dentro e fora das escolas e faculdades. Nelas, ele designa uma espécie de "aula" dada por um ou mais alunos ao resto da classe; fora delas, indica um congresso de cientistas ou autoridades, com exposição seguida de debate.

Independentemente da denominação, esses eventos comunicativos têm algo em comum: em todos eles, um ou mais oradores *expõem* determinado tema para uma plateia. A característica mais marcante da exposição oral é a bipolaridade estabelecida entre os participantes — embora reunidos em uma espécie de "conversa", o expositor (ou o grupo de expositores) e a audiência não ocupam posições equivalentes.[1] O primeiro representa sempre um "especialista" no tema abordado, alguém que detém uma grande quantidade de conhecimentos sobre ele. Os componentes da plateia, por sua vez, são um pouco mais difíceis de caracterizar; eles podem até dominar o tema tão bem quanto o expositor, mas talvez estejam interessados em conhecer o ponto de vista dele ou alguns detalhes inéditos. Porém, na maioria das vezes a plateia é formada por "leigos", isto é, pessoas que possuem um nível de conhecimento do tema bem inferior ao do expositor.

Como se vê na Figura 8.1, a bipolaridade da exposição distingue-a de outro importante gênero oral: o debate, evento comunicativo em que existem no mínimo três polos: dois deles são ocupados por indivíduos — os debatedores — que defendem pontos de vista conflitantes sobre o tema, enquanto o último é ocupado pela plateia. A plateia em geral ocupa uma posição inferior à dos debatedores, ou porque não conhece o tema o suficiente, ou porque não tem autoridade para expor sua opinião ou tomar decisões. Os debatedores, porém, estão em pé de igualdade: pelo menos em tese, todos têm a mesma autoridade para opinar e decidir.

A maior prova dessa diferenciação é o tempo reservado para os atores em cada evento comunicativo. Em uma exposição oral, o palestrante geralmente fala muito mais do que a plateia; apenas no final abre-se um espaço para que os espectadores façam perguntas ou comentários. Já no debate, um dos princípios

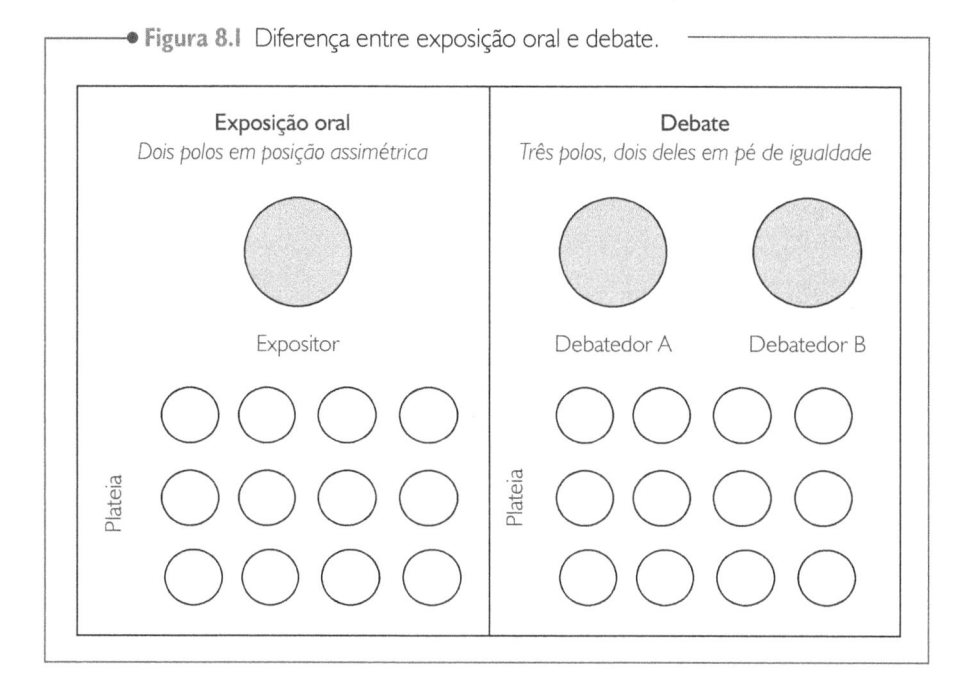

Figura 8.1 Diferença entre exposição oral e debate.

Exposição oral	Debate
Dois polos em posição assimétrica	*Três polos, dois deles em pé de igualdade*
Expositor	Debatedor A / Debatedor B
Plateia	Plateia

é justamente conceder a todos os debatedores o mesmo tempo de fala. A plateia do debate também pode se manifestar, mas, assim como ocorre na exposição, o espaço reservado a ela é bem restrito.

Feita essa diferenciação, podemos iniciar o estudo da exposição oral. Vale lembrar que ela não está presente apenas em seminários, palestras e conferências, mas também em eventos de menor alcance ou formalidade: por exemplo, quando um técnico experiente é convidado a dar um minicurso a funcionários novatos ou quando um profissional de determinada área da empresa precisa apresentar um projeto aos outros departamentos.

Em quase todas as situações, a exposição pode ser realizada individualmente ou em grupo. Seja como for, seu sucesso depende de uma série de cuidados tomados durante o planejamento e o ensaio, sobre os quais falaremos a seguir.

Planejamento

O planejamento é, sem dúvida, a etapa mais importante de qualquer exposição oral. O primeiro passo é levantar informações sobre todos os fatores envolvidos no evento. Busque respostas para as seguintes perguntas:

- *Quanto ao público* — qual é o nível de conhecimento que eles detêm sobre o tema? São "leigos" ou sabem tanto quanto você? Que motiva-

ção eles têm para assistir à sua exposição? Quais tópicos são mais relevantes para eles?
- *Quanto ao tema* — o que você já sabe sobre o tema? Quais informações falta levantar? Que recorte deve ser feito, levando em conta o perfil e os interesses do público? Assim como na busca de informações (Capítulo 6), é útil fazer uma lista de perguntas às quais a exposição deve responder.
- *Quanto ao momento e ao lugar da apresentação* — de quanto tempo você disporá? De que tipo de evento se trata? Você é o único expositor ou há outros? Em que momento será sua apresentação — no início do evento, quando o público ainda precisa ser "aquecido", ou no final, quando ele já está um pouco cansado? Será possível usar materiais de apoio, como apresentações eletrônicas (do tipo PowerPoint®) ou vídeos?
- *Quanto à abordagem* — levando em conta os outros fatores, a abordagem deve ser mais descontraída ou séria, mais profunda ou superficial, mais emocional ou técnica?

Com base na resposta a essas perguntas, você deve preparar um roteiro básico de sua apresentação — por enquanto, será apenas uma lista dos tópicos a serem abordados. Não se preocupe em decidir a ordem ou a hierarquia entre eles, pois isso será pensado mais adiante.

O próximo passo é certificar-se de que realmente domina cada um dos tópicos listados. Não basta um conhecimento superficial — lembre-se que você vai desempenhar o papel de *especialista*; portanto, precisa estar a par de todos os detalhes e atualizações da área, além de preparado para responder às perguntas da plateia. Siga as orientações vistas no Capítulo 6 para buscar informações na Internet ou na biblioteca e estude detalhadamente os textos encontrados.

As etapas da exposição

Quando sentir que já domina a fundo os tópicos de sua lista inicial, você pode passar ao planejamento propriamente dito. Para tanto, leve em conta que a exposição oral costuma ter sete etapas, conforme mostra a Figura 8.2:[2]

1. *Abertura* — nesta fase, o expositor se apresenta (ou é apresentado pelo organizador do evento) e cumprimenta o público.
2. *Introdução* — é o momento em que o expositor apresenta o tema a ser tratado, o recorte e a abordagem, justificando o porquê de cada escolha.

Figura 8.2 Etapas da exposição oral.

```
Abertura
   ↓
Introdução
   ↓
Desenvolvimento
   ↓
Recapitulação
e síntese
   ↓
Conclusão
   ↓
Participação de
público (opcional)
   ↓
Encerramento
```

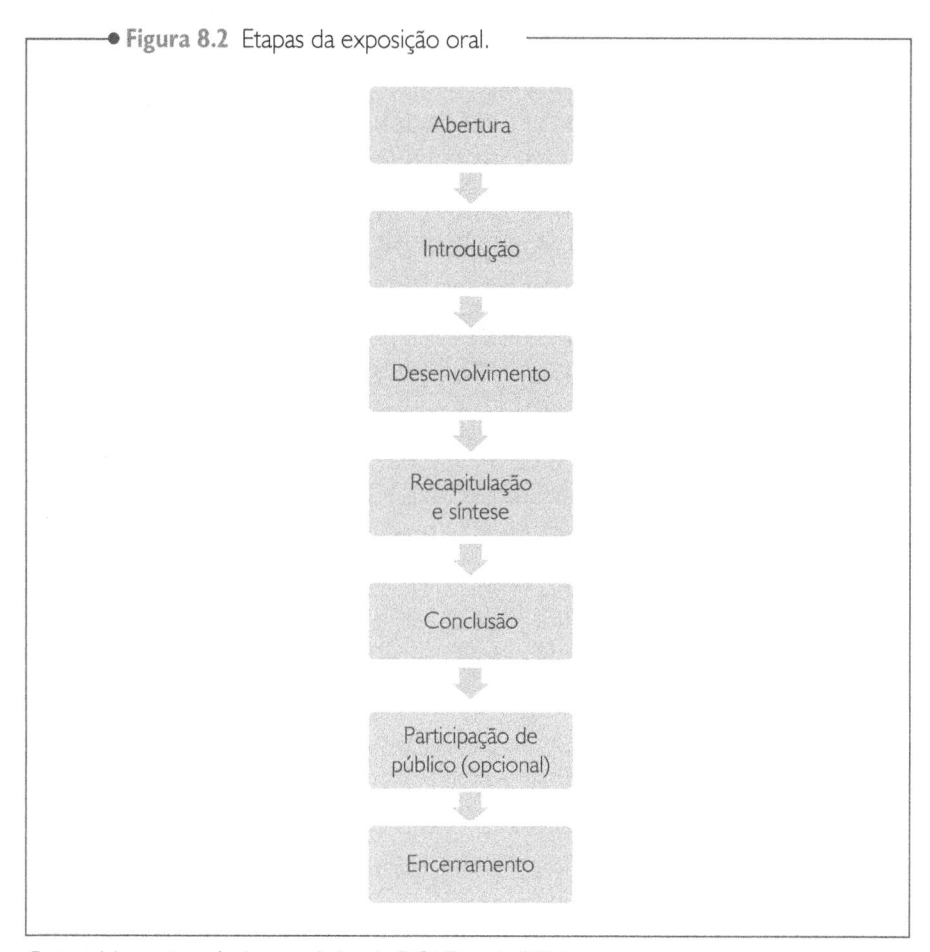

Fonte: elaboração própria com dados de DOLZ et al., 2004.

Ele também deve indicar quais informações serão apresentadas e em que ordem — ou seja, deve fornecer à plateia um *plano geral da exposição*.

3. *Desenvolvimento* — esta é a fase mais longa, em que o expositor discorre sobre o tema na ordem anteriormente anunciada.
4. *Recapitulação e síntese* — ao fim da explanação, o expositor deve retomar os principais pontos abordados e formular uma síntese.
5. *Conclusão* — este é o momento para o expositor deixar sua "mensagem final" ao público: pode ser uma opinião pessoal sobre o tema, uma previsão das tendências futuras ou, ainda, uma sugestão de tópicos para novas palestras.
6. *Participação do público* — nesta etapa (que nem sempre ocorre), abre-se um espaço para a audiência manifestar suas dúvidas e comentários. É aí

que a realização de uma ampla pesquisa prévia mostra seu valor, pois deixa o expositor mais seguro para falar de tópicos que não foram abordados diretamente em sua apresentação. Ainda assim, nenhum expositor está livre de receber perguntas às quais não sabe responder; nesse caso, o melhor a fazer é reconhecer a ignorância — e não tentar "enrolar" o espectador. Conforme a situação, você pode se comprometer a buscar uma resposta e depois enviá-la por e-mail à pessoa.

7. *Encerramento* — neste momento final, o expositor agradece à plateia e aos organizadores do evento (se for o caso) e despede-se cordialmente.

Tendo em vista essa sequência de etapas, planeje o que falar em cada uma delas. Dedique maior atenção, obviamente, ao desenvolvimento, que representa o cerne da exposição. Para planejá-lo, estude aquela lista de tópicos que fez a princípio e defina quais realmente devem ser mantidos, como eles se relacionam logicamente e em que ordem devem ser apresentados.

Nesse momento, pode ser útil preparar um esboço da apresentação eletrônica (ou outro texto de apoio), pois a própria tarefa de organizar os *slides* vai ajudá-lo a definir o plano geral da exposição. A propósito, é preciso tomar cuidado especial com a confecção das apresentações eletrônicas — um recurso frequentemente mal utilizado.

O erro mais comum é colocar *todo* o conteúdo nos *slides*, o que resulta em uma apresentação "poluída", repleta de frases enormes e uma infinidade de gráficos ou tabelas que a plateia jamais conseguirá ler, muito menos entender. O objetivo da apresentação eletrônica não é oferecer um registro completo da exposição, e sim um resumo a ser desenvolvido pelo orador. Logo, ela deve estar composta apenas por palavras e expressões-chave ou, no máximo, por frases curtas e objetivas. Convém organizar essas informações em *bullets* (marcadores) e, quando possível, indicar a relação entre elas por meio de elementos gráficos, tais como os sugeridos na Figura 6.5 (Capítulo 6). Veja alguns exemplos de *slides* "despoluídos" na Figura 8.3.

Durante a apresentação, o resumo oferecido pela apresentação eletrônica cumpre duas funções:

- ajudar o expositor a se lembrar de quais informações deve apresentar e em que ordem;
- ajudar a plateia a seguir a linha de raciocínio da exposição.

Além disso, os *slides* servem para apresentar dados difíceis de expor oralmente, como gráficos, fórmulas e estatísticas. Mas, se o conjunto de dados for

Figura 8.3 Exemplos de *slides* "despoluídos".

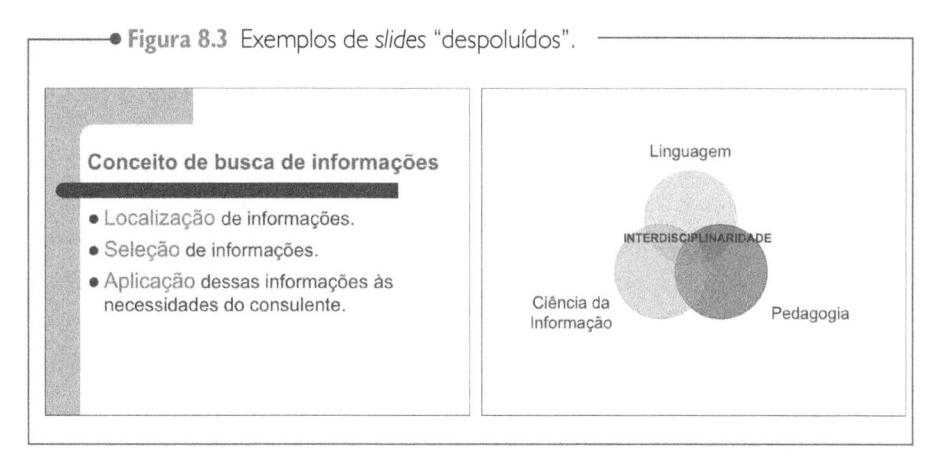

Conceito de busca de informações
- Localização de informações.
- Seleção de informações.
- Aplicação dessas informações às necessidades do consulente.

Linguagem
INTERDISCIPLINARIDADE
Ciência da Informação
Pedagogia

grande ou complexo, não adianta simplesmente "jogá-lo" no *slide*, porque a plateia não será capaz de interpretá-lo (às vezes nem sequer de enxergá-lo). É necessário destacar as informações mais importantes com balões ou cores; observe que, novamente, entra em jogo a ideia de resumo, e não de registro completo.

Em geral, também é interessante distribuir um material escrito à audiência, para facilitar o acompanhamento das ideias. Conforme as circunstâncias, pode ser um *folder* mais elaborado ou simplesmente as miniaturas dos próprios *slides*. Em todos os casos, lembre-se de revisar com cuidado todo o material escrito; assim você evita aqueles constrangedores erros gramaticais ou de digitação.

Ensaio

Ensaiar é bom para todos que vão falar em público — e mais ainda para quem não está acostumado a fazê-lo. Quando tiver decidido o plano geral da exposição, comece os ensaios. Grave a performance em vídeo e depois assista à gravação, verificando os seguintes pontos:

- *A altura da voz* — não pode ser alta nem baixa demais.
- *O ritmo e a entonação* — de maneira geral, você não deve falar devagar demais, a ponto de parecer hesitante ou disperso, nem rápido demais, a ponto de se tornar ininteligível. Igualmente importante é evitar o discurso monocórdico — isto é, aquele em que o ritmo e a entonação são sempre iguais. Esse tipo de fala não apenas irrita como desorienta os espectadores, já que não permite distinguir entre informações principais e secundárias. O ideal é utilizar o ritmo e as inflexões da voz para acompanhar a própria exposição das ideias, imprimindo maior vigor às palavras ou expressões mais importantes.

- *O tempo* — cronometre a gravação para certificar-se de que está dentro dos limites de tempo. Se sua apresentação estiver muito mais curta ou longa do que o tempo disponível, talvez seja necessário repensar a quantidade de informações apresentada.
- *A linguagem corporal* — este é um dos pontos cruciais na apresentação oral. Não mantenha as mãos no bolso nem atrás do corpo; elas devem ficar livres e relaxadas e acompanhar o ritmo da apresentação. Isso não significa gesticular exageradamente a cada frase, e sim utilizar os movimentos das mãos para frisar ideias específicas (por exemplo, a ideia de ciclo, continuidade, encerramento). Também verifique no vídeo se sua postura está ereta e natural, sem afetações, e se você não anda desenvolvendo algum "cacoete gestual", como passar toda hora a mão no cabelo ou no cotovelo.
- *A fala em si* — por falar em cacoete, é fundamental evitar os **cacoetes** ou **vícios linguísticos**, tais como "né?", "tá?" ou "veja só". Você pode usar esse tipo de expressão em um momento ou outro, mas não repeti-lo a cada frase. Observe, ainda, se está conseguindo elaborar frases completas e bem articuladas. Conforme vimos no Capítulo 2, a falta de linearidade, as repetições e as hesitações são admissíveis na oralidade — mas não podem ser tão frequentes a ponto de deixar sua apresentação desconexa, difícil de acompanhar. Outro aspecto essencial é a obediência à norma padrão: lembre que deslizes nesse sentido podem comprometer a credibilidade da apresentação. Do mesmo modo, evite gírias ou expressões coloquiais (*cara, legal, maneiro, tipo assim*), pois elas denotam imaturidade.
- *Referências ao material de apoio* — ao assistir o vídeo, avalie se está fazendo um bom uso do material de apoio. O ideal é empregá-lo como linha-mestra da exposição e fazer constantes referências a ele; por exemplo: "Como vemos nesse gráfico, as vendas declinaram ligeiramente em junho...". O ensaio também é um bom momento para avaliar se há informações demais ou de menos nos *slides*.
- *A coesão entre as partes* — não é só o texto escrito que precisa de "costuras". Todos aqueles mecanismos coesivos que estudamos no Capítulo 5 também devem estar presentes na exposição oral. Veja alguns exemplos de frases que você pode usar para orientar a plateia ao longo de toda a apresentação:

Na introdução

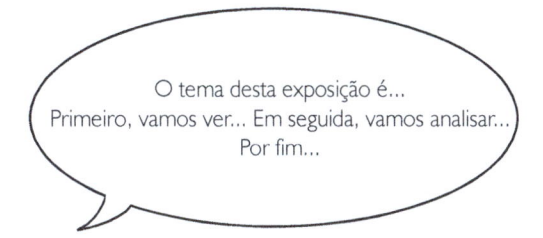

> O tema desta exposição é...
> Primeiro, vamos ver... Em seguida, vamos analisar...
> Por fim...

No desenvolvimento

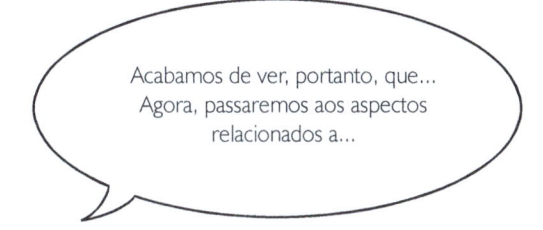

> Acabamos de ver, portanto, que...
> Agora, passaremos aos aspectos
> relacionados a...

Na recapitulação

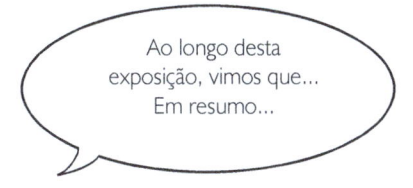

> Ao longo desta
> exposição, vimos que...
> Em resumo...

Na conclusão

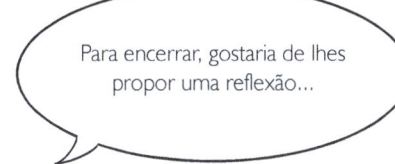

> Para encerrar, gostaria de lhes
> propor uma reflexão...

Apresentação

Chegou o grande dia. É natural estar um pouco ansioso, mas lembre que, se você cumpriu todas as etapas da preparação, a probabilidade de agradar ao público é grande.

Vista-se de maneira adequada ao evento. Mesmo em situações mais informais, convém evitar bonés e outras peças exageradamente esportivas. Também é importante chegar com bastante antecedência; assim você terá tempo para acalmar-se,

> **Saiba mais**
>
> Se a apresentação for em grupo, vocês devem definir com antecedência o que cada um falará e em que ordem. Ensaiem juntos e deem sugestões uns aos outros. Durante a apresentação, é importante manter a coesão entre as partes expostas por diferentes colegas. Quando um dos expositores terminar sua parte, pode falar algo assim: "Concluímos, portanto, que a energia solar é uma opção de grande potencial, mas que ainda tem alguns importantes desafios para superar. Agora, o Pedro vai falar um pouco sobre outra fonte de energia alternativa: a eólica". Quando Pedro toma a palavra, diz: "Bom dia a todos! A Susana acabou de apresentar os prós e contras da energia solar. Vou fazer algo parecido, mas agora em relação à energia eólica...".

bem como providenciar e organizar todos os itens que usará durante a palestra (por exemplo, *notebook*, quadro branco, pincéis, lenços de papel, água, café).

Durante a apresentação, mantenha o tempo todo contato visual com a plateia. Evite, porém, olhar fixamente para uma pessoa só ou apenas para a primeira fila. Caso se atrapalhe ou se esqueça de algo, não se desespere: como vimos no Capítulo 2, a tolerância a erros na comunicação oral é bem maior. Um deslize ou outro não colocarão a perder a preparação que você executou com tanto zelo.

••• Seção 2 Debate

Como vimos no início deste capítulo, o debate é um evento comunicativo com, no mínimo, três polos: dois deles são ocupados pelos debatedores, e o último, pela plateia. O pressuposto para a realização de um debate é a existência de um tema polêmico. Afinal, os debatedores vão defender pontos de vista *conflitantes* sobre o tema — se houver consenso prévio, não há por que realizar o debate.

Para entender isso melhor, considere estes contextos comunicativos:
a) Os moradores de um condomínio vão se reunir em assembleia para decidir se deve ser instalada uma sala de ginástica na área comum.
b) Um professor está fazendo uma pesquisa sobre violência no *campus* e quer saber se os alunos já sofreram algum tipo de ameaça ou agressão.
c) Em uma roda de colegas, cada um indica seu estilo musical preferido e explica por que gosta dele.
d) Em uma roda de colegas, alguns defendem que uma criança adotada deve conhecer sua condição desde pequena, enquanto outros acham que os pais só devem informá-la quando ela atingir a adolescência.

Nos contextos descritos nas letras *b* e *c*, não pode haver debate porque não existe um tema polêmico. O professor que está realizando a pesquisa só quer saber as experiências dos alunos; mesmo que eles manifestem algum ponto de vista, será sempre, obviamente, contrário à violência. Por sua vez, na letra *c* as pessoas estão apenas expondo sua preferência musical — não há por que discutir o assunto, muito menos querer chegar a um consenso, já que cada um tem seu gosto.

As letras *a* e *d*, por sua vez, apresentam situações que podem dar origem a um debate, já que cumprem o primeiro pressuposto para que ele ocorra: a existência de um tema polêmico. Esse não é, porém, o único requisito. Para haver um debate também é necessário que as pessoas ouçam umas às outras, sem interrupções nem ofensas, e que respeitem os argumentos alheios. Se essas condições não forem cumpridas, não teremos um debate, e sim um mero bate-boca.

Os exemplos vistos nos permitem, ainda, distinguir entre os dois principais tipos de debate:[3]

- **Debate deliberativo** — seu objetivo é deliberar, isto é, tomar uma decisão refletida sobre determinada questão. Os participantes devem apresentar e defender seus pontos de vista até chegar a um consenso. Se isso não for possível, resolve-se o impasse com uma votação. As assembleias, como a ilustrada na letra *a*, são exemplos típicos de debate deliberativo.
- **Debate de opinião** — neste caso, não é necessário chegar a um consenso. O objetivo maior é trocar ideias e contribuir para o esclarecimento do tema. Na letra *d*, em que um grupo de amigos discute a melhor idade para uma criança saber que é adotada, temos um exemplo do debate de opinião. Ele também está presente em debates e mesas-redondas (debates com vários participantes) promovidos em contextos acadêmicos e empresariais, bem como em programas de televisão e rádio.

Em geral, além dos debatedores e da plateia, o debate conta com um **moderador**, responsável por apresentar os participantes e fazer valer as regras do evento, em especial o cumprimento do tempo reservado à fala de cada um. Normalmente, após uma primeira rodada de manifestações, cada participante tem direito a uma **réplica** — ou seja, a uma oportunidade para contestar o argumento do oponente. Às vezes, há ainda uma **tréplica**: o participante pode responder à réplica do outro.

Preparação para o debate

De maneira geral, a preparação para o debate é bastante semelhante à da exposição oral, por isso não nos estenderemos muito em explaná-la. A pesquisa prévia é fundamental, pois sem ela não é possível o desenvolvimento de argumentos — apenas de "achismos" facilmente desmontáveis pelo oponente. Assim como ocorre na argumentação escrita, durante o debate é possível usar argumentos pragmáticos, de consenso, de autoridade citada e os demais tipos vistos no capítulo anterior.

As principais particularidades da preparação para o debate são as seguintes:

- *Tempo* — o debatedor deve informar-se antecipadamente sobre o tempo de que disporá para manifestar-se. Os tempos costumam ser curtos, por isso ele deve sintetizar ao máximo seu ponto de vista e argumentos.
- *Resumo* — justamente pela restrição de tempo, o debatedor em geral não pode apresentar materiais de apoio, como uma apresentação eletrônica. O jeito para não se perder nem esquecer dados importantes (como nomes, valores e estatísticas) é preparar um resumo para uso próprio. Durante o debate, bastará consultá-lo discretamente.
- *Contra-argumentos* — o debatedor deve prever os contra-argumentos que os oponentes podem levantar contra suas opiniões e pensar em possíveis maneiras de refutá-los.
- *Articulação das ideias* — um exercício interessante durante a preparação para o debate é treinar certas fórmulas para apresentar argumentos e contra-argumentos. Debatedores inexperientes recorrem à mera justaposição: "Eu acho X; João acha Y, mas eu acho X". O ideal, porém, é retomar a opinião do oponente, reconhecer seus pontos positivos e, em seguida, utilizá-la como base para lançar seu próprio argumento.[4] Veja um exemplo:

> João disse que é a favor da instalação da sala de ginástica porque a considera importante para a qualidade de vida dos moradores. [Retoma a ideia do oponente.] Eu concordo com ele que a atividade física é essencial para a nossa saúde. [Reconhece seus pontos positivos.] No entanto, o condomínio já tem pistas de corrida e uma piscina: quem quiser pode caminhar, correr e nadar à vontade. A meu ver, existem outros investimentos mais urgentes a fazer, como a troca do portão por um modelo mais moderno e seguro. [Utiliza-a como base para lançar seu próprio argumento.]

Participação no debate

Em geral, os maiores obstáculos à boa condução de um debate são de cunho psicológico. O ser humano tende a entender a rejeição a suas ideias como uma rejeição a sua própria personalidade. A melhor maneira de evitar esse comportamento passional é ter em mente que estão sendo discutidas ideias e opiniões, não o caráter de ninguém. Ideias e opiniões mudam com o tempo: o que hoje nos soa absurdo talvez amanhã nos pareça aceitável.

Aliás, a mudança de posicionamento pode acontecer ao longo do próprio debate. Nos debates deliberativos em particular, a flexibilidade é uma qualidade importante, já que a decisão consensual só será alcançada se todos os lados cederem um pouco. Se não conseguirem fazer isso, será necessário fazer uma votação — aí, apenas uma das propostas sairá vitoriosa, geralmente sem qualquer concessão às demais.

● ● ● **Seção 3**   Diálogo formal: entrevista de emprego

A entrevista de emprego é uma das mais comuns situações de diálogo formal, mas não a única. Você pode vivenciar algo semelhante caso pleiteie uma bolsa de estudos, por exemplo. Seja como for, as orientações que oferecemos aqui podem ser extrapoladas para outros tipos de diálogo formal, desde que feitas as devidas adaptações.

De modo geral, muitos dos cuidados citados nas duas primeiras seções valem também para a entrevista de emprego: chegar com antecedência ao local do encontro, evitar gírias e expressões coloquiais, tomar cuidado com cacoetes gestuais ou linguísticos, obedecer à norma padrão, manter uma postura relaxada e natural. Em relação à apresentação pessoal, todo cuidado é pouco — salvo em situações excepcionais (como uma empresa conhecida pelo ambiente descontraído), a roupa deve ser formal, discreta e em tons neutros. Deve ser evitado todo tipo de excesso, seja no perfume, na maquiagem ou nas joias. Além disso, como você manterá contato próximo com o entrevistador, é fundamental estar atento ao asseio, inclusive da barba, das unhas e do cabelo.

Quanto à preparação para a entrevista, cabe ao candidato fazer basicamente estas duas "lições de casa":

- *Aprender sobre a empresa* — entre no *site* da organização e estude os tipos de produtos ou serviços que ela oferece, sua história, missão, valores, estrutura, quantas filiais possui, quais programas sociais ou ecológicos desenvolve; enfim, tente descobrir o máximo que puder sobre ela. Na hora da entrevista, o candidato que demonstra estar bem informado sobre a empresa não apenas denota maior afinidade com ela, como prova ter duas qualidades que os selecionadores valorizam muito: interesse e iniciativa.

- *Estudar a própria trajetória acadêmica e profissional* — o mínimo que se espera de um candidato é que ele seja capaz de recontar a própria vida de maneira coerente. Esteja preparado para explicar por que optou por sua carreira e, também, por que deixou seu último emprego ou pretende deixar o atual. Se foi demitido, seja franco a respeito, sem se fazer de vítima nem dar importância exagerada ao fato.

Para encerrar, o Quadro 8.1 reúne dicas de especialistas sobre como se comportar durante a entrevista.

Quadro 8.1 Algumas dicas de especialistas sobre como se comportar durante a entrevista de emprego.

- Mantenha o celular desligado.

- Cumprimente o entrevistador com um aperto de mão firme. Seja simpático, mas não force um excesso de intimidade.

- Não dê respostas do tipo "sim" ou "não". Mostre que você consegue articular as ideias, porém sem estender-se demais.

- Ouça com atenção as perguntas do entrevistador e jamais o interrompa.

- Se você não tiver nenhuma experiência profissional, enfatize os pontos positivos de sua formação. Destaque cursos extracurriculares, participação em eventos, qualquer tipo de vivência que tenha lhe trazido amadurecimento pessoal e profissional.

- Se o entrevistador fizer uma pergunta do tipo "qual é seu maior defeito?", evite clichês, como "o perfeccionismo". Seja objetivo no reconhecimento do problema e mencione que medidas você está tomando ou pretende tomar para resolvê-lo. Por exemplo: se seu inglês é fraco, cite isso como um defeito, mas indique que vai se matricular em um bom curso.

- Esteja preparado para informar sua pretensão salarial. Jamais a justifique com base em necessidades pessoais (por exemplo, "preciso ganhar X para poder pagar o aluguel e a faculdade"), e sim na média do mercado.

- Jamais fale mal de ex-empregadores ou ex-colegas.
- No final da entrevista, mostre interesse e disponibilidade para participar das outras etapas do processo seletivo.

Fontes: CALDEIRA, s/d; GALLO, 2009.

Resumo

- A principal diferença entre a exposição oral e o debate é a posição ocupada pelos participantes: na exposição existe uma bipolaridade — de um lado está o expositor, que desempenha o papel de "especialista" no tema; de outro está a plateia, que geralmente detém menos conhecimentos a respeito. Já o debate envolve no mínimo três polos: dois deles são ocupados pelos debatedores, que têm a mesma autoridade para opinar e decidir, e o outro é ocupado pela plateia.
- Uma exposição oral é desenvolvida em sete etapas: abertura, introdução, desenvolvimento, recapitulação e síntese, conclusão, participação do público (opcional) e encerramento.
- Quem vai participar de um debate deve: estar atento ao tempo (em geral curto) que terá para manifestar-se, preparar um resumo para uso próprio, prever os contra-argumentos dos oponentes, pensar em como refutá-los e, ainda, ensaiar táticas para apresentar seus argumentos e contra-argumentos.
- Antes de uma entrevista de emprego, o candidato deve fazer duas "lições de casa": primeiro, estudar em detalhes a empresa que oferece a vaga; segundo, avaliar a própria trajetória profissional e acadêmica, preparando-se para responder a qualquer pergunta sobre ela.

Atividades

1. **Exposição oral**

    Formem grupos de quatro a seis colegas. Imaginem que vocês pretendem abrir um negócio e vão apresentar o projeto a um grupo de possíveis investidores. Embora a apresentação tenha um componente argumentativo — já que vocês precisam convencer a audiência a apoiá-los —, o objetivo principal é expor em detalhes o *plano de negócio*. Os investidores não vão mexer no bolso enquanto não souberem exatamente o que vocês pretendem fazer com o dinheiro.

    Primeiro, pensem detalhadamente no tipo de negócio que gostariam de ter. Orientem-se pelo roteiro de perguntas a seguir — que também são as perguntas às quais a exposição de vocês deve responder:

a) Qual produto ou serviço a nova empresa pretende oferecer ao mercado?
b) Quem compraria esse produto ou serviço (perfil do público) e onde estão esses possíveis compradores (localização geográfica)?
c) Quais são os concorrentes?
d) Como a empresa vai se posicionar no mercado e diferenciar-se dessa concorrência?
e) Como o produto ou serviço será produzido? Quais matérias-primas ou insumos serão necessários? Quem vai fornecê-los? Será preciso alugar imóveis e providenciar móveis ou máquinas?
f) Como o produto ou serviço será distribuído, ou seja, como chegará até o cliente?
g) Quanto as pessoas aceitariam pagar por esse produto ou serviço? Quanto custa produzi-lo? Qual é a margem de lucro?
h) E, finalmente, qual é o investimento necessário e em quanto tempo vocês acreditam que os investidores poderão recuperá-lo totalmente?

Depois que tiverem definido o plano de negócio, sigam todas as orientações vistas neste capítulo para a preparação de uma exposição oral. No dia marcado pelo professor, apresentem-se ao resto da classe, que representará o grupo de investidores. Quando todos os grupos tiverem exposto seu plano de negócio, vocês podem avaliar quais foram os pontos fortes e fracos de cada um.

2. **Debate**

Sob a coordenação do professor, a classe vai escolher um tema polêmico para debate. Vocês podem ter ideias consultando uma revista semanal de atualidades, como *Veja*, *IstoÉ* ou *Época*.

Vejam algumas sugestões:

- Quem deve resolver o *bullying* e outros conflitos entre estudantes: a polícia, a escola ou apenas os envolvidos?
- O bingo e outros jogos ilegais devem ser descriminalizados?
- A maconha deve ser descriminalizada?
- Gravidez precoce: de quem é a responsabilidade?
- Juventude digital: revolução ou retrocesso?

Depois de selecionado o tema, pesquise amplamente sobre ele e anote as informações mais importantes que encontrar, com a respectiva fonte. Quando todos tiverem concluído essa etapa, realizem um pré-debate para definir os principais pontos de vista da classe.

Reúnam em grupos os alunos que tenham o mesmo ponto de vista. Cada grupo deve formular uma tese e listar todos os argumentos para sustentá-la. O próximo passo é escolher um ou dois representantes que defenderão, durante o debate, a tese e os argumentos do grupo.

O professor e a classe toda devem, ainda, definir as regras do debate (de quanto tempo cada um disporá, se haverá réplica e tréplica etc.) e quem será o moderador. No dia do evento, lembre-se de manter a calma e respeitar os argumentos alheios. Se possível, gravem a experiência e depois avaliem quais pontos podem ser aprimorados no desempenho de cada um.

Notas

1. DOLZ, Joaquim et al. A exposição oral. In: _____; SCHNEUWLY, Bernard (Org.). *Gêneros orais e escritos na escola*. Tradução de Roxane Rojo e Glaís Sales Cordeiro. Campinas (SP): Mercado de Letras, 2004. p. 215-246.
2. DOLZ et al., *op. cit.*
3. DOLZ, Joaquim; SCHNEUWLY, Bernard; PIETRO, Jean-François de. Relato da elaboração de uma sequência: o debate público. In: _____; _____ (Org.). *Gêneros orais e escritos na escola*. Tradução de Roxane Rojo e Glaís Sales Cordeiro. Campinas (SP): Mercado de Letras, 2004. p. 247-278.
4. DOLZ; SCHNEUWLY; PIETRO, *op. cit.*

Apêndice
COMUNICAÇÃO CORPORATIVA

Praticamente tudo que se estudou neste livro quanto à comunicação no dia a dia e no meio acadêmico vale também para o âmbito corporativo. Em especial, chamamos sua atenção para a Seção 3 do Capítulo 5, em que estudamos as duas qualidades essenciais em qualquer texto — a coesão e a coerência —, e para a Seção 4 do mesmo capítulo, em que aprendemos algumas técnicas de revisão de textos.

Neste apêndice, abordaremos de maneira prática três gêneros textuais comuns na comunicação entre profissionais e empresas ou entre uma empresa e outra: primeiro, o currículo e, depois, a carta e o e-mail corporativos.

● ● ● Currículo

Você sabia que seu destino profissional pode ser decidido em apenas 30 segundos? Pois esse é o tempo médio que um selecionador costuma dedicar à leitura de cada currículo na fase de triagem. Quais candidatos passam nessa peneira? Obviamente, apenas aqueles que conseguem se expressar com a máxima clareza e objetividade.

Para ajudá-lo a cumprir esses dois critérios, sugerimos um modelo de currículo na Figura AP.1. Currículos de uma página, como o mostrado, são os ideais para recém-formados ou candidatos a estágio. Profissionais mais experientes podem preparar um currículo de até duas páginas.

Do ponto de vista gráfico, o currículo deve ser "limpo" e fácil de ler. Os especialistas recomendam as fontes mais tradicionais (Arial ou Times New Roman) em tamanho 12 e com entrelinha 1,15 ou 1,5. Evite misturar cores e fontes ou abusar dos recursos gráficos. Basta reunir as informações em itens principais e destacá-los — uma boa opção é o negrito e uma fina linha horizontal, como exemplificado na Figura AP.1.

Observe os pontos marcados na figura e acompanhe a explicação de cada um.

• **Figura AP.1** Modelo de currículo.

Maria da Silva

Brasileira, solteira, 21 anos, 1 filho ❶

Al. das Flores, 515 – Jardim Pernambuco – Santos (SP) – CEP 11014-500

Tel.: (13) xxxx.xxxx / (13) xxxx.xxxx   e-mail: mariadasilva@pop.com.br

❷ **Recepcionista bilíngue / Hotelaria**

Qualificações ❸

- Facilidade no trato com o público.
- Experiência em rotina hoteleira.
- Domínio do pacote Office e de *softwares* de gestão hoteleira (GH, Hmax).

Formação acadêmica ❹

- Graduação em Turismo (cursando) – Universidade XYZ – conclusão em 2013
- Técnico em Secretariado – Liceu FGH – 2006 a 2008

Experiência profissional

Hotel da Praia – maio/2008 a atual

Hotel de três estrelas, com 80 leitos ❺

Recepcionista

- Atendimento pessoal e telefônico, em português e inglês.
- Execução das rotinas de *check-in* e *check-out*.
- Operação de central PABX.
- Reserva de táxi, passeios, passagens aéreas e outros serviços para os hóspedes.

Idiomas ❻

Inglês fluente. Espanhol intermediário.

Intercâmbio em Washington (Estados Unidos) – jan. a dez./2006.

Formação complementar ❼

Agente de turismo receptivo – Senac/Santos – 36 horas – jun./2011

Fonte: adaptado de NUBE, 2011.

1. Não escreva "Curriculum vitae". Comece com as informações necessárias para que o selecionador o identifique e contate, o que inclui: nome completo, nacionalidade, idade, estado civil, número de filhos, endereço

completo (inclusive bairro), telefone fixo, celular e e-mail. Não coloque números de documentos. Foto? Apenas se expressamente solicitada. Ainda assim, ela deve enquadrar somente seu rosto e você deve estar em traje formal.

2. É imprescindível indicar o objetivo do candidato. Pode ser o cargo e a área, como neste exemplo. Pode ser também apenas o cargo ("Corretor de seguros", "Bibliotecário") ou apenas a área ("Recursos humanos", "Marketing"). A última opção é a preferível para jovens sem experiência, já que deixa o leque de possibilidades mais aberto. Não se deve, porém, colocar mais de um objetivo (por exemplo, "Recursos humanos ou marketing"). Se o jovem tem interesses variados, é melhor desenvolver mais de um currículo.

3. No item "Qualificações", indique as características pessoais ou habilidades que você possui e considera importantes para o desempenho do cargo pretendido.

4. No item "Formação acadêmica", mencione seus cursos de graduação e pós-graduação (*lato* ou *stricto sensu*), com nome da instituição e período de estudo. O ensino médio só deve ser incluído se for técnico e tiver relação com o cargo pretendido. Se você iniciou uma faculdade e desistiu, é melhor omitir a informação; depois, na entrevista, comente o fato se parecer conveniente.

5. Descreva sua experiência profissional em ordem cronológica inversa, ou seja, a partir do último ou atual emprego. Além do cargo ocupado, você deve mencionar suas principais atribuições. Quando for o caso, indique também projetos nos quais teve participação decisiva e que trouxeram benefícios à empresa; por exemplo: "Desenvolvimento de campanha de marketing para o *site* corporativo, com aumento de 40% na taxa de visitação durante os primeiros seis meses". Em cargos executivos, é importante indicar o número de liderados, o tamanho da verba gerenciada e a que cargo se reporta (por exemplo, um gerente de vendas reporta-se ao diretor comercial).

6. Inclua os idiomas que domina e em que nível. Nem pense em ludibriar o selecionador nesse aspecto, pois exageros são facilmente desmascarados. Não é raro, por exemplo, que a entrevista para um cargo em que se exija fluência em inglês seja feita totalmente nesse idioma. Se você tem

dúvidas quanto a seu nível de proficiência, há vários *sites* que oferecem testes gratuitos on-line.

7. No item "Formação complementar", indique cursos de extensão, *workshops*, seminários ou outros eventos formativos de que tenha participado, sempre com o nome da instituição responsável e o número de horas. Mencione apenas os cursos que tiverem relação com o cargo pretendido.

Saiba mais

No currículo que demos como exemplo, a candidata já tinha uma experiência profissional. E quem está buscando o primeiro emprego e não tem nada para colocar nesse item? Nesse caso, o melhor a fazer é caprichar na descrição das habilidades pessoais. Além disso, o jovem deve mencionar todas as atividades que possam ter contribuído para sua formação e amadurecimento, tais como trabalhos voluntários e participação em feiras de ciências ou outros projetos acadêmicos. Se ele mantiver um *blog* ou *site* pessoal, pode citá-lo também — desde que, é claro, a linguagem seja razoavelmente formal e o conteúdo conte pontos a seu favor.

Carta corporativa

Carta corporativa, também chamada de **carta comercial**, é a correspondência travada entre duas empresas ou entre um particular e uma empresa. Distingue-se da carta pessoal pela falta de proximidade entre os interlocutores e pelo assunto, que normalmente se relaciona a negócios.

Como vimos no Capítulo 2, ao estudar o *continuum* de níveis de formalidade, a linguagem utilizada em uma carta comercial deve ser "semiformal" — ou seja, não tão formal quanto a da correspondência oficial (para órgãos públicos), nem tão informal quanto a da correspondência pessoal. Nas palavras de João Bosco Medeiros, autor de *Correspondência: técnicas de comunicação criativa*, o redator da carta comercial deve ser "natural, conciso e correto".[1]

Você encontra um modelo de carta comercial na Figura AP.2.

Figura AP.2 Modelo de carta corporativa.

Campinas, 8 de janeiro de 2012.

Cooperativa de Laticínios Orgânicos de Piracicaba (Colaopi)
À atenção da sra. Wilma Nunes

Ref.: Distribuição e exportação.

Prezados senhores.

Atuamos há 15 anos na distribuição de produtos orgânicos em todo o território nacional e nos países do Mercosul. Temos interesse em distribuir os laticínios orgânicos produzidos pela Colaopi, com ou sem exclusividade.

Enviamos anexo nosso contrato padrão para sua análise. Caso a parceria seja do interesse de V. S.as, colocamo-nos à disposição não só para esclarecer dúvidas, como também para negociar cláusulas específicas.

Por ora, agradecemos sua atenção e nos despedimos.

Atenciosamente,

Maria de Bastos Sousa,
Diretora Comercial.

Anexo: contrato padrão de distribuição.

Mundo Orgânico Distribuição e Exportação Ltda. – Av. Anchieta, 515 – Cambuí – Campinas (SP)
(19) xxxx.xxx – www.mundoorganico.com.br – contato@mundoorganico.com.br

Observe alguns detalhes do cabeçalho:[2]

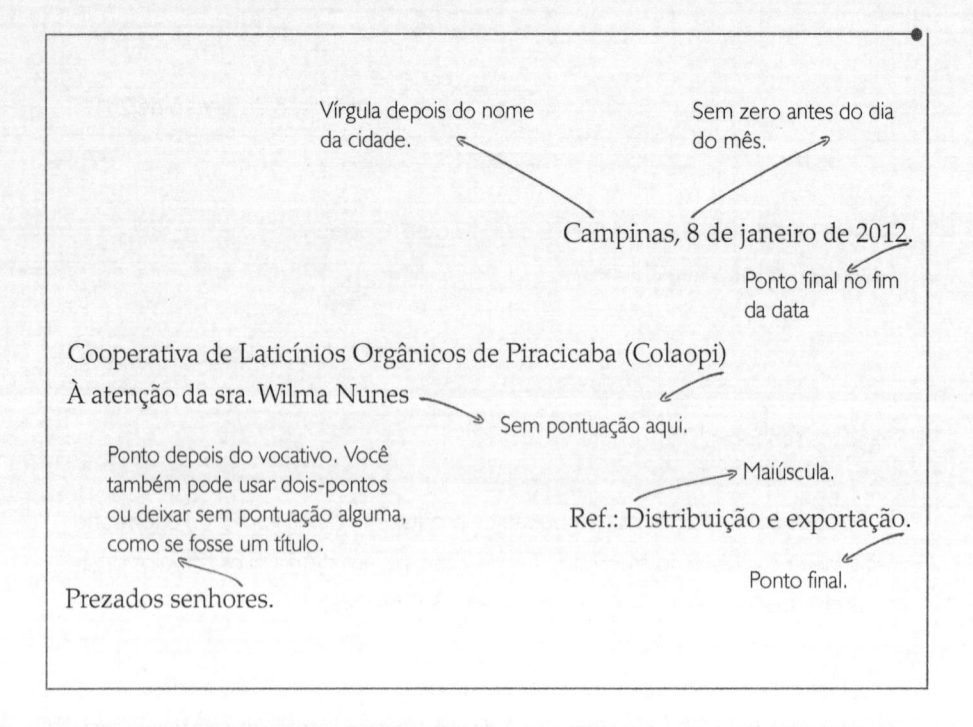

> Vírgula depois do nome da cidade.
>
> Sem zero antes do dia do mês.

Campinas, 8 de janeiro de 2012.

> Ponto final no fim da data

Cooperativa de Laticínios Orgânicos de Piracicaba (Colaopi)
À atenção da sra. Wilma Nunes

> Sem pontuação aqui.
>
> Maiúscula.

Ref.: Distribuição e exportação.

> Ponto depois do vocativo. Você também pode usar dois-pontos ou deixar sem pontuação alguma, como se fosse um título.
>
> Ponto final.

Prezados senhores.

Atente agora para os detalhes do fecho:

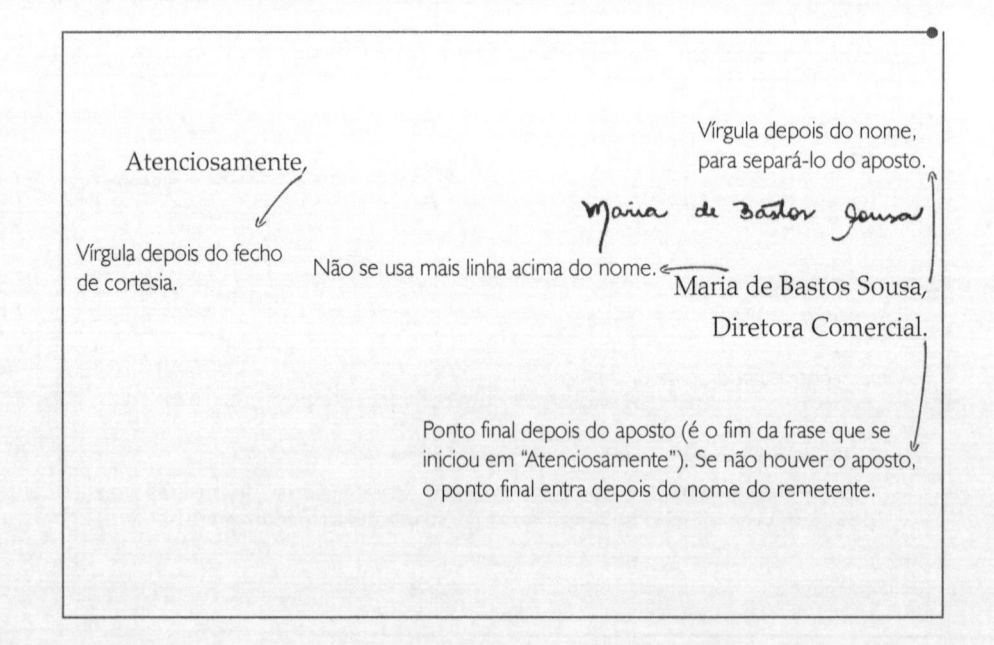

Atenciosamente,

> Vírgula depois do nome, para separá-lo do aposto.

Maria de Bastos Sousa

> Vírgula depois do fecho de cortesia.
>
> Não se usa mais linha acima do nome.

Maria de Bastos Sousa,
Diretora Comercial.

> Ponto final depois do aposto (é o fim da frase que se iniciou em "Atenciosamente"). Se não houver o aposto, o ponto final entra depois do nome do remetente.

Na Figura AP. 2, podemos observar que o formato dos parágrafos segue o padrão tradicional. Também é possível usar o padrão americano: sem espaço no início e com espaço maior entre um parágrafo e outro, conforme descrito no Capítulo 5. Você pode ou não justificar as linhas (fazer com que elas "encostem" na margem direita), lembrando que a ausência de justificação dá um toque mais descontraído ao texto.

• • • E-mail corporativo

O **e-mail corporativo** é uma versão condensada — e hoje bem mais frequente — da carta comercial. Por sua natureza ágil, semelhante à dos bilhetes ou mesmo da oralidade, o e-mail tende a ser mais informal que a correspondência impressa, inclusive no âmbito empresarial. É natural, portanto, que se usem termos mais descontraídos, como saudações joviais (*Olá!*, *Bom dia!*, *Tudo bem?*) ou fechos afetuosos (*Abraços*, *Beijos*). Em geral, depois de algumas trocas de e-mails, os interlocutores começam a utilizar uma linguagem mais íntima e calorosa, mesmo que não se conheçam pessoalmente.

Contudo, essa informalidade tem limites. Em primeiro lugar, é preciso recordar que a privacidade dos e-mails é facilmente violada, sobretudo no meio corporativo. Nada lhe garante que seu destinatário não vai encaminhar a mensagem a outra pessoa ou que ninguém mais vai se sentar àquele computador e consultar a caixa postal. Evite, portanto, escrever qualquer coisa que não possa ser dita em público.

Em segundo lugar, tenha em mente que os colegas que leem seus e-mails, tanto os que trabalham na mesma empresa que você quanto os que trabalham para fornecedores e clientes, são os mesmos que podem lhe abrir portas no futuro. Se você passar sempre uma imagem de profissional zeloso, bem-educado, que revisa com cuidado suas mensagens e não comete erros gramaticais, terá mais chances de ser lembrado na hora em que surgir uma boa oportunidade profissional.

Diferentemente do que fizemos no caso da carta comercial, não vamos lhe dar um modelo de e-mail corporativo. Em vez disso, você mesmo vai descobrir o que se deve (ou não) fazer ao compor esse gênero de texto.

Primeiro, vamos imaginar uma situação hipotética: o secretário de um grande escritório de advocacia visitou o *site* de uma empresa especializada na digitalização de documentos e solicitou um orçamento por meio do formulário de contato. A mensagem do secretário foi a seguinte:

> Boa tarde, senhores.
> Solicito um orçamento para a digitalização de documentos jurídicos que totalizam aproximadamente 500 folhas (apenas frente). Peço, por favor, que informem: o valor, o prazo, as formas de pagamento e o formato do arquivo em que o material será digitalizado.
> Obrigado.
> Maurício Cortez — Secretário
> Direito Justo Advocacia
> (21) xxxx.xxxx

Leia, agora, o e-mail que lhe foi enviado pela empresa de digitalização e tente identificar os erros cometidos:

> Para: mauriciocortez@direitojusto.com.br
> Assunto: OLÁ
>
> BOA TARDE, SR. MAURÍCIO.
> OBRIGADO POR NOS CONSULTAR PARA A DIGITALIZAÇÃO DE SEUS DOCUMENTOS. COBRAMOS R$ 1,00 POR FOLHA. VC PODE FAZER UM DEPÓSITO NA NOSSA CONTA CORRENTE QDO O SERVIÇO FICAR PRONTO. FIQUE TRANQUILO PORQUE O TRABALHO FICA MUITO BOM E O ARQUIVO PODE SER ABERTO EM QUALQUER COMPUTADOR. ☺
>
> ESTAMOS A SEU DISPOR.
> ATENCIOSAMENTE!
> FABRÍCIO NUNES

E então? Conseguiu localizar os erros? Podemos identificar, no mínimo, seis problemas nesse e-mail:

1. **Uso de maiúsculas.** Você entraria berrando a plenos pulmões no escritório de um cliente que lhe pediu um orçamento? Pois é exatamente isso que faz um e-mail escrito todo em maiúsculas, uma vez que, na "netiqueta" (etiqueta da Internet), esse tipo de formatação indica que a pessoa está gritando. Além do mais, a letra maiúscula torna a leitura extremamente cansativa.
2. **Assunto inespecífico.** Quem recebe muitas mensagens por dia (ou seja, praticamente todos nós) deseja saber do que trata cada uma *antes* de abri-la, pois só assim conseguirá organizá-las e colocá-las em ordem

de prioridade. Portanto, assuntos que nada dizem, como "Olá", "Oi"ou "Contato", devem ser substituídos por referências específicas. Nesse caso, o remetente do e-mail deveria ter escrito algo como: "Orçamento — digitalização de documentos jurídicos".

Veja outros exemplos de reformulações necessárias:

CV	Envio de CV — assistente administrativo
Aviso	Aviso: troca de informações na NF
Convite	Convite: lançamento de livro
Proposta	Proposta de trabalho
Solicitação	Solicitação de orçamento
Urgente	Urgente — reunião cancelada

3. **Incompletude.** O secretário do escritório de advocacia solicitou quatro informações: (1) o valor, (2) as formas de pagamento, (3) o prazo e (4) o formato do arquivo em que o material será digitalizado. No entanto, o remetente do e-mail forneceu apenas as duas primeiras. A incompletude — um dos problemas mais comuns nos e-mails corporativos — contraria o próprio espírito desse meio de comunicação; afinal, quem usa o e-mail quer ganhar tempo, mas, se tiver de trocar várias mensagens até chegar ao entendimento, acabará demorando mais do que se tivesse telefonado à outra pessoa.

4. **Ausência de identificação completa.** Ao contrário da carta, o e-mail não leva timbre nem vai dentro de um envelope, portanto as únicas referências suas que o destinatário terá são o nome que aparece na linha "De" e o próprio endereço eletrônico. Se ele quiser telefonar para tirar uma dúvida, terá de procurar o número na Internet ou em uma agenda. Para evitar esse transtorno, é de bom-tom incluir na assinatura dos e-mails corporativos: nome do funcionário; cargo; telefone e ramal; nome da empresa e, se possível, sua logomarca.

   O nome que aparecerá sempre que você enviar uma mensagem deve ser configurado em sua conta de e-mail. Pode ser seu nome completo ou o departamento da empresa que você representa (por exemplo, "ABC Produções — Atendimento"). Grafe-o com cuidado, sem esquecer os espaços e as iniciais maiúsculas.

5. **Abreviaturas e *emoticons*.** Formas abreviadas, como *vc* (você), *qdo* (quando), *tb* (também), e *emoticons* não estão proibidos nos e-mails cor-

porativos. Você pode usar esses recursos quando tem intimidade com o interlocutor — e, principalmente, quando ele os utiliza também. Mas é bom evitá-los nos primeiros contatos, sobretudo se o destinatário for um novo cliente ou ocupar uma posição hierárquica superior à sua.

6. **Subjetividade.** Tanto a carta quanto o e-mail corporativo devem usar linguagem referencial, denotativa. Se o cliente perguntou em que formato de arquivo o material seria digitalizado, o atendente da empresa deveria fornecer a informação exata, e não responder que "o arquivo pode ser aberto em qualquer computador". Para piorar, o atendente fez um comentário totalmente subjetivo sobre a qualidade do serviço — "fique tranquilo porque o trabalho fica muito bom"—, o que contribuiu para passar uma imagem ainda mais amadora.

Quais as chances de a empresa de digitalização conquistar o cliente, depois de tantos erros grosseiros no e-mail corporativo? Praticamente nenhuma, não é mesmo?

• Saiba mais

Há mais alguns cuidados a serem tomados em qualquer comunicação por e-mail, não apenas no âmbito corporativo. O primeiro é usar a função "cópia oculta" sempre que tiver de mandar uma mensagem para um grande número de contatos. Se você não fizer isso e colocar todos os endereços na barra de destinatários, é possível que em pouco tempo seus amigos comecem a receber incômodas mensagens de *spam* (propaganda não solicitada). Isso ocorre porque as empresas que enviam *spam* usam *softwares* especializados em buscar endereços eletrônicos — se eles não estiverem protegidos pela cópia oculta, passarão a integrar a *mailing list* dessas empresas. Outro cuidado é utilizar a opção de "alta prioridade" com moderação — se você ativá-la em todas as suas mensagens, o destinatário não conseguirá identificar o que é realmente urgente. Por fim, vale lembrar que erros gramaticais caem mal em qualquer tipo de comunicação, até nas mais informais, como o e-mail. Perca alguns minutos revisando sua mensagem e ganhe muitos pontos entre seus amigos e clientes.

Notas

1 MEDEIROS, João Bosco. *Correspondência*: técnicas de comunicação criativa. 19. ed. São Paulo: Atlas, 2008.

2 Id., ib.

Referências dos quadros e figuras

AMERICAN ASSOCIATION OF SCHOOL LIBRARIANS; ASSOCIATION FOR EDUCATIONAL COMMUNICATIONS AND TECHNOLOGY. *Information power*: building partnerships for learning. 2. ed. Chicago: ALA Editions, 1998.

CALDEIRA, Roberto. Entrevista. S/d. Disponível em: <http://noticias.uol.com.br/empregos/dicas/entrevista.jhtm>. Acesso em: 31 out. 2011.

DEMO, Pedro. *Pesquisa e construção de conhecimento*: metodologia científica no caminho de Habermas. 3. ed. Rio de Janeiro: Tempo Brasileiro, 1997.

DOLZ, Joaquim et al. A exposição oral. In: _____; SCHNEUWLY, Bernard (Org.). *Gêneros orais e escritos na escola*. Tradução de Roxane Rojo e Glaís Sales Cordeiro. Campinas (SP): Mercado de Letras, 2004.

FÁVERO, Leonor Lopes. *Coesão e coerência textuais*. 9. ed. São Paulo: Ática, 2002.

_____; ANDRADE, Maria Lúcia C. V. O.; AQUINO, Zilda G. O. *Oralidade e escrita*: perspectivas para o ensino de língua materna. São Paulo: Cortez, 1999.

FRANÇA, Júnia Lessa. *Manual para normalização de publicações técnico-científicas*. 6. ed. rev. e ampl. Belo Horizonte: Ed. UFMG, 2003.

GARATTONI, Bruno; HORTA, Maurício; MIWA, Renata. Como ganhar uma discussão sobre aborto. *Superinteressante*, São Paulo, ed. 295, set. 2011.

JAKOBSON, Roman. *Linguística e comunicação*. Tradução de José Paulo Paes e Izidoro Blikstein. 21. ed. São Paulo: Cultrix, 2008.

KOCH, Ingedore G. Villaça. *A inter-ação pela linguagem*. 3. ed. São Paulo: Contexto, 1997.

MATENCIO, Maria de Lourdes Meirelles. Referenciação e retextualização de textos acadêmicos: um estudo do resumo e da resenha. In: CONGRESSO INTERNACIONAL DA ABRALIN, 3, 2003, Rio de Janeiro. *Anais...*, 2003.

NÚCLEO BRASILEIRO DE ESTÁGIOS. *Confira as dicas do Nube para fazer um bom currículo*. 2011. Disponível em: <http://www.nube.com.br/estudantes/dicas/curriculo>. Acesso em: 10 set. 2011.

ROJO, Roxane. O letramento escolar e os textos da divulgação científica: a apropriação dos gêneros de discurso na escola. *Linguagem em (Dis)curso*, Florianópolis, v. 8, n. 3, set./dez. 2008.

SCARTON, Gilberto. A ortographia da lingoa portugueza, que virou ortografia. In: MOREIRA, Maria Eunice; SMITH, Marisa Magnus; BOCCHESE, Jocelyne da C. (Org.) *Novo acordo ortográfico da língua portuguesa*: questões para além da escrita. Porto Alegre: Ed. PUC-RS, 2009.

TEYSSIER, Paul. *História da língua portuguesa*. Tradução de Celso Cunha. 5. ed. Lisboa: Liv. Sá da Costa, 1993.

TRAVAGLIA, Luiz Carlos. *Gramática e interação*: uma proposta para o ensino de gramática no 1º e 2º graus. 8. ed. São Paulo: Cortez, 2002.

Índice remissivo

acentuação
   das oxítonas, 77
   das paroxítonas, 73, 77
   das proparoxítonas, 77
   gráfica, 69, 70
   sílaba tônica, 69, 77
   tônica, 69, 70, 75
acento gráfico, 69-70
alfabetização informacional. *Veja* letramento informacional
apagamento do sujeito, 199, 220
argumentação
   argumento
      de autoridade citada, 198, 203, 204-207, 218, 220
      de consenso, 204
      por comparação, 204, 205
      por exemplificação, 204, 205, 220
      pragmático, 204, 207
   falácia, 205
   tese, 203, 206
avaliação de informações. *Veja* busca de informações

balanceamento, 120, 122, 152
busca de informações
   fontes primárias ou de primeira mão, 174, 175, 177, 178, 192, 198
   fontes secundárias ou de segunda mão, 174-176, 192
   mediação editorial, 169, 174, 178-180, 192
   revisão dos pares, 180, 181, 192

citação
   de citação (*apud*), 176, 207
   direta ou literal, 176, 207
   indireta, 207, 208
coerência, 123, 131, 132, 151-153, 155, 157, 158, 161, 162, 163, 191
coesão, 123, 131, 151-157, 159, 162, 163, 191
   conectivos. *Veja* marcadores
   marcadores, 123, 155, 156, 158, 162
      lógicos, 153, 155, 164
      temporais, 118, 155
   referencial, 153, 164
   recorrencial, 153, 154, 164
   sequencial, 153, 155, 164
colocação pronominal, 40, 93, 97, 162
comunicação oral
   cacoetes linguísticos, 232
   diálogo formal, 225-241
   veja também debate; exposição oral
concordância
   nominal, 87, 98
   verbal, 87, 98
conferência. *Veja* exposição oral
conotação, 11, 13, 25

debate
   de opinião, 235

deliberativo, 235, 237
mesa-redonda, 236
moderador, 235, 241
réplica, 236, 241
tréplica, 236, 241
denotação, 11, 25
dicionário (uso), 93-96

economia linguística, 19-24
escrita, 70-77
grafema, 63, 64, 71, 106
sistema de escrita alfabético, 64, 66
sistema de escrita ideográfico, 64
especificação. *Veja* generalização
estratégias de leitura, 108-125
antecipação, 108, 111, 113, 118
ativação de conhecimentos prévios, 108, 120-122, 123, 125
de mundo ou enciclopédicos, 121, 122, 126, 139, 151, 152, 154, 163
interacionais, 121, 122, 125, 126
linguísticos, 121, 122, 123, 126
estabelecimento de objetivos, 108, 109, 110
formulação de hipóteses. *Veja* antecipação
inferência, 108, 119-121, 123, 124, 190
scanning, 108, 110, 161, 186
skimming, 108, 110
verificação, 108, 120
exposição oral, 225, 226-234
etapas, 228-233
planejamento, 227, 228-231

fonologia, 40, 62
alofone, 65
ditongo, 40, 65, 66, 68, 70, 73, 77
fonema, 63-68, 70, 71, 74, 106
hiato, 70, 77
monotongação, 68
rotacismo, 32
sílaba tônica, 69, 77
variante fonêmica. *Veja* alofone
frase, 132-143
nominal, 139, 140

veja também oração; período
funções da linguagem, 1-24
conativa ou apelativa, 7, 8, 13, 25
emotiva ou expressiva, 3, 7, 13, 25
fática, 8, 13, 23, 25
metalinguística, 8, 13, 25
poética, 8, 9, 10, 11, 13, 25, 26
referencial ou denotativa, 3, 7, 11, 13, 25, 125

generalização, 146, 147
e especificação, 146-147
palavras abstratas, 146
palavras concretas, 146-147
gênero textual, 111, 115, 118, 125, 160, 161
e tipo textual, 118
gramática, 57-102
normativa, 37, 42, 55, 58-92
norma padrão, 35, 36-37, 41, 42, 65, 67, 68, 93, 162

hipercorreção, 66, 67
história da língua portuguesa, 33-42
galego-português, 35, 37
latim vulgar, 33, 34, 37, 76
língua geral ou brasílica, 38, 39
na Europa, 33-42
no Brasil, 37-42
relatinização, 35, 36
relusitanização, 38, 39
romance, 34, 35, 37, 76

implícito, 18, 120
informatividade, 19-24, 146
interpretação de texto, 18, 106-108. *Veja também* estratégias de leitura

letramento informacional, 171
léxico, 58, 59, 68, 123
e gramática, 58, 123
língua, 16-18
eixo da combinação, 8, 9, 10, 58
eixo da seleção, 8, 9, 10, 58

nacional, 37, 52
natural, 16, 26
neolatina ou românica, 35
signo, 5, 16
lugar social, 14, 15, 113, 114
lugar-comum, 97

metáfora, 11, 13, 18, 200, 201
modalização, 124, 200, 201
modelo comunicativo, 3-25
   canal, 5, 6, 8, 13, 23, 24
   código, 5, 6, 16, 17, 23, 24, 106
   emissor, 3-9, 12, 13, 14, 16, 18, 106
   mensagem, 4, 5-8, 11, 13-16, 18, 22, 24
   receptor, 5, 6, 7, 8, 9, 12, 13-14, 16, 18, 106
   referente, 5, 6, 11, 12, 23, 24, 204
monografia, 48, 110, 113, 117, 175, 177, 178, 181, 195, 206, 210, 211, 216, 219
morfologia, 40, 43, 62, 81-83, 86, 98
   classe gramatical, 74, 82
   estrutura e formação das palavras, 81-82
   flexão, 83
      nominal, 83
      verbal, 83
   morfema, 82
   palavras invariáveis, 83
   palavras variáveis, 83

oração
   principal, 84, 86, 134, 136
   subordinada, 84-86, 134, 143
      desenvolvida, 171, 216
      reduzida, 85, 87, 137, 197
ortoépia, 62, 66-70, 94, 99
ortografia, 70-77
   irregularidades, 74, 76-77, 109
   reformas ortográficas, 72-73
   regularidades contextuais, 74
   regularidades morfológico-gramaticais, 74, 75-76
   sistema ortográfico etimológico, 70, 71
   sistema ortográfico fonético, 70, 71, 72
   sistema ortográfico misto, 70

palestra. *Veja* exposição oral
parágrafo-padrão, 144, 145, 147, 149
   tópico frasal, 147-150
período
   composto, 84, 132, 133, 134, 134-140, 142
      por coordenação, 134, 135, 137, 139, 142
      por subordinação, 84, 134, 135, 137, 139, 138, 140, 142, 202
   simples, 132, 134, 137, 138-141
pesquisa. *Veja* busca de informações
pesquisa acadêmica, 211, 212, 216
   instrumentos de coleta de dados, 211, 214, 215, 219, 220
   metodologia, 211-215
   métodos, 214-215
   qualitativa, 213, 214, 218
   quantitativa, 213, 214, 218
polissemia, 17
pontuação, 7, 13, 62, 78-81, 97, 100, 124, 248
pressuposto. *Veja* implícito
prosódia, 62, 66, 69, 70

raciocínio
   dedutivo, 149, 202
   indutivo, 149, 214
redundância, 19-24, 162
regência, 88-91
   complemento nominal, 88, 136
   complemento verbal, 88
   crase, 61, 70, 92
   nominal, 88, 90
   transitividade verbal, 89, 90
      verbo intransitivo, 89, 95
      verbo transitivo direto, 90, 91, 95, 102
      verbo transitivo direto e indireto, 91
      verbo transitivo indireto, 91, 92, 95
   verbal, 88, 90, 98, 99
regras de redução, 188, 191
   regra da construção, 190-191
   regra da seleção, 190, 191
   regra de generalização, 146, 147, 188, 190-191
   regra do cancelamento, 189

resumo
   de monografia (*abstract*), 185, 217
   descritivo, 184, 185
   esquemático, 184, 185, 186, 187, 193
   linear, 184, 185, 188, 191
   nominalização, 185-186
   resenha crítica, 160, 185
revisão (técnicas), 160-161
ruído, 4, 8, 22, 23, 24

seminário. *Veja* exposição oral
sintaxe, 7, 40, 43, 59, 62, 83, 88, 98, 100.
   Veja também concordância; colocação pronominal; oração; período; regência
suporte, 112, 116, 118

trabalho de conclusão de curso (TCC).
   Veja monografia

variação linguística, 29-53
   arcaísmos, 45
   diacrônica (histórica), 31, 32, 43, 46
   diafásica (registro formal e informal), 31, 32, 50
   diamésica (oralidade e escrita), 31, 32, 47
   diastrática (social), 31, 32, 45
   diatópica (regional), 31, 32, 43
   falares rurais, 44, 45
   falares urbanos, 44
   regionalismos, 43, 44
   registro ou nível de linguagem, 50, 116, 117
   sincrônica, 31, 32, 43, 51
veículo. *Veja* suporte
vícios linguísticos, 232
vocabulário. *Veja* léxico